21世纪经济管理精品教材·经济学系列

Energy Economics

能源经济学

（第2版）

魏一鸣
焦建玲　编著
廖　华

清华大学出版社
北京

内 容 简 介

本书以能源经济与管理问题为主线,将能源战略与政策的研究纳入经济学研究框架,系统地介绍了能源需求、能源供给、能源市场、能源价格、能源效率、能源要素替代和国际能源贸易与能源金融等核心问题。在强调基础性和系统性的同时,本书注重把握现代能源经济与管理问题的发展趋势,吸收了最新发展与研究成果,并注重深入浅出和与中国实践的结合,使教材更适应当前高等院校经济与管理类人才培养的要求,特别是能源经济与管理领域高层次人才培养的要求。

本书既可以作为能源经济与管理类专业的本科生教材,也可以作为高等院校师生、科研人员、企业管理人员以及政府部门的公务人员的培训教材或自学参考材料。

图书在版编目(CIP)数据

能源经济学/魏一鸣,焦建玲,廖华编著. —2 版. —北京:清华大学出版社,2013(2025.1重印)
(21 世纪经济管理精品教材·经济学系列)
ISBN 978-7-302-33555-9

Ⅰ. ①能… Ⅱ. ①魏… ②焦… ③廖… Ⅲ. ①能源经济学—高等学校—教材 Ⅳ. ①F407.2

中国版本图书馆 CIP 数据核字(2013)第 204011 号

责任编辑:高晓蔚
封面设计:汉风唐韵
责任校对:王荣静
责任印制:刘海龙

出版发行:清华大学出版社
　　　网　　　址:https://www.tup.com.cn,https://www.wqxuetang.com
　　　地　　　址:北京清华大学学研大厦 A 座　　　　邮　　编:100084
　　　社 总 机:010-83470000　　　　　　　　　　　邮　　购:010-62786544
　　　投稿与读者服务:010-62776969,c-service@tup.tsinghua.edu.cn
　　　质量反馈:010-62772015,zhiliang@tup.tsinghua.edu.cn
　　　课件下载:https://www.tup.com.cn,010-62770175-4506
印 装 者:北京同文印刷有限责任公司
经　　销:全国新华书店
开　　本:185mm×260mm　　印　张:13.5　　　　　字　　数:286 千字
版　　次:2011 年 2 月第 1 版　2013 年 10 月第 2 版　　印　次:2025 年 1 月第 9 次印刷
定　　价:45.00元

产品编号:053346-03

前言

　　能源及与其密切相关的气候变化问题已成为全球政策界、学术界、工商界和社会公众共同关注的焦点。无论是能源问题还是气候问题，归根结底都是发展问题。在当前和未来相当长时期内，经济发展仍将是中国的重要任务，能源问题在很大程度上是经济问题。

　　近年来，能源经济与管理方面的人才需求急剧上升，但这方面的人才培养相对滞后。长期以来，我国从事能源经济学研究或教学工作的人员大多是单一学科背景，要么是侧重经济学，要么是侧重能源工程，主要集中在地质、煤炭、石油、电力等高等院校，因此，在"石油经济""煤炭经济""电力经济"等方面有许多很好的研究成果，但大多属于工程经济分析或者财务分析，与经济学有一定区别。事实上，能源经济学是一个多学科交叉性的综合性学科。

　　解决能源经济复杂系统问题不仅需要自然科学、工程技术科学以及大量的实践经验，还需要现代经济学思想、理论和方法的指导。能源经济学是现代经济学在能源经济系统中的应用。一方面，能源经济学属于应用经济学的范畴，同时由于能源（特别是电网）问题的特殊性，也推动了经济学理论和方法的发展，例如，产业组织理论、非线性定价方法等。另一方面，能源经济学是一种典型的交叉科学，不仅需要依靠以能源工程为具体背景，也需要依靠经济学理论和方法。

　　北京理工大学能源与环境政策研究中心是2009年经学校批准成立的研究机构，挂靠在管理与经济学院。中心大部分研究人员来自于我在中科院创建的能源与环境政策研究中心。长期以来，我们面向国家能源与应对气候变化领域的重大需求，针对能源与环境战略、能源政策中的关键科学问题开展研究。近年来，与同行们一起在推动能源经济与管理学科的发展、能源经济与管理领域高水平专业人才培养方面也做了一些有益的探索。在"能源经济学"方面开展了一些有价值的研究，有较多研究成果发表在 Energy Economics，Energy Policy 等能源经济与政策领域的期刊上，并得到了广泛引用，其中部分论文已被麻省理工学院（MIT）等国外高校能源经济与政策类课程列为指定读物。

自 2006 年以来，《中国能源报告》以学术专著的形式，迄今已出版了四部，得到了国内外从事能源经济与管理研究的同仁、政府相关管理部门和能源企业的领导和同行许多积极的反响和鼓励。同时，已有部分高校研究生甚至本科生课程将该专著作为参考教材。

国内有不少高等院校将陆续开设"能源经济"专业或方向，并招收本科生和研究生。为顺应这一新的形势、满足新的要求，鉴于教材与学术专著无论是在写作内容还是风格方面均有较大差异。北京理工大学组织长期从事能源经济与管理研究和教学的专家编写了《能源经济学》和《高级能源经济学》两本教材，《能源经济学》（第 2 版）与《高级能源经济学》同时在清华大学出版社出版。

首先，本书以能源经济与管理问题为主线，把经济学中的相关理论贯穿到能源经济复杂系统中，从能源市场供需着手，探讨能源市场资源配置效率，能源价格与能源市场以及宏观经济之间的关系，强调教材的基础性和系统性；其次，本书突出能源资源的要素禀赋特性，注重能源与其他要素的替代性、各类能源之间的替代性、能源与技术的相互关系等；最后，本书注重在探讨经典的能源经济学问题的同时，力求引入国际、国内最新的研究方法和研究成果，并结合中国的实际问题给出研究案例。由于能源经济与管理问题的复杂性和综合性，为确保内容的可读性，在编写过程中，我们注重深入浅出，使教材能更适应当前高等院校经济与管理类人才培养的要求，特别是能源经济与管理领域高层次人才培养的要求。此次本书修订更新了部分数据，增加了部分拓展阅读材料，适当增添了对全球气候变化问题的介绍。

全书共 8 章，由魏一鸣负责组织和统稿。魏一鸣、焦建玲、廖华负责主笔，何凌云、从荣刚等人参与了部分章节的编写。本书适合具有高等数学基础的本科生使用。在编写过程中参考了我们团队之前出版的学术成果《中国能源报告》和论文，以及国内外的有关文献与资料，作者已尽可能地在参考文献中详细列出，在此，特别感谢引文中的所有作者！也有可能由于疏忽，引用了一些资料而没有注明出处，若有此类情况发生，在此深表歉意。

在本书的研究和编写过程中，得到了国家自然科学基金（71020107026，70971034，70733005，70903066）及中国科学院战略性先导科技专项课题（XDA05150600）等项目的支持。先后得到了陈述彭院士、于景元、彭苏萍院士、何建坤、徐伟宣、汪寿阳、涂序彦、宋建国、黄晶、孙洪、沈建忠、李善同、陈晓田、周寄中、李一军、高自友、张维、黄海军、杨列勋、刘作仪、李若筠、葛正翔、方朝亮、戴彦德、许永发、刘克雨、郭日生、彭斯震、傅小锋、李景明、李之杰、张建民等专家和领导的鼓励、指导、支持和无私的帮助。国外同行 Tol R S J，Hofman B，Martinot E，Drennen T，Jacoby H，Parsons J，MacGill I，Edenhofer O，Burnard K，Nielsen C，Nguyen F，Okada N，Ang B，Yan J，Tatano H，Murty T，Erdmann G，Yang Z-L，Shen B，Tatsuto Yukihata，Khoo Chin Hean，Chou SK，Clare Lehan，Philip Andrews-Speed，Tad Murty，Ronald D. Ripple，Fukunari Kimura，Mitsuo Matsumoto，Shigeru Kimura 等人曾应邀访问了能源与环境政策研究中心并做学

术交流,他们曾以不同形式给予了我们支持和帮助。中国科学院副院长丁仲礼院士也曾为我们的研究工作给予了指导和支持。值此,向他们表示衷心的感谢和崇高的敬意!

限于我们知识修养和学术水平,本书难免存在缺陷和不足之处,甚至是错误,恳请各位同仁和读者批评指正。

2013 年 5 月于北京

第 1 章

导　论

能源问题已经演变成为影响全球政治经济格局和人类社会发展全局的重大战略问题。在宏观的科学研究层面上,能源问题归根结底是发展问题,但在很大程度上是经济问题。本章简要介绍了能源经济学的学科特征,包括能源经济学的定义、研究对象、研究方法,能源经济学的形成和发展,能源经济学与其他相关学科的联系。

1.1　能源经济学概述

1.1.1　能源经济问题的重要性

能源是人类社会赖以生存和发展的重要物质基础。纵观人类社会发展的历史,人类文明的每一次重大进步都伴随着能源的改进和更替。能源的开发利用极大地推进了世界经济和人类社会的发展。能源的大量开发和利用,是造成环境污染和气候变化的主要原因之一。正确处理好能源开发利用与环境保护和气候变化的关系,是世界各国迫切需要解决的问题(国务院新闻办,2007)。不论是能源问题还是气候问题,归根结底都是发展问题。发展问题涉及的范围相当广泛,既包括经济和社会发展,也包括文化、科技和环境发展等诸多内容。各项内容相互关联、错综复杂,但在当前和未来相当长一段时期内,对于中国,经济发展仍将居于主线地位。

当前人类所使用的能源主要是商品能源,贯穿于整个经济系统的各个环节。能源既是重要的生产要素,是不可能被其他要素完全替代的;同时,能源又是重要的生活资料,是不可能被其他消费品完全替代的。工业革命以来,世界经济和能源消耗均保持了较快增长态势。1980—2011 年间,世界生产总值(GWP)与能源消耗量的相关系数为 0.994;GWP 和能源消费年均分别增长 2.87% 和 2.01%;单位 GWP 能耗累计下降了 2.30%。全球经济每增长 1%,大约带动能源需求增长 0.70%。未来世界能源需求增长仍然较快。据国际能源署(IEA,2010)预测,按照目前的政策,2008—2035 年世界能源消费总量年均增长 1.4%,达到 180.5 亿吨标准油。

当前,世界能源发展面临着重大变革(中国能源研究会,2010):(1)世界能源消费开始由发达国家与发展中国家共享市场;(2)世界化石能源的供需平衡,只能满足全球能源需求的低速增长,世界化石能源资源进一步趋紧;(3)对能源安全、温室气体排放以及新的国际竞争力的战略追求,将对传统的世界能源格局提出挑战,能源利用将进一步向节能、高效、清洁、低碳方向发展;(4)在今后几十年内,世界能源结构将发生重大变化,非化石能源将逐步成为主要能源;(5)世界各主要国家纷纷调整战略,能源新技术成为竞相争占的新的战略制高点,以争取可持续发展的主动权。

不论是与其他国家相比还是与中国自身历史相比,当前中国的能源经济形势都显得更为紧迫、能源发展挑战更为严峻。因此,加强能源经济学的研究、普及和应用,对于中国显得尤为迫切。

中国是当今世界上最大的发展中国家,在促进经济发展和社会进步的过程中,面临着更严峻的能源与气候挑战。受经济社会发展阶段、人口众多、经济发展方式惯性作用等因素的制约,未来中国能源需求增速仍将处于较高水平。中国正处于工业化、城市化的快速发展进程中。20世纪后20年,中国能源消费年均增长4.5%;21世纪前10年,年均增速超过了8%。即使2010—2030年中国能源消费年均增速为4.0%,到2030年能源消费总量将达到71亿吨标准煤(发电煤耗法);如果年均增速按照6%计算,则2030年能源需求将超过100亿吨标准煤。即使未来中国人均能源消费量与目前能源效率较高的日本的人均水平相当,按14.5亿人口计算,则中国每年能源需求总量将超过85亿吨标准煤;如果与目前的美国人均水平相当,则每年能源需求总量将超过160亿吨标准煤。巨大的能源需求前景给中国未来经济和社会发展带来了严峻挑战,不确定的能源需求情景也给中国改善能源效率带来了诸多机遇(廖华,2008)。

1952—2012年中国的能源消费总量和结构如图1-1所示。

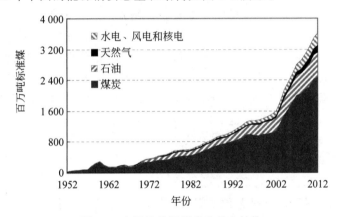

图1-1　中国的能源消费总量和结构

尽管中国的能源资源总量比较丰富,但由于中国人口众多,人均能源资源拥有量在世界上处于较低水平。煤炭和水力资源人均拥有量相当于世界平均水平的50%,石油、天然气人均资源量仅为世界平均水平的1/15左右。耕地资源不足世界人均水平的30%,制约了生物质能源的开发(国务院新闻办,2007)。此外,中国能源资源分布极不均衡。如果没有出现重大的能源技术变革或者大规模资源储量发现,国内较低的人均能源资源特别是油气资源储量,将越来越难以满足未来经济社会发展需要。中国自1993年起再次成为石油净进口国,自1997年起能源自给率开始小于100%。近年来,能源对外依存度上升较快,特别是石油对外依存度从21世纪初的32%上升至2011年的57%。能源自给率逐渐下降,石油净进口量急剧增长,这还将影响中国的国家安全。

中国是世界上少有的几个以煤炭为主的能源消费大国,煤炭消费量约占全部能源消费量的70%(发电煤耗法)。大量煤炭开采和燃烧带来了严重的环境污染问题。中国已经是世界上最大的二氧化硫排放国,2009年二氧化硫排放总量为2 214.4万吨,与2005年相比下降了 13.14%。

全球温室气体排放量 68% 来自能源活动(主要是化石燃料燃烧导致的二氧化碳排放)。尽管有关气候变化的科学依据存在争议和不确定性(特别是关于大气温室气体浓度与增温的量化关系),但全球二氧化碳减排的舆论环境和政治生态已经形成(丁仲礼等,2010)。随着全球气候变化及其谈判问题的日益严重以及中国温室气体排放总量继续增长,今后中国在减缓碳排放增速方面将要继续做出巨大努力。工业革命以来,全球温室气体累计排放的最大部分源自发达国家。目前,温室气体减排成本较高昂,发达国家已经完成了工业化进程,当时几乎没有温室气体减排压力;而中国在推动经济发展、促进社会进步的同时,还需要应对全球气候变化带来的新挑战。

1.1.2 研究和应对能源挑战需要能源经济学

由于能源的至关重要性和特殊性,能源问题成为国际社会高度关注的问题,能源政策在世界各国的发展政策体系中都占据重要地位。如何制定或调整本国的能源政策,这吸引了来自各个学科的专家学者。

能源作为能量,在热力学中有第一定律、第二定律、第三定律、第零定律。这些定律对于认识能源的自然属性具有重要意义。在能源工程中,也有一些具体的能源技术方法。但是,仅有能源科学和能源工程的理论或方法,还不足以应对当前人类面临的能源挑战。

作为一门科学,能源经济学在不同文献中的定义有所不同,但大体上存在基本的共识。在《新帕尔格雷夫经济学大辞典》(第二版)(Durlauf 和 Blume,2008)中,能源经济学研究能源资源问题和能源商品问题,包括企业和消费者供应、转换、运输和使用能源资源的行为或动机,市场及其规制结构,能源利用的经济效率,能源开发和利用导致的分配和环境问题等。在《麦克米伦能源百科全书》(Zumerchik,2001)中,能源经济学定义为关于经济学在能源领域中应用的一门科学,重点关注能源利用领域内各类主要能源的供应和需求,各类能源之间的竞争性,公共政策的作用以及能源带来的环境影响。

能源问题与其他经济、社会问题交织在一起,互为关联,具有典型的系统性和动态性特征。单纯地依靠能源技术、能源工程,愈来愈难以应对能源经济系统问题。例如,世界各国都要不断地开展中长期能源需求预测。预测本身并不是目的,而是为了更好地未雨绸缪,更好地制定节能规划和能源供应规划。要做好中长期预测,需要对整个经济系统有比较全面的把握和认识,包括经济增长速度、经济结构和要素结构演变、人口结构和居民消费倾向变迁、技术进步、经济体制变化等。对这些因素的把握和认识都需要依靠现代经济学理论和方法。如图 1-2 所示,不同的国家,人均能源消费量的演变路径也不相同。如何去分析各国人均用能量的影响因素,区分哪些是客观因素、哪些是主观政策因素,这对于一国制定中长期能源发展战略具有重要的启示作用。

在我国,能源经济系统研究已有 30 多年的历史,取得了大量优秀成果。与目前国家能源战略、能源形势的发展相比,仍然需要进一步大力普及和推广能源经济学的教育。近年来,由于能源问题的紧迫性和重要性日益凸显,能源经济研究报告和论文大量涌现、从事能源经济学学习和研究的人员日益增多,这也迫切要求出版一本能源经济学教科书。目前,国内外有关能源经济类的教科书,大多以能源品种为脉络,分别介绍石油、天然气、

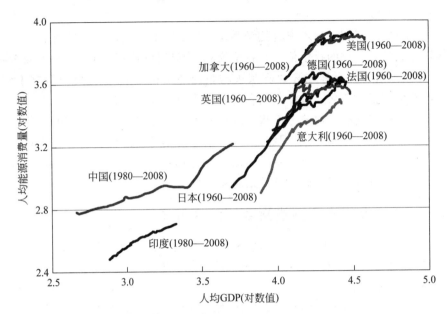

图 1-2　经济发展水平与人均能源消费量

资料来源：World Bank(2009).

煤炭、水电、可再生能源、节能、能源管理等方面的知识。本书将以能源问题为脉络，把各类能源纳入整个经济社会系统框架综合考量，注重能源与其他要素的替代性、各类能源之间的替代性、能源与技术的相互关系等。

1.2　能源经济学的研究对象和方法

1.2.1　能源经济学的研究对象

能源经济学是以能源经济系统的运行规律为研究对象。能源经济系统不仅包括能源的勘探、生产、加工、贮运和利用各个环节，更包括各个环节的相互关系，及其与其他经济要素的关联关系。能源经济学包括以下主要研究对象或研究内容，各项研究内容相互关联。

1. 能源供给与需求

能源供需和可持续发展受经济发展速度、能源投融资状况、新技术的使用、消费模式以及能源政策等很多因素的影响。能源的供应与消费研究具体包括能源与经济发展、能源供需预测、能源消费模式、区域能源消费、能源可持续发展、能源技术政策等问题。

2. 能源效率与节能

改善能源效率是应对能源挑战的重要且有效途径。能源效率与节能研究具体包括能源效率测度方法与应用、能源效率与经济社会发展、节能政策设计与模拟、居民消费行为与节能、重点行业能源效率、区域能源效率等。

3. 能源市场与碳市场

能源市场与碳市场的金融特征日益突出，关系越来越密切。能源价格波动、能源价格机制、能源市场风险监测和预警、碳市场机制已成为研究热点。当前,在能源市场与碳市场方面重点需要研究能源价格机制与价格预测、能源市场风险管理、能源金融与碳金融、碳市场配额分配机制、碳市场与低碳发展等。如何在保障能源供应的可靠性和提高能源供应的经济效率两个方面做好平衡,一直是全球各国政府的难题。能源市场研究,特别是电力市场和天然气市场研究在现代经济学理论研究中占重要的引领作用。

4. 气候变化与环境变化

全球气候变化和环境变化涉及不同层次范围和时间尺度,是典型的复杂科学问题。重点研究内容包括碳排放问题、气候变化情景分析、气候政策设计与模拟、碳捕获与封存、能源—环境—健康、气候变化与环境变化的影响及易损性、支撑气候谈判的博弈理论与方法、节能减碳的信息效率与激励机制设计、碳交易市场机制设计等。

5. 能源安全与预警

国际能源地缘政治纷繁复杂,国际原油价格剧烈波动,给石油贸易带来巨大风险,直接影响能源进口国的能源安全。该领域重点研究战略石油储备、能源进口风险评价、海外油气开发利用风险管理、海外油气运输风险评估、能源供应安全预警、国际能源安全政策等。

6. 能源建模与系统开发

目前,大多数能源模型是涵盖社会、经济、技术、资源、环境、气候的综合集成模型,这些模型大多以经济系统为核心。在构建能源系统模型时,根据研究目的、假设条件以及数据可获得性,在经济系统的基础上加载技术、资源、环境、气候等模块。在国际上,一些重要的国际组织或政府机构发布的能源报告大多数是以能源经济系统模型的模拟结果为基础。例如,国际能源署(IEA)每年发布的《世界能源展望》是基于1993年以来不断开发和升级的世界能源模型(WEM);美国能源部能源信息署(EIA)每年发布的《国际能源展望》是基于1993年以来开发的美国国家能源建模系统(NEMS)。WEM模型包括终端能源需求、电力生产、转换与运输、化石能源供应、二氧化碳排放、投资6个子模块,可用于预测全球主要国家和地区的需求量。NEMS模型包括10多个模块,主要用于美国的中长期能源需求预测和政策模拟。

7. 能源公平与能源贫困

能源属于生活必需品。世界各国的人均能源需求水平和需求结构极不平衡。发达国家和石油出口国的年人均用能量基本处在3~10吨标准油水平。大多数发展中国家的人均用能量远低于发达国家水平,美国的年人均用能量是世界人均水平的4倍多。在同一国家的不同社会群体间,能源需求也极不平衡。在广大发展中国家和地区,能源贫困问题依然相当严重。当前,世界能源贫困问题突出表现在3个方面:一是人均用能水平较低;二是无法获得电力服务;三是煤炭和传统固体生物质能使用比较广泛。能源贫困会对健康和教育导致很多不良后果,而且这些后果是深远的甚至是不可逆转的。如果广大农村居民无法获得电力,不能满足基本的照明和电器服务,则无法为学生提供更好的学校教育和家庭条件,即使是基本、简单的医疗设备也无法正常运转。大量使用煤炭和柴草等传统固体能源将导致严重的室内空气污染,造成严重呼吸道疾病,还会给产妇和新生幼儿健康造成威胁。在获取传统生物质能的过程中,劳动强度大、劳动时间多,而且往往是由儿童或妇女来承担,同时影响健康和人力资本水平。另外,传统生物质能的利用效率相当低下,造成大量资源浪费。

在不同的历史时期,能源经济学的研究对象或者侧重点有所不同。在早期,能源经济学主要研究资源的可耗竭性、能源中长期需求预测、OPEC 行为等。近年来,全球气候变化问题的国际政治生态和舆论环境业已形成,全球和区域气候政策也成为能源经济学的重要研究对象。

1.2.2　能源经济学的研究方法

开展能源经济学研究,首先需要树立全局观、系统观、动态观。由于现实能源经济系统的复杂性,在开展能源经济研究中,需要依据具体的问题和数据的可获得性,确定系统的边界,确定外生因素和内生因素。例如,能源价格会影响能源需求,那么在开展能源中长期需求预测研究中,是把价格作为内生因素还是外生条件,对于选择具体的预测方法、得到的具体预测结论和政策启示均有重要影响。

能源经济学的研究方法应当以经济学理论、统计学理论等有关科学理论为基础,同时还需要大量的实践经验支撑。当前,能源经济学研究大多是经验研究(国内通常也称为实证研究)和实验研究(或称模拟研究),或者二者的结合;也有少量数理研究(特别是在电力市场研究方面)。在经验研究中,大多依据基本的经济学原理或者实践经验,通过收集相适应的数据,开展计量或者统计分析。在实验研究中(大多数能源系统建模研究属于这一类),一般首先依据有关经济学理论建立行为方程和平衡方程(方程的参数大多依据经验或者校准获得),然后改变外生变量(例如,税收政策、能源价格等),对模型系统进行运算(模拟),得到结果或结论。具体来讲,经验研究方法包括回归分析、投入产出分析、增长核算分析、统计分析、时间序列分析等方法;实验研究方法包括可计算一般均衡模拟、多主体模拟等。

能源经济模拟研究往往需要一个团队合作完成,一项出色的模拟研究往往是几年甚至数十年的积淀。例如,国际应用系统分析研究所(IIASA)和斯坦福大学联合开发的 MERGE 模型,主要用于全球气候政策模拟研究,包括宏观经济、能源供应、温室气体排放 3 个子模型。美国 Brookhaven 国家实验室开发的 MARKAL-MACRO 模型及其变形。麻省理工学院开发的 IGSM 模型,包括经济、大气化学变化、气候、陆地生态系统等模块,偏向于技术层面,该模型是早期经济合作与发展组织(OECD)开发的 GREEN 模型的延续版本。由马里兰大学和美国太平洋西北国家实验室联合成立的全球变化联合研究所开发的第二代能源经济系统模型 SGM,它是由 14 个地区的一般均衡模型组成的模型集组成。McKibbin 和 Wilcoxen 联合开发的多国多部门跨期动态一般均衡模型 G-Cubed(含12 个部门)。由于不同的能源系统模型模拟结果差异较大,为了使模型更易比较、更加透明化,推动能源经济科学发展,20 世纪 70 年代,斯坦福大学 Swneey 和 Weyant 等教授创建了著名的能源建模论坛(EMF),为能源建模学者提供了一个良好的交流平台。

经验研究与模拟研究相结合的经典实例就是哈佛大学的 Hudson 和 Jorgenson(1974)开创的基于计量的可计算一般均衡研究。他们在编制投入产出时间序列表等大量数据的基础上,采用 Translog 函数形式,建立了反映美国能源经济系统的一般均衡计量经济模型,并用该模型模拟了不同税收政策对美国能源需求和碳排放的影响。与其他常见的 CGE 模拟研究所不同,该模型的一些参数采用计量方法内生获得,减少了对技术进步有偏性和模型参数的人为设定。因该模型需要编制投入产出时间序列表,数据量要求也较大。

1.3 能源经济学的形成与发展

1.3.1 能源经济学的起源与兴起

能源经济学的起源可以追溯到经济学界对自然资源的可耗竭性的关注。19 世纪,得益于以蒸汽机为代表的工业革命,英国成为世界制造中心,煤炭需求量急剧增长,从 1800 年的 0.13 亿吨标准煤增长到 1900 年的 1.66 亿吨标准煤,英国煤炭产量曾一度占全球产量的 80% 以上。煤炭需求量有没有顶峰、何时达到顶峰? 世界煤炭储量是否会耗竭? 这些问题在当时已经引起了一些从事经济研究学者的重视。1865 年,著名的边际学派代表人物、英国经济学家杰文斯(Jevons)发表了著名的《煤炭问题》(图 1-3),该书是最早应用经济学分析煤炭问题的著作。

图 1-3 杰文斯和他出版的《煤炭问题》

尽管能源资源的可耗竭性在 19 世纪已经引起注意,但在当时的经济学界还未引起广泛关注。1931 年,美国经济和统计学家 Hotelling(1931) 在《政治经济学》期刊上发表了著名的《可耗竭性资源的经济分析》一文,开创了资源经济学。但在当时,世界能源结构逐步转向以石油为主,化石能源资源的可耗竭性并不是很突出。后来由于"二战"及战后初期的重建工作,能源经济问题依然没有得到足够的重视。

1952 年,美国未来资源研究所成立。该机构成为美国第一个资源与环境领域的智库。1963 年,未来资源研究所的 Barnett 和 Morse 出版了著名的《稀缺性与增长:关于自然资源可获得性的经济学》,再次引起了全球经济学界对能源经济问题的重视。

1973 年,第一次石油危机爆发带动了能源经济学研究的兴起,大量曾经获得诺贝尔科学奖的经济学家对能源经济问题开展了系统深入的研究,例如,已获奖者 Kenneth J Arrow 和 Tjalling C Koopmans 等人,也包括后来的获奖者 Robert M Solow 和 Joseph E Stiglitz 等人。研究问题不仅仅包括资源开采和定价,还包括 OPEC 的定价能力、能源价格波动对宏观经济的影响、能源市场规制、节能政策设计等。自此,能源经济学成为经济学的一个重要分支，大量的能源经济研究文献见诸于主流的经济学期刊中。

1.3.2　能源经济学的发展

1. 一批能源经济学期刊相继出版

第一次石油危机后，无论是在广度上还是在深度上，能源经济研究都有了较大的推进。为了适应当时能源经济学者交流的需要，一批能源经济学期刊相继出版。例如，*Energy Policy*（1973年创刊），*Energy Economics*（1979年创刊），*Energy Journal*（1980年创刊），*Annual Review of Energy*（1976年创刊，后更名为 *Annual Review of Environment and Resources*），*Resources and Energy*（1978年创刊，后更名为 *Resource and Energy Economics*）。

此期间，能源经济学文献大量涌现。Goolge Scholar 的文献计量显示，在20世纪60年代全球经济、金融与管理领域的英文文献中，以"Energy"为标题的仅有295篇（部），但到20世纪70年代则增长到6 760篇（部），而且该数据还在持续增长中。具体如图1-4所示。

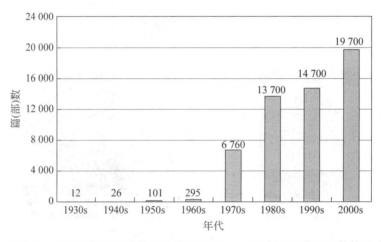

图1-4　全球经济、金融及管理领域中以"Energy"为标题的英文文献数量

2. 一批能源经济学研究机构、组织或学会相继成立

当前世界著名的能源经济学研究机构、组织或学会大多成立于20世纪70年代石油危机后，例如，国际能源经济学会（IAEE）、国际能源署经济研究部（IEA）、美国能源部能源信息署（EIA）、斯坦福大学能源建模论坛（EMF）、麻省理工学院能源与环境政策研究中心（CEEPR）、日本能源经济研究所（IEEJ）、剑桥能源研究会/咨询公司。一些著名的经济学研究机构成立了专门的能源经济部门或项目组，例如，美国国民经济研究局（NBER）的环境与能源经济学项目组。此外，从事能源研究类的咨询公司也相继出现，例如，剑桥能源研究会。

国际能源经济学会（IAEE）成立于1977年，总部设在美国俄亥俄州，其会员来自70多个国家和地区的能源与相关问题的商业、政府、学术界及其他专家学者，该组织致力于为全球范围内关注能源及相关问题的专家学者提供服务，在世界30多个国家或地区有分支机构，拥有3 400多名会员。

自 20 世纪 80 年代以来,中国能源经济研究机构也相继成立,很多国家一级学会下设了能源经济类分会或专业委员会。中国的能源经济研究主要起源于 20 世纪 80 年代的能源系统工程研究。1981 年 2 月,"能源系统模型学术研讨班"在天津大学举行,这是国内首次开展的能源系统模型专业性学术活动。

3. 现代经济学理论和方法的发展推动了能源经济学的发展

20 世纪 70 年代逐步成熟的博弈、信息、机制设计理论在能源经济研究中得到了越来越广泛的应用。博弈论已经广泛应用于分析 OPEC 等垄断性能源组织的产量和定价行为。信息和机制设计理论在节能和能源效率政策方面提供了大量有益启示。计量经济学的发展也为定量研究能源经济问题提供了更恰当的工具选择。在当前全球著名的经济学者当中,有大量长期致力于能源经济学与气候政策研究的,例如,Thomas Schelling(诺贝尔经济科学奖获得者,曾任美国国家科学院气候变暖委员会主席,哈佛大学和马里兰大学经济学教授),Dale Jorgenson(克拉克奖获得者,哈佛大学经济学教授),William Nordhaus(耶鲁大学经济学教授,2014—2015 年美国经济学会主席,与 Paul A Samuelson 合著了风靡全球半个多世纪的《经济学》教科书),Paul Joskow(MIT 经济学教授,曾任 MIT 能源与环境政策研究中心主任和经济系主任),Richard Schmalensee(MIT 经济学教授,曾任 MIT 能源与环境政策研究中心主任和斯隆管理学院院长)。

4. 计算机、信息技术的发展和能源经济数据的不断完善推动了能源经济学的发展

不论是开展能源经济经验研究还是模拟研究,均需要开展大量的运算,这需要大量的能源经济数据,也需要依靠计算机和信息技术。20 世纪 70 年代以来,国际能源署和世界主要国家都加强了能源经济统计工作,相继建立了比较完善的能源统计体系,并定期出版能源经济数据。一些能源信息服务商也相继涌现,例如,Platts、Cedigaz、SSY、Energy Intelligence 等,Thomson Reuters、Bloomberg 等信息服务商提供了海量能源交易数据。目前,有关能源经济的微观数据也逐渐增多,这将有助于更深入地研究能源经济问题。

20 世纪 80 年代以来,计算机硬件不断升级和普及,大规模计算软件和工具不断涌现,程序设计占用能源经济研究人员的时间大幅减少,使得研究人员可以更加专注于能源经济问题的研究。

1.4 能源经济学科与其他相关学科的联系

能源经济学属于经济学的一个分支,与其他经济学分支有着密切联系,可用图 1-5 来概括。现代微观经济学、宏观经济学理论是能源经济研究的基础理论。化石能源开发和利用导致了严重的环境污染、生态恶化和碳排放问题,资源经济学、环境经济学与能源经济学存在一定的交叉性。能源问题归根结底是发展问题,这对广大发展中国家更是如此,因此能源经济学与发展经济学密切相关。

研究能源公平与能源贫困问题,还需要应用福利经济学和社会学有关理论和方法。由于能源是一种国际性战略资源,能源问题已经泛政治化,因此,能源经济学与国际政治学存在交叉关系。在能源政策设计中,还需要应用运筹学、系统科学与系统工程方面的知识。

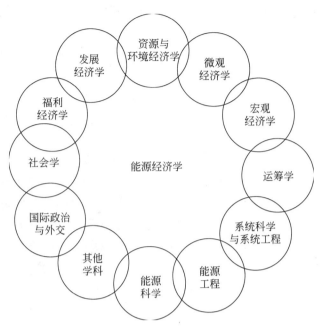

图 1-5　能源经济学与其他学科的关系

应对气候变化在 21 世纪以来的能源经济学研究中占据越来越重要的地位，也更加体现了能源经济学的交叉学科特征。气候变化是人类发展面临的复杂挑战。比较和评估不同减排机制、不同减排政策的收益和损失，建立碳排放、浓度、温升对经济社会系统反馈模型日益重要，发展节能减碳技术以减缓气候变化，这些都需要各个学科专家的通力合作。

在早期，不同领域、不同能源行业的人员对能源经济系统的研究侧重点不同，因而出现了石油经济学、煤炭经济学、天然气经济学等。严格来讲，这些研究大多与具体的能源行业密切相关，"软科学"和"财务分析"倾向显著，在很大程度上属于技术经济学或者工程经济学的范畴，不属于经济学研究的范畴（涉及天然气管网和电网规制的研究除外）。

本 章 小 结

当前，人类面临着前所未有的能源挑战：化石能源资源储量不足、能源资源分布不平衡、能源贫困问题突出、能源导致环境污染和生态破坏、化石能源开发利用导致碳排放、能源投资周期长风险大、能源市场脆弱、能源定价两难等。应对这些能源挑战仅仅依靠能源自然科学和能源工程技术远远不够，还需要应用关于能源经济系统发展的一般规律的科学——能源经济学。

思 考 题

1. 能源经济学的研究对象是什么？
2. 能源经济学与经济学其他分支有什么联系？

3. 为什么能源经济学研究在 20 世纪 70 年代有了较大发展？

4. 我国的能源发展面临着哪些挑战？

 **拓展阅读**

应对气候挑战的国际协作

气候变化是真实存在的，只是它的未来具有很多不确定性，因此我们无法预测在未来 50 年或者 100 年我们的社会在遭受气候变化可能带来的最严重的影响后将会变成什么样子。从长期来看，气候动力机制存在显著的不确定性并不是奇怪的事情。但是，我认为最大的不确定性并不来自于我们所研究的气候本身，而是源自我们对于人类在后半个世纪将如何存在和发展的愿景——这里是指经历过气候变化产生的最显著影响后的人类社会。

发展中国家将会承受最严重的损失，因为对较早期工业化国家而言，大多数发展中国家很大程度上靠户外作业，特别是农业为生。而像美国或者其他发达国家，无论是法国、德国、日本、以色列还是挪威，农业占国内生产总值不到 5%。不管农业生产力出现什么状况，大部分美国人都能够买得起高价位的食品。现在美国只有极少数人口靠农业种植赚钱为生，以至于人口普查局不再统计农业人口了。如果由于气候变化的影响导致食物成本上涨，穷人们遭受的损失最大，而美国能通过加倍国民的人均收入进行补偿，因此发展中国家最容易受到气候变化的冲击，他们应对气候变化的最佳途径就是自身的发展。

我们不应该为了减缓气候变化而强迫发展中国家进行大规模的能源转型，但是我们必须通过协商的方式和考虑周全的方案来帮助他们实现能源转型。任何阻碍发展中国家自身发展的措施都会恶化他们在气候变化中的处境。

我个人认为有几个观点在哥本哈根会议上不会得到太多重视，而其中一个在我看来恰恰是应对气候问题十分重要的，那就是创建一个新的机构来协调发达工业化国家给予发展中国家的援助，旨在帮助发展中国家的人们改进他们的能源生产和使用方式。

发达国家将要协商如何分担对发展中国家进行资助的成本。欧盟内部各国，美国、加拿大、日本、澳大利亚和新西兰等国家需要达成一致，它们为几个主要的发展中国家进行能源经济转型提供多少帮助，以及为那些最需要转变能源利用方式的国家提供多少帮助。

我们还需要一类机构，那些对温室效应有重要影响的发展中国家（中国、印度、印度尼西亚还有其他几个主要国家）可以通过这类机构来决定如何对源自发达国家的能源转型援助进行分配。同时，被援助方也应该声明其所做的承诺作为接受帮助的回馈。理想情况下，未来可能接受援助的发展中国家将进行内部磋商分配来自发达国家的资金方案。

第三方机构可以将资金引入发展中国家，其作用就像援助国与被援助国之间的中间人，但又不与其中任意一方有双边关系。我们需要这种第三方机构不仅可以监督被援助国使用资金的状况，还可以在每个被援助国中创建一套完全以气候问题为导向的投资项目。被援助国必须有一套连贯的项目致力于改善能源成本，并且有一套后续计划将国际转移资金引入某个特定的项目。捐赠国不应该通过只投资某一个或两个特定的项目而代替对整个国家的援助。

我认为在最近的 50 年里，还没出现过一个如我所建议的这种协作的先例。但是"马歇尔计划"提供了一个参考模式。这是我发现的唯一的先例，许多国家代表坐在一起，发扬绅士风度，协商如何分配一笔数额如此巨大的一次性资金。

总是不断阐述我们在 2030 年之前减少二氧化碳排放量 50%，或者在 2050 年之前减少 80% 的排放量，这并不能告诉我们实际需要采取哪些行动。如果再这样下去，没有人能回答我们已完成的活动究竟是否有助于实现长远的减排目标问题。

另外，一些例子也警示我们在分担成本或分配收入的问题上要谨慎。看看"一战"之后建立的"国际联盟"。如果找一个类似的情况，那就是 1874 年成立的邮政总联盟（万国邮政联盟的前身），要求成员国为其注入资金。最终国际联盟经历了与邮政总联盟同样的结果。邮政联盟规则涉及地理面积、人口数量和一些其他的变量，但是这些变量都没有考虑到支付能力或者可能的利益。

像中国、印度这样拥有大量丰富的自然资源，又正在快速建设工业基础设施的国家，需要大量而且是大规模的投资。如果中国拥有大量资金用以转变其能源对煤的依赖，风能可能是更可行的选择。如今，中国已经显著地推动和发展太阳能直接转换成电能的技术，但是从本质上讲，技术需要大量的设备和巨额的投资。对于拥有大量煤储量并且正在以平均每周建造多于一个燃煤火力发电厂的中国而言，碳捕获与隔离技术意味着中国可以开发已有的宝贵的煤资源，将二氧化碳分离出来，并将其埋藏在地下封存起来。但这需要大量的地质勘探与试验，这个过程是极其昂贵的，因为要建造一个包含全套技术设备的工厂来捕获二氧化碳，还要修建管道用于把二氧化碳注入地下。

为了应对极具挑战性的气候问题，我们必须设定机制，便于那些在未来几十年致使二氧化碳排放量急速增长的发展中国家在不影响自身发展的前提下，能够更新和转变其能源基础设施。气候产生的多边影响，其本质要求通过多边的过程求得解决方案。尽管我们并不知晓为了避免气候变化产生的恶劣影响所应该遵循的途径，但是我们可以从现在就采取行动，为未来打下基础。

资料来源：Thomas C Schelling，著. 王璐，译. 廖华，校. International Coordination to Address the Climate Challenge[J]. Innovations：Technology，Governance，Globalization，2009，4(4)：13-21.

Thomas C. Schelling，哈佛大学政治经济学荣誉教授、马里兰大学杰出荣誉教授，曾担任美国国家科学院全球气候变暖委员会主席，2005 年获得诺贝尔经济学奖。

第 2 章

能 源 需 求

能源是人类社会发展和经济增长最基本的驱动力。人类从旧石器时代以火熟食和御寒后,长期使用柴薪作为能源。18 世纪 60 年代,由于蒸汽机的发明,促使能源利用由柴薪向煤炭转移,煤炭成为 19 世纪资本主义工业化的动力基础,第一次工业革命得以大规模展开。1859 年,埃德温·德雷克在美国宾夕法尼亚州打出第一口油井,标志着近代石油工业的诞生,石油的发现以及接踵而至的一系列发明改变了世界的生产模式、交通模式。电力的发明和大规模使用,直接推动世界经济进入了轰轰烈烈的第二次工业革命,伴随着产业发展的升级换代,能源消费量急剧增大。因此,一部世界经济发展史也就是一部人类利用能源的发展史,随着生活水平的提高,能源需求在经济发展中的作用将越来越重要。本章首先阐述了能源需求的基本概念;然后对影响能源需求的主要因素进行了分析和探讨;最后就能源需求预测建模问题展开论述。

2.1 能源需求的基本概念

2.1.1 能源需求含义

能源需求指消费者在各种可能的价格下,对能源资源愿意并且能够购买的数量。与一般产品的需求一样,能源需求必须满足:(1)有购买的欲望;(2)有购买的能力。缺少其中任何一点都不会产生有效的需求,进而在市场上形成实际的购买力。

人们对社会产品和服务的需求是一种绝对需求。能源需求在很大程度上是一种派生需求,是由人们对社会产品和服务的需求而派生出来的。能源需求从本质上来说,是类似于劳动和资本这样的生产要素,因为能源可以转换为现代化生产过程中所必需的燃料和动力,或直接作为最基本的生产原料,它们与劳动、资本等生产要素相结合,就能为市场提供产品和服务。因为能源需求的派生性质,在其他条件不变时,能源需求水平会随着市场产品需求的变动而变动。

能源需求是能源经济学的一个基本概念,在实际应用中容易与能源消费相混淆。能源消费量是有效能源需求的反映,当能源供给充足,且不存在库存时,能源需求在量上等于能源消费。但由于能源需求一般很难准确测度,因此,实际分析中仍经常用能源消费代替能源需求。本书在不引起混淆的地方也不严格区分能源需求与能源消费两个概念。

2.1.2 能源需求总量与能源需求结构

由于能源种类繁多,不同能源种类经济特性不同,因此对能源需求运动规律的研究,首先需了解能源需求总量与能源需求结构两个基本概念。

1. 能源需求总量

能源需求总量是指所研究的一定范围内各种能源需求量之和。如一次能源需求量，化石能源需求量等，通常能源需求量指的是一次能源需求量。

一国的能源需求总量由终端能源需求量、能源加工转换损失量和损失量三部分构成。

（1）终端能源需求量：按照 OECD/IEA 的定义，终端能源需求是终端用能设备入口得到的能源。因此，终端能源需求量等于一次能源消费量减去能源加工、转化和储运这三个中间环节的损失和能源工业所用能源后的能源量。其中，中间环节损失包括选煤和型煤加工损失、炼油损失、油气田损失，发电、电厂供热、炼焦、制气损失、输电损失，煤炭储运损失，油气运输损失。在中国能源平衡表统计中，按等价值计算的终端能源消费中只扣除选煤、炼焦、油田、炼油、输配电损失，未扣除发电损失和能源工业所用能源。因此，计算得出的终端能源需求量远高于按照国际通行准则计算得出的数量（百度百科，2010）。

（2）能源加工转换损失量：指一定时期内全国投入加工转换的各种能源数量之和与产出各种能源产品之和的差额，是观察能源在加工转换过程中损失量变化的指标。

（3）能源损失量：指一定时期内能源在输送、分配、储存过程中发生的损失和由客观原因造成的各种损失量，不包括各种气体能源放空、放散量（国家统计局，2001）。

2. 能源需求结构

能源需求结构是指能源需求总量中各能源品种所占比例。目前，世界一次能源需求以油气、煤炭和天然气等化石能源为主，不同的国家或地区因资源禀赋及其他因素不同有所差别。主要发达国家一次能源需求结构已实现了以煤炭为主向油气为主的需求结构转换。世界平均能源需求结构中，以煤为主的固体能源已从 20 世纪 50 年代的 60% 多降到了 27% 左右，以石油为主的液体能源成为主要的一次能源，比重在 38% 左右，天然气具有高效、安全、净化环境的优点，备受世人青睐。

能源需求结构优化调整对一国乃至整个人类社会、经济发展均具有重要意义。一国的能源需求结构主要受制于该国的能源资源禀赋和能源技术，我国"富煤贫油少气"的自然资源禀赋特点决定了我国以煤为主的能源需求结构，煤炭占总能源需求的 70% 左右，是目前世界上少有的能源需求结构以煤为主的国家，虽然煤炭燃烧产生的热值低，排放的温室气体较石油、天然气多，但由于经济发展需要和能源资源的高度稀缺性及资源禀赋限制，在相当长时期内，我国仍将保持以煤为主的能源需求结构。表 2-1 给出了 2004 年世界主要国家一次能源消费结构，从表中我们可以看到，煤炭消费超过 50% 的国家只有印度和中国，且中国煤炭所占比重比印度要高出近 15%，其他国家煤炭所占比重都不到 1/4。产生同样的热量，石油燃烧产生的 CO_2 约为煤炭的 3/4，天然气约为煤炭的 1/2，在当前环境压力越来越大的形势下，我国的能源需求结构将面临严峻的挑战。

表 2-1 2004 年世界主要国家一次能源消费结构 ％

国 家	石油	天然气	煤炭	核能	水电
美国	40.2	25.0	24.2	8.1	2.6
日本	46.9	12.6	23.5	12.6	4.4
德国	37.4	23.4	25.9	11.4	1.8
英国	35.6	38.9	16.8	8.0	0.7
法国	35.8	15.3	4.8	38.6	5.6
加拿大	32.4	26.2	9.9	6.7	24.8
俄罗斯	19.2	54.1	15.8	4.8	6.0
印度	31.7	7.7	54.5	1.0	5.1
巴西	44.9	9.1	6.1	1.4	38.6
中国	22.3	2.5	69.0	0.8	5.4
世界平均	36.84	23.67	27.17	6.11	6.20

资料来源：BP(2005)。

2.1.3 能源强度

能源强度也称单位产值能耗或能源密集度(Energy Intensity)，是指一段时间内，某一经济行为体单位产值消耗的能源量，通常以吨(或千克)油当量(或煤当量)/美元(或其他货币单位)来表示。一个国家或地区的能源强度，通常以单位国内生产总值耗能量来表示。能源强度是反映经济对能源依赖程度的一个重要指标，能源强度高，意味着经济对能源的依赖程度高；反之，则低。

能源强度指标反映了经济行为体利用能源效率的状况，与能源强度相近似的还有一些反映能源技术效率的指标，如能源生产过程用能加工转换效率、储运效率和终端利用效率，这些指标是指在使用能源(加工、转换、储运和终端利用)的活动中所得到的有效能与实际输入的能源量之比，一般用百分率表示。综合能源效率技术指标更能反映不同经济行为体能源利用的效率，但该指标的计算对数据要求较高，需要有全面、详尽的技术和能源数据基础，实际中不易编制。

能源强度的编制只需要当年的能源需求总量和当年的国内生产总值(GDP)，这两个数据比较容易获得，因此，能源强度在实际中得到广泛应用。但能源强度指标反映了由技术水平、发展阶段、经济结构、能源需求结构等多方因素形成的能源需求水平和经济产出的比例关系，非单纯由技术水平决定的能源利用效率。在利用能源强度进行不同国家能源效率比较时，要注意剔除汇率对能源强度的影响。

2.1.4 能源需求弹性

1. 能源需求价格弹性

能源需求价格弹性是指在其他条件不变时，能源价格的相对变动所引起的能源需求量的相对变动比率，即能源需求量的变化率与能源价格变化率之比。根据定义知计算公式为

$$E_{dp} = \frac{\Delta Q_d / Q_d}{\Delta P / P} = \frac{\Delta Q_d}{\Delta P} \cdot \frac{P}{Q_d}$$

其中，Q_d 为能源需求绝对量；

　　ΔQ_d 为能源需求变动量；

　　P 为能源价格绝对量；

　　ΔP 为能源价格变动量。

当 $\Delta P \to 0$ 时，$E_{dp} = \lim\limits_{\Delta P \to 0} \frac{\Delta Q_d}{\Delta P} \cdot \frac{P}{Q_d} = \frac{\mathrm{d}Q_d}{\mathrm{d}P} \cdot \frac{P}{Q_d}$。

按照需求法则，需求量与市场价格反向变动，$\mathrm{d}Q_d / \mathrm{d}P$ 一般为负值，因此，E_{dp} 为负值，即能源需求价格弹性与一般产品需求价格弹性一样，一般为负值。

在技术一定的前提下，为保证经济生产的顺利进行，人类生活不受影响，短期能源需求总量和结构难以随价格的变化做出大的调整，能源需求价格弹性一般较小，但在长期，如果能源价格持续偏高，就会激发技术进步和对能源的替代，因此长期能源需求总量和结构随价格调整的幅度会增加，即长期能源需求价格弹性相对较大。此外，能源需求价格弹性与收入水平有关，在收入较低阶段，能源需求主要用于满足基本需求，对价格相对不敏感，随着生活水平的提高，能源被用于更广泛的领域，选择的余地更大，对价格敏感度随之提高。

如 Cooper(2003)利用计量经济学模型和 1979—2000 年数据，对 23 个国家长期和短期石油需求收入弹性进行了估计。他建立的计量经济学模型如下：

$$\ln D_t = \ln \alpha + \beta \ln P_t + \gamma \ln Y_t + \delta \ln D_{t-1} + \varepsilon_t$$

其中，D_t 为人均原油消费量序列；P_t 为实际原油价格序列；Y_t 为实际人均收入序列；ε_t 为残差序列；β 为短期价格需求弹性；$\beta/(1-\alpha)$ 为长期需求价格弹性。其实证结果(见表 2-2)显示：第一，无论长期还是短期石油价格弹性都是负数，除中国和葡萄牙以外；第二，长期价格弹性绝对值明显大于短期价格弹性绝对值；第三，能源需求对价格来说，总体是缺乏弹性的，但发达国家需求价格弹性相对较大。

表 2-2　原油需求价格弹性

	人均石油消费增长率/%	人均实际 GDP 增长率/%	能源需求价格弹性	
			短期	长期
澳大利亚	−0.3	1.7	−0.034	−0.068
加拿大	−1.3	1.6	−0.041	−0.352
中国	3.6	8.6	0.001	0.005
丹麦	−2.5	1.5	−0.026	−0.191
法国	−1.5	1.7	−0.069	−0.568
德国	−1.4	1.2	−0.024	−0.279
希腊	2.2	1.5	−0.055	−0.126
意大利	−0.4	2.2	−0.035	−0.208
日本	−1.0	8.1	−0.071	−0.357
韩国	8.3	6.4	−0.094	−0.178

	人均石油消费增长率/%	人均实际 GDP 增长率/%	能源需求价格弹性	
			短期	长期
葡萄牙	3.0	2.9	0.023	0.038
西班牙	1.3	2.1	−0.087	−0.146
英国	−1.1	2.0	−0.068	−0.182
美国	−0.7	2.0	−0.061	−0.453

资料来源：Cooper(2003)。

2. 能源需求交叉价格弹性

能源需求交叉价格弹性是指一种能源产品价格的相对变动所引起的有关能源品种需求量的相对变动，其数学表达式为

$$E_{ij} = \frac{\Delta Q_{dj}/Q_{dj}}{\Delta P_i/P_i} = \frac{\Delta Q_{dj}}{\Delta P_i} \cdot \frac{P_i}{Q_{dj}}$$

其中，Q_{dj} 为能源品种 j 的需求绝对量；

ΔQ_{dj} 为能源品种 j 的需求变动量；

P_i 为能源品种 i 的价格绝对量；

ΔP_i 为能源品种 i 的价格变动量。

当 $\Delta P_i \rightarrow 0$ 时，$E_{ij} = \lim\limits_{\Delta P_i \rightarrow 0} \frac{\Delta Q_{dj}}{\Delta P_i} \cdot \frac{P_i}{Q_{dj}} = \frac{\mathrm{d}Q_{dj}}{\mathrm{d}P_i} \cdot \frac{P_i}{Q_{dj}}$。

3. 能源需求收入弹性

能源需求收入弹性是指在其他条件不变时，能源消费者收入的相对变动所引起的能源需求量的相对变动。数学计算公式为

$$E_y = \frac{\Delta Q_d/Q_d}{\Delta Y/Y} = \frac{\Delta Q_d}{\Delta Y} \cdot \frac{Y}{Q_d}$$

其中，ΔY 为能源消费者收入的变动量；

Y 为能源消费者收入的绝对量。

当 $\Delta Y \rightarrow 0$ 时，$E_y = \lim\limits_{\Delta P \rightarrow 0} \frac{\Delta Q_d}{\Delta Y} \cdot \frac{Y}{Q_d} = \frac{\mathrm{d}Q_d}{\mathrm{d}Y} \cdot \frac{Y}{Q_d}$。

能源需求收入弹性系数与一国的经济技术发展水平、产业结构、能源需求结构和消费习惯等有密切关系。

从长期趋势来看，能源需求收入弹性系数有一定的变动规律。英美等国的经验数据表明，能源需求收入弹性系数伴随着工业化进程，呈现倒 U 形变动轨迹。短期，能源需求受多种因素影响，会在一定水平上下波动。

能源需求收入弹性系数是衡量经济对能源依赖的一个重要指标。$E_y > 1$，表明能源需求增长率快于经济增长率，经济增长为一种粗放式增长；$E_y = 1$，能源需求增长与经济增长同步；$0 < E_y < 1$，能源需求增长率低于经济增长率；$E_y < 0$，表明经济增长，能源消费不仅不增加，反而减少，这是一种可喜的局面，意味着能源效率的极大提高，节能效果显著。

这里需要提醒的是，上述的能源需求收入弹性与统计年鉴以及其他一些情况下出现的另一个概念，能源需求弹性系数不是一回事。能源需求弹性系数是指能源需求总量相对变动与国民收入总量相对变动之比，是用来衡量整个国民经济生产对能源需求敏感性程度的指标，即能源需求弹性系数反映经济总量对能源的依赖程度，能源需求收入弹性系数反映人均水平上，经济（或收入）对能源的依赖程度。

能源需求弹性系数与能源强度存在密切关系。能源需求弹性系数大于 1，能源强度上升；能源需求弹性系数等于 1，能源强度不变；能源需求弹性系数小于 1，能源强度下降。

例如，由能源需求弹性系数＝1，根据定义可得

$$\frac{Q_{dt} - Q_{d(t-1)}}{Q_{d(t-1)}} = \frac{Y_t - Y_{t-1}}{Y_{t-1}}$$

其中，$Q_{d(t-1)}$，Q_{dt} 为 $t-1$ 和 t 时期能源需求量；Y_t，Y_{t-1} 为 $t-1$ 和 t 时期的经济总量。化简得 $\frac{Q_{d(t-1)}}{Y_{t-1}} = \frac{Q_t}{Y_t}$，即 $t-1$ 时期能源强度等于 t 时期能源强度。

4. 弹性的计算

按上述弹性定义计算各类弹性，从严格意义上来说，应该清楚需求量随价格或收入变化的具体数量关系，显然，由于能源产品的基础性和复杂性，现实中很难获得相关各量确切的数量关系，所以有关能源各类弹性的计算多数是通过建模方法近似获取的。下面以煤炭需求为例，介绍利用计量经济学模型方法，估计煤炭需求的价格弹性、收入弹性和交叉价格弹性。

设 TC_t 为煤炭需求量序列，RG_t 为收入变量序列，通常用人均实际收入反映，PC_t，PO_t 和 PG_t 分别为煤炭、石油、天然气价格序列，建立如下计量模型：

$$\ln TC_t = \beta_0 + \beta_1 \ln RG_t + \beta_2 \ln PC_t + \beta_3 \ln PO_t + \beta_4 \ln PG_t + e_t \qquad (2\text{-}1)$$

其中，e_t 为残差。模型中各变量取对数，是计量经济学建模的一种常用方法，目的是使序列更易平稳和处理，此外，后面的分析还可以进一步看出取对数的价值所在。

估计方程（2-1）后，为检验协整关系的存在性，充分条件是利用下述回归模型检验残差序列的单位根：

$$\Delta \hat{e}_t = \alpha \hat{e}_{t-1} + \sum_{i=0}^{m} \delta_i \Delta \hat{e}_{t-i} + u_t \qquad (2\text{-}2)$$

其中，$\hat{e}_t$ 为方程（2-1）的残差，$m \geqslant 0$ 为方程（2-2）的最优滞后阶数，以使方程（2-2）的残差 u_t 近似于白噪声，$\delta_0 = 0$。最优滞后阶数的确定采用 AIC 和 SC 准则。

Engle 和 Granger(1987)曾计算过上述检验的临界值。如果拒绝假设，则可以推断煤炭需求与收入、煤炭价格以及石油价格、天然气价格之间存在长期协整关系。

根据模型（2-1），可以获得如下关系：

$$\frac{\partial \ln TC_t}{\partial \ln RG_t} = \beta_1, \qquad \frac{\partial \ln TC_t}{\partial \ln PC_t} = \beta_2, \qquad \frac{\partial \ln TC_t}{\partial \ln PO_t} = \beta_3, \qquad \frac{\partial \ln TC_t}{\partial \ln PG_t} = \beta_4$$

因此，模型（2-1）中的系数 β_1，β_2，β_3，β_4 与前文定义的有关弹性概念一致，故它们分别表示煤炭需求的长期收入弹性、价格弹性以及关于石油、天然气的交叉价格弹性。

Engle 和 Granger(1987)提出的协整关系的误差修正模型可用下式估计：

$$\Delta\ln TC_t = \alpha_0 + \alpha_1 \Delta\ln RG_t + \alpha_2 \Delta\ln PC_t + \alpha_3 \Delta\ln PO_t + \alpha_4 \Delta\ln PG_t + \alpha\hat{e}_{t-1} + \xi_t \qquad (2\text{-}3)$$

与长期协整关系类似的是,误差修正模型式(2-3)中的系数 $\alpha_1, \alpha_2, \alpha_3, \alpha_4$ 也有一个很好的经济解释:它们分别表示煤炭需求的短期收入弹性、价格弹性和煤炭需求关于石油、天然气价格的交叉弹性。误差修正项的系数 α 则表示任意波动所导致的煤炭需求对长期均衡偏离的调整速度。

利用上述方法估计相关价格弹性和收入弹性,前提是能源消费量与有关价格变量,收入变量存在长期协整关系。除这里提到的两种估计模型外,还有一些其他模型,目前还没有对估计弹性的各种模型的优劣形成统一共识。

5. 案例分析:利用弹性的计算方法估计我国煤炭需求的长期、短期弹性

下面选取人均煤炭消费量(单位:千克/人),人均实际国内生产总值(按 1995 年不变价格计算,单位:元/人),煤炭和石油出厂价格指数(1990＝100)4 个变量,样本区间为 1980—2004 年。其中,各年人均实际国内生产总值根据中国统计年鉴(国家统计局,2005)中人均国内生产总值和 GDP 指数数据换算所得。具体换算步骤为:根据各年名义 GDP 和各年 GDP 指数,由下式求得各年的 GDP 平减指数。

$$\text{Deflator}_i = \frac{\text{GDP}_i}{\text{GDP}_i\,\text{index}} \times \frac{\text{GDP}_{1995}\,\text{index}}{\text{GDP}_{1995}}$$

其中,GDP_i 为第 i 年的名义 GDP 值;$\text{GDP}_i\,\text{index}$ 为第 i 年的 GDP 指数;$\text{GDP}_{1995}\,\text{index}$ 为 1995 年的 GDP 指数(等于 100);GDP_{1995} 为 1995 年的名义 GDP 值。

用各年名义人均 GDP 除以相应的平减指数,得各年人均实际 GDP。其余变量 1980—2002 年的数据来源于中国能源数据(2005),2003—2004 年数据根据中国统计年鉴(2005)相应数据换算所得。由于我国从 1993 年起成为石油净进口国,国际原油价格与国内原油价格之间存在协整关系,且这种关系近似为比例关系(Jiao J L et al.,2006)。因此,1993 年后石油价格指数不能完全采用国内出厂价格指数,而是根据国内出厂价格指数和各年石油进口依存度及石油进口价格波动幅度进行加权平均所得。上述 4 个变量的样本区间均为 1980—2004 年的年度数据。由于对数据取对数可以消除异方差的影响,又不影响变量之间的长期稳定关系和短期调整效应,因此,在以下的案例分析中,我们分别对 4 个变量进行对数处理。各变量符号及含义见表 2-3。

表 2-3 变量名称及含义

变量	含 义
LTC	年人均煤炭消费量的对数
LRG	年人均实际国内生产总值(按 1995 年不变价格计算)的对数
LPC	煤炭价格指数(1990＝100)的对数
LPO	石油价格指数(1990＝100)的对数

煤炭需求、收入、煤炭价格、石油价格序列的平稳性检验结果见表 2-4。根据检验结果可知,4 个序列均为不稳定的,但它们的一阶差分都是稳定的,因此,这 4 个变量是一阶单整 $I(1)$ 的。接下来我们可以对煤炭需求与收入、煤炭价格及石油价格之间的协整关系进行检验,根据范英、焦建玲(2008)研究知,煤炭需求在 1997—2000 年间发生了结构突

变，考虑此结果，可在协整关系检验模型(2-1)中引入反映突变时间的哑变量 s_t，协整检验结果见表 2-5。

表 2-4　ADF 平稳性检验

变量	水平值	一阶差分
LTC_t	$-2.351\ 4$	$-4.177\ 1^{***}$
LRG_t	$-1.343\ 1$	$-3.747\ 5^{**}$
LPC_t	$-0.338\ 0$	$-3.072\ 2^{**}$
LPO_t	$-0.326\ 0$	$-3.050\ 8^{**}$

注：***表示在 1% 的水平上显著；"**"表示在 5% 的水平上显著。

表 2-5　协整性检验

协整方程个数	特征值	似然比统计量	5%临界值	1%临界值
$r \leqslant 0^{**}$	0.972 4	179.215 5	68.52	76.07
$r \leqslant 1^{**}$	0.910 9	96.688 3	47.21	54.46
$r \leqslant 2^{**}$	0.676 2	41.072 4	29.68	35.65
$r \leqslant 3$	0.416 0	15.130 5	15.41	20.04
$r \leqslant 4$	0.113 1	2.759 2	3.76	6.65

注：**表示在 1% 的显著性水平上拒绝原假设。

表 2-5 的检验结果表明，在 5% 的显著性水平上煤炭需求与收入、煤炭价格、石油价格之间至少存在 3 个协整方程。其中，第一个协整方程具有较好的经济意义，该方程如下：

$$LTC_t = 4.408 - 0.539s_t + 0.519LRG_t - 0.960LPC_t + 0.574LPO_t$$

根据上述模型估计结果可知，煤炭收入的长期弹性为正(0.519)，价格弹性为负(-0.960)，石油与煤炭的交叉价格弹性为正(0.574)，这些符号与经济学关于弹性的理论研究完全一致，因为煤炭收入弹性、煤炭价格弹性以及煤炭关于石油的交叉价格弹性的绝对值都小于 1，因此煤炭需求关于收入、价格和石油价格变化从长期来看都是缺乏弹性的，但煤炭价格弹性接近于 1，因此煤炭需求关于煤炭价格变化近似于同比例变化。收入增加和石油价格上涨所导致的煤炭需求增加的相对比例小于收入和石油价格变化的比例。由于煤炭和石油同为一次能源，相互之间存在一定的替代性，因此煤炭需求关于石油的交叉价格弹性为正，虽然从绝对数值上来说比煤炭需求的价格弹性小，但是单从其本身数值 0.574 来说，石油价格变化对煤炭需求的影响是相当大的。此外反映突变时间项的系数也是高度显著的，因此煤炭需求结构突变也导致了这种长期协整关系的调整。

与国际上关于其他能源需求收入和价格弹性相比，应该说我国煤炭需求的长期弹性偏大，原因之一可能在于我国经济仍然属于粗放式增长阶段，该阶段能源使用效率较低，浪费现象还比较严重，因此相对国外能源效率较高的国家来说，我国能源节约的空间还比较大，从而导致煤炭需求各种弹性较高。

与长期协整模型匹配的短期误差修正模型估计的结果见表 2-6。短期收入弹性为正(0.601)，符号与理论一致，而短期煤炭需求价格弹性为正(0.061)，以及煤炭需求关于石油价格交叉弹性符号为负(-0.022)，则与理论不相符，该种矛盾的主要原因可能是由于我国能源定价机制不完善所造成的,因为我国政府对能源价格干预相对较多,短期价格调整比较缓慢,不能很好地反映市场供求变化,因此短期内不能很好地发挥价格作为有效配置资源的手段和功能。不仅短期价格弹性符号与理论不相符,且它们对煤炭需求变化的影响也都不显著,这更加说明我国能源定价机制存在的问题,短期内价格机制根本不能发挥其应有的作用。煤炭需求偏离长期均衡的调整速度为 -0.232 ,是高度显著的,它表示 $t-1$ 期煤炭需求比长期协整方程估计的多高出 1% ,则下一年煤炭需求效应会减少 0.306% 。

表 2-6　误差修正模型

应变量 D(LTC)			
变　　量	系　　数	t 统计量	概　率
$D(LRG)$	0.601 4	1.953 8	0.065 6
$D(LPC)$	0.061 0	0.501 1	0.622 1
$D(LPO)$	$-0.021 5$	$-0.299 4$	0.767 9
$VECM(-1)$	$-0.306 1$	$-8.204 3$	0.000 0
C	$-0.023 4$	$-0.882 5$	0.388 5
R^2	0.840 4		
调整后的 R^2	0.806 8		
D W 统计量	2.475 3		

其中,$VECM_t = LTC_t - 4.408 + 0.539s_t - 0.519LRG_t + 0.960LPC_t - 0.574LPO_t$。

2.2　能源需求的主要影响因素

能源是整个世界发展和经济增长最基本的驱动力,是人类赖以生存的基础。能源需求既与经济生产密切联系,又与人们的生活息息相关,因此,影响能源需求的因素非常复杂,下面仅对几个主要因素做一简单分析。

2.2.1　经济增长

经济增长是推动能源需求总量增加的首要因素。当世界经济稳步增长时,由于各行各业扩大生产,能源作为基本生产要素,需求量必然相应增加。同时,随着生产规模的扩大,企业需要更多的工人,或更长的工作时间,或更大的劳动强度,从而增加了居民的收入。居民收入的增加有可能导致居民对生活能源使用的增多,如更多的人购买家用汽车,从而大大增加对汽油的需求。相反,当世界经济发展不景气时,各行业相对缩小生产规模,导致作为原材料的能源需求量减少。由于各部门生产规模缩小,或减少了雇用劳动力,或缩短了工作时间,或降低了工作强度,这些变化使得居民收入也随之减少,这又进一步减少了居民对生活能源的使用。所以能源需求量与世界经济活动水平之间存在着正向变动关系。一些研究从实证角度也证实了这种关系的存在性。例如,Cheng and Lai(1997)和 Yang(2000)发现我国台湾地区能源需求和 GDP 之间存在因果关系,Aqeel and Butt(2001)发现经济增长是巴基斯坦能源需求增长的原因。

工业革命以来,世界经济和能源消费都保持了较快的增长态势。如表 2-7 所示,世界各国总的国内生产总值(GDP)由 1970 年的 115.49 千亿美元增长到 2004 年的 317.49 千亿美元,年均增长了 3.0%;能源消费量则由 50.2 亿吨油当量增长到 102.2 亿吨油当量,年均增长了 2.1%;能源强度由 1970 年的 4.3 吨油当量/万美元下降到 2004 年的 3.2 吨油当量/万美元。

表 2-7 部分国家 GDP 和能源消费量

千亿美元(1990 年不变价),亿吨油当量

国家	项 目	1970 年	1975 年	1980 年	1985 年	1990 年	1995 年	2000 年	2002 年	2004 年
美国	GDP	30.37	34.90	41.85	49.05	57.57	65.06	79.69	81.80	87.85
	能源消费量	16.5	16.9	18.1	17.7	19.7	21.2	23.1	22.9	23.3
日本	GDP	8.83	11.57	14.07	16.41	20.11	22.77	24.21	24.83	25.38
	能源消费量	2.8	3.3	3.6	3.7	4.4	4.9	5.2	5.1	5.1
德国	GDP	10.13	11.33	13.31	14.11	16.71	18.49	20.22	20.41	20.70
	能源消费量	3.1	3.2	3.6	3.6	3.5	3.3	3.3	3.3	3.3
英国	GDP	6.28	6.98	7.63	8.43	9.90	10.75	12.57	13.09	13.79
	能源消费量	2.2	2.0	2.0	2.0	2.1	2.1	2.2	2.2	2.3
法国	GDP	6.69	8.13	9.60	10.44	12.26	12.93	14.75	15.24	15.67
	能源消费量	1.6	1.7	1.9	2.0	2.2	2.4	2.5	2.6	2.6
意大利	GDP	6.18	7.14	8.81	9.58	11.02	11.74	12.93	13.19	13.39
	能源消费量	1.2	1.3	1.4	1.4	1.5	1.6	1.8	1.8	1.8
印度	GDP	1.37	1.57	1.84	2.38	3.24	4.17	5.52	6.07	6.99
	能源消费量	0.6	0.8	1.0	1.4	1.9	2.5	3.2	3.4	3.8
中国	GDP	0.96	1.24	1.61	2.68	3.83	6.85	10.18	11.86	14.19
	能源消费量	2.3	3.4	4.3	5.6	6.9	8.9	7.7	10.3	13.9
世界	GDP	115.49	139.56	168.57	191.53	218.99	243.49	286.98	297.10	317.49
	能源消费量	50.2	57.8	66.4	71.9	81.2	85.4	90.8	94.9	102.2

资料来源:BP(2005),联合国网站统计数据库(联合国,2005)。

不同国家和同一国家不同经济发展阶段,经济增长对能源需求的影响是不同的,一般可以用能源需求的弹性系数定量反映经济增长对能源需求总量的影响程度。通常情况下,发达国家能源需求的弹性系数较小,而发展中国家能源需求弹性系数相对较大(王文平等,2007)。

美国是世界上最大的发达国家,也是能源消费量最大的国家。表 2-7 显示,1970—2004 年美国 GDP 由 30.37 千亿美元增长到 87.85 千亿美元,能源消费量由 16.5 亿吨油当量增长到 23.3 亿吨油当量,年均增长率分别为 3.2% 和 1.0%。第一、第二次石油危机

对美国经济产生了严重的负面影响,造成短暂的经济停滞甚至衰退。1970—2004 年,日本的年均经济增长速度和年均能源消费增长速度分别为 3.2% 和 1.8%;而同期一些欧洲工业化国家的能源消费增长速度减缓,如 1970—2004 年德国的 GDP 年均增长速度为 2.1%,能源消费量年均增长速度为 0.2%。中国是一个发展中国家,正处于工业化快速发展阶段,经济总量和能源消费增长迅速,2004 年 GDP 和能源消费量分别为 14.19 千亿美元和 13.9 亿吨油当量。

为进一步寻找能源需求和经济增长之间的定量关系,一般将能源与劳动和资本等同视为经济生产的基本要素,如将传统的 Cobb-Douglas 生产函数(或其他生产函数)扩展为下面的经济产出函数:

$$Y = A(t)K^{\alpha}L^{\beta}R^{\gamma}$$

其中,Y 为总产出;$A(t)$ 为综合技术水平;K,L,R 分别为投入的资本、劳动力和能源数量;α,β,γ 则分别为产出对资本、劳动力和能源的弹性系数。

大量实证研究利用上述或其变形、扩展的经济产出函数研究各经济行为体的产出对能源需求的依赖程度。

2.2.2　社会发展

人口是社会系统中最基本的因素,人口总量的多少将直接影响能源需求总量。居民对能源需求分为直接需求和间接需求,直接需求指居民对能源商品的直接购买量,如用于出行、炊事、照明、取暖等的燃料和电力需求量;间接需求指为提供居民生活所需的非能源商品和服务而消耗的能源。如消费者购买的小汽车、衣服、食品等,这些商品以及其他几乎任何商品和服务的生产都需要消耗能源。一般来说,居民间接能源需求量远远大于直接能源需求量,因此,在一定的技术水平下,人口总量的增加将直接导致能源需求量增多(李艳梅,张雷,2008)。

实证研究发现,1850—2000 年全球矿物能源消费与人口增长的相关系数高达 0.984 4,高于同期铁矿石消费与人口增长的相关系数 0.951 5(张雷,蔡国田,2005)。

与 1860 年相比,2003 年世界人均一次能源消费水平增长了 19 倍(图 2-1)。总体而言,工业化开始后的 100 年(1750—1850)人均能源消费的年递增速度仅为 1.4%;1860—1960 年期间,增速达到了 2.56%;1960—2000 年期间,人均一次能源消费的年递增为 1.1%。

社会人口结构变化也会对能源需求量产生影响。城市居民和农村居民的能源利用方式和消费水平有很大差异,一般来说,城市居民无论对能源的直接需求还是间接需求,都较农村居民多,因此城市化会增加人口对能源的需求。我国正处于城市化水平快速增长时期,这也是导致我国能源需求快速增加的一个重要影响因素。

经济增长、人口增加,使得能源需求几乎呈刚性增加的趋势,自 20 世纪 60 年代以来,全球一次能源需求,仅在 1980—1982 年第二次石油危机期间和 2009 年有一个微弱的负增长,其余年份均一路上扬。1970 年全球一次能源需求总量为 4 957.5 百万吨标准油,到 2009 年增加到 11 164.3 百万吨标准油,年均增长率达到 2.05%。

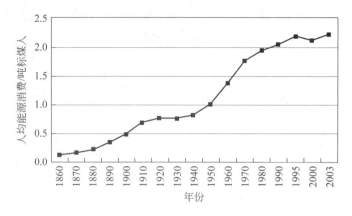

图 2-1　1860—2003 年世界人均一次能源消费水平变化趋势

资料来源：张雷，蔡国田，2005.

2.2.3　产业结构及部门能源强度

能源需求的增长除了与经济周期、人口密切相关外，还受到产业结构的影响，不同的产业结构，其能源需求不同，甚至差别很大。在现有技术水平下，产业结构的变动决定了能源利用效率的高低，无论长期还是短期，产业结构的调整都会影响能源需求量和需求结构的变化。例如，1993—2005 年期间，我国工业部门内部轻工业和重工业结构变化对能源需求的影响大致为，重工业比例每增加一个百分点，能源需求量增加约 1 000 万吨标准煤（齐志新等，2007）。

产业结构之所以会对能源需求产生重要影响，其主要原因在于：不同产业部门单位产值需求的能源数量，即部门能源强度相差较大，一般来说，第二产业属于高耗能产业，能源强度相对较高；第三产业能源强度相对较低。按照产业结构升级理论，在经济水平发展到一定程度以后，第二产业的主导地位应该逐渐向第三产业过渡，从而整个经济的能源强度趋于下降。改革开放初期，我国第二产业在 GDP 中的比重不到 50%。此后的 10 年中，第二产业的比重不断下降，在 20 世纪 90 年代初一度下降到 41% 左右。但是随后，第二产业的比重开始回升，2007 年前三季度第二产业在 GDP 中的比重甚至突破了 50%。与其他国家的发展历程相比，目前我国第二产业的比重明显偏高，第三产业比重偏低，并且呈现出第二产业比重回升，第三产业于 2006 年后持续下降的不合理变化趋势。1980—2003 年各国三次产业 GDP 结构变动趋势详见表 2-8。

表 2-8　若干国家三次产业 GDP 结构变动趋势　　　　　　　　%

国别	产　业	1980 年	1990 年	2000 年	2001 年	2002 年	2003 年
印度	第一产业	38.7	31.4	24.6	25.0	22.7	22.2
	第二产业	24.2	27.6	26.6	25.7	26.6	26.6
	第三产业	37.1	40.9	48.8	49.4	50.7	51.2

国别	产　业	1980 年	1990 年	2000 年	2001 年	2002 年	2003 年
日本	第一产业	3.7	2.5	1.4	1.4		1.3
	第二产业	41.9	41.2	32.2	30.6		30.4
	第三产业	54.4	56.3	66.4	68.1		68.3
韩国	第一产业	14.4	8.5	4.3	4.3	4.0	3.2
	第二产业	39.9	43.1	36.2	42.0	40.9	34.6
	第三产业	45.7	48.4	59.5	53.7	55.1	62.2
英国	第一产业		1.70	1.1	1.0	1.0	1.0
	第二产业		31.4	28.5	27.6	26.4	26.6
	第三产业		66.9	70.4	71.5	72.6	72.4
中国	第一产业	30.2	27.1	15.1	14.4	13.7	12.8
	第二产业	48.2	41.3	45.9	45.1	44.8	46.0
	第三产业	21.6	31.6	39.0	40.5	41.5	41.2

资料来源：根据《国际统计年鉴》(1990)、《国际统计年鉴》(1995)、《国际统计年鉴》1998—2005 年整理所得。

中国正处于工业化发展进程中，工业部门能源需求量占全国能源需求总量的比重一直保持在 70％左右，1999 年工业能源需求比重有所下降，但是 2003 年又恢复到了 70％的水平，需求量约为 11.96 亿吨标准煤（国家统计局，2005）。在工业部门内部，制造业的能源需求量最大，一直占全国能源需求总量的 50％以上，其中石油加工及炼焦业、化学原料及化学制品制造业（化学工业）、黑色金属冶炼及压延加工业（钢铁工业）、非金属矿物制品业（建材工业）的能源需求比重较大，2003 年分别占全国能源需求总量的 5.3％、10.0％、14.1％、7.4％，能源需求量分别为 9.00 亿吨标准煤、17.11 亿吨标准煤、24.07 亿吨标准煤、12.66 亿吨标准煤。电力、煤气及水生产和供应业的能源需求比重也较大，2003 年占全国能源需求总量的 8.4％。

除了工业部门以外，交通部门的用能增长明显加快，需求比重从 1994 年的 4.6％左右增长到 2003 年的 7.5％左右。随着全面小康社会的逐步实现，家庭轿车保有量将迅速增长，交通部门的能源需求比重还将进一步增长。中国各产业部门的能源需求比重见表 2-9。

表 2-9　中国各产业部门的能源需求比重　　　　　　　　　　　　　　　　％

行　业	1994 年	1995 年	1996 年	1997 年	1998 年	1999 年	2000 年	2001 年	2002 年	2003 年
农、林、牧、渔、水利业	4.2	4.2	4.1	4.3	4.4	4.5	4.4	4.6	4.4	3.9
工业	71.6	73.3	72.2	72.4	71.4	69.8	68.8	68.5	68.9	70.0
采掘业	7.8	7.6	7.1	8.0	7.9	7.1	7.1	7.1	7.0	7.1
制造业	58.4	59.7	58.4	56.4	55.7	54.4	53.4	53.3	53.7	54.5
其中：石油加工及炼焦业	2.9	4.2	2.6	5.3	5.2	5.5	5.7	5.8	5.7	5.3

行　　业	1994 年	1995 年	1996 年	1997 年	1998 年	1999 年	2000 年	2001 年	2002 年	2003 年
化学原料及化学制品制造业	13.2	12.1	14.5	11.3	10.6	9.9	9.8	9.6	9.8	10.0
黑色金属冶炼及压延加工业	12.5	14.1	13.1	13.2	12.9	13.0	12.9	12.7	13.0	14.1
非金属矿物制品业	10.2	10.0	9.9	8.9	8.8	8.4	7.8	7.4	7.2	7.4
电力、煤气及水生产和供应业	5.4	6.0	6.7	8.0	7.9	8.3	8.3	8.0	8.3	8.4
建筑业	1.1	1.0	1.0	0.9	1.2	1.1	1.1	1.1	1.1	1.0
交通运输、仓储和邮政业	4.6	4.5	4.3	5.5	6.2	7.1	7.6	7.6	7.5	7.5
批发、零售业和住宿、餐饮业	1.5	1.5	1.6	1.7	1.9	2.2	2.2	2.4	2.3	2.4
其他行业	4.5	3.5	4.0	3.4	3.9	4.2	4.4	4.5	4.3	4.0
生活消费	12.6	12.0	12.8	11.9	10.9	11.2	11.4	11.4	11.5	11.3

资料来源：能源经济数据库（国家发展和改革委员会宏观经济研究院，2005），《中国统计年鉴 2005》（国家统计局，2005）。

不仅不同部门能源强度相差较大，相同部门由于技术水平不同，能源强度也会差别较大，这就是 2.2.5 节内容将要讲的能源技术对能源需求的影响。产业结构不合理和偏高的能源强度使我国能源需求量一路走高，成为我国经济持续健康发展的一大障碍。

2.2.4　能源价格

与其他任何商品一样，能源价格也是影响能源需求的一个主要因素，且能源市场的市场化程度越高，能源价格对能源需求的影响也越大。在市场经济条件下，价格是稀缺资源配置最主要的市场机制，与其他经济产品类似，能源价格与能源需求二者之间呈反向关系，即能源价格上涨，能源需求减少；反之，能源价格下跌，能源需求增加。除对能源需求总量产生影响外，能源价格波动还会对单位产出能耗产生影响，能源价格上升引致众多高耗能产业的成本大幅度上升，促使节能设备的研发和投入使用，单位产出的耗能量（能源强度）将不断下降。

由于能源需求与机器设备（技术水平）有关，能源价格波动对当期能源需求的影响有限，这种影响通常有一个滞后期。如经历了 1973—1974 年和 1979—1980 年两次大的石油危机后，石油价格由最初的 3～4 美元/桶飞涨至每桶 30 多美元，此后世界能源需求一路走低，1986 年降到了历史低点。

与能源资源的独特性相匹配，能源价格的不确定性较一般经济产品价格不确定性大。能源价格的不确定性除来自未来能源市场的可预期性外，还体现在能源价值的不稳定性上。一方面，随着资源日益稀缺，开发成本日益提高，作为经济发展的必要投入要素，价值逐渐提高；另一方面，随着替代能源的开发，能源价值趋于下降（葛世龙，周德群，2007）。能源价格较高的不确定性，使得能源价格波动剧烈而频繁，一有风吹草动就会闻风而动，甚至完全脱离供需基本面，这也使得能源价格对能源供需的调节作用大大减弱。

2.2.5　能源技术与管理

科技进步和管理是生产力，近年来实践表明，依靠技术进步，加强管理，采用新技术、新工艺、新材料、新设备，逐步淘汰高能耗低效设备，可以达到有效节约能源，降低需求的效果。

　　能源技术进步和管理创新对能源需求和供给均会产生积极的影响。如勘探开发领域内的能源技术进步,可以提高能源勘探能力,增加探明储量,提高已发现资源的采收率。但由于化石能源的可耗竭性在一定程度上抑制了能源技术和管理对化石能源供给的作用。能源技术和管理的作用更多地体现在需求结构优化,和能源使用效率的提高以及开发可再生能源上。

　　能源技术进步是能源需求结构优化调整的支撑。历史上两次重大的能源需求结构转换都是由于技术进步引起的。由于蒸汽机的发明和推广应用以及有机化工的发展促成了第一次能源需求以薪柴为主转向以煤为主;第二次由煤炭向石油的转换主要是由于燃料汽车、飞机等技术进步促成的。为应对气候变化,世界能源结构正酝酿巨变,世界范围内正在大力发展可再生能源技术,碳捕获与封存技术(CCS)以及交通运输用能模式系统技术,一旦这些方面的技术有了实质性突破,人类将可能迎来第三次能源结构大的转型。伴随着能源结构的升级,优质能源替代劣质能源,能源利用效率得到提高。

　　能源技术进步是提高能源使用效率的核心和关键。能源技术进步一方面通过直接减少能源需求,提高能源使用效率。如超临界火力发电技术,机组热效率能够达到45%左右,据测算,如果我国燃煤发电厂热效率都达到45%的水平,按2006年全国火电发电量计算,相当于全年可以少烧约2亿吨标准煤,减少二氧化碳排放约5.4亿吨。此外节能灯的使用,建筑中的保温外墙等由新技术生产的新材料、新产品都可以达到节约能源的目的。

　　管理制度创新通过对耗能产品制定科学的耗能标准;办公场所、营业场所耗能设施的管理制度建设等,规范企业生产行为,降低能耗;引导顾客树立节能意识,主动使用高能效产品,节约能源。

　　美国"能源之星"计划是能源管理制度创新的一个很好的例子。为减少能源使用并有效保护环境,鼓励开发高效低耗低污染的产品,引导广大消费者购买和使用节能环保设备,同时也为了节约更多的资金,美国环保署(EPA)于1992年开始实施"能源之星"项目。该项目通过将产品的保证标识与信息、宣传推广活动以及选择性的融资活动结合在一起来提高各种产品的能效。此计划并不具强迫性,自发配合此计划的厂商,就可以在其合格产品上贴上"能源之星"的标签。

　　"能源之星"项目开始于1992年,执行两年后,就有超过50%的个人电脑和80%的打印机符合"能源之星"的高效标准。该项目在短短十几年的时间内已取得了巨大的成功,具体表现在:(1)美国居民的节能意识大幅度提高,节能产品已成为市场的主导产品,"能源之星"已成为居民购买产品的重要参考依据之一;(2)"能源之星"无形中成了国外产品进入美国市场的技术壁垒,未获"能源之星"认证的产品在美国无法取得市场份额;(3)"能源之星"认证正逐步由美国扩展到其他国家(彭红圃,朱惠英,2007)。

　　除上述介绍的5个主要因素外,季节与气温变化、能源政策、消费者的主观偏好、消费习惯、替代产品的价格等也都会在不同程度上影响能源需求。

　　虽然影响能源需求的因素很多、很复杂,全球实际能源消费量逐年也会有所变化,但正如前文所述,全球能源需求旺盛,几乎呈刚性增长的趋势短期内仍将继续,难以改变,主要原因来自两个方面：一是运输部门需求的增长。除非有重大技术突破，否则在未来一段时期内，路运、海运和空运等部门还几乎不存在其他有较强竞争力的燃料。运输业石油消费在全球一次石油消费中的比例，1971年为33%，2002年为47%，预计到2030年将达到54%（国际能源署，2006）。二是发展中国家需求的快速增长。据《IEO2005》预测，2002—2025年期间亚洲新兴经济体的石油消费年均增长将达到3.5%，为世界平均增速1.6%的2倍多（美国能源信息署，2006）。

2.3 能源需求预测建模

2.3.1 能源需求预测概述

能源需求预测是通过能源供需的历史和现状，预测未来的能源需求状况。能源需求预测是能源市场管理的重要组成部分，是能源企业编制企业生产规划，确定投资和进行经营活动的依据，国家能源需求预测是政府制定能源发展战略的基础，其预测结果的好坏直接与国家或地方经济发展息息相关，因此，做好能源需求预测对经济发展和社会的稳定有着重要意义。

国内外目前从事能源需求预测的机构非常多，一方面，有很多从事全球能源需求预测的机构，它们会定期发布较大范围内的能源需求预测报告，比较典型的如国际能源署（IEA）、国际能源公司或石油公司（如BP）等；另一方面，很多国际机构和国内机构以及有关领域的学者也有针对单国进行的大量能源需求预测，主要目标是为各国的政策服务，如美国、日本等国的诸多预测机构。在这些对单国的预测中，对中国能源需求的预测在近些年变得越来越多，这主要是因为中国经济发展拉动能源需求不断快速增长，中国的能源需求变化对全球的经济、能源、环境体系都产生越来越重要的影响。

能源需求预测建模方法很多，如时间序列方法、灰色理论方法、人工神经网络方法、投入产出法等单一模型方法和运用这些模型的组合模型方法。每种方法都有其优点，都有其适用的场合，但同时也都有其不足或局限之处，不能简单地说哪个模型好，哪个模型不好。韩君（2008）对此做过比较全面的介绍。

（1）部门分析法。该方法是为了直接预测在一定经济发展速度以及一定技术进步条件下的能源需求量。根据实际情况把国民经济依部门划分，利用能源需求与经济发展速度之间的关系，使用单位产值能源消费量来综合反映各部门能源消费的技术水平和管理水平。模型把国民经济现状作为分析和计算的出发点，直接应用基期年份的产值水平与能源消费量等参数，在对各部门的产值增长速度与单位产值能耗变化率做出假设后，就可预测出各部门能源消费需求量、总能源需求量和增长趋势。部门划分越细，预测的准确率就越高；反之，预测的准确率就越低。

（2）传统时间序列趋势法。从能源消费量的历史统计数据出发，寻找能源消费量序列随时间变动的规律，并利用该规律对未来某时刻的能源需求量进行预测。该方法的基本思想是能源消费量在将来随时间变化的规律同过去能源消费量随时间变化的规律一致。适用于国家、地区或企业从事短期或中期的能源消费预测。当遇到历史数据起伏较大，或未来趋势可能会出现拐点等变化时，必须同其他预测方法相结合。Dahl 和 Sterner（1990）对 100 多个实证研究进行汇总，发现估计能源需求的最常用模型是以能源需求为被解释变量，以能源价格、能源需求滞后变量和收入为解释变量的模型形式。

（3）能源需求弹性系数法。一个国家和地区的能源需求弹性系数可以宏观地反映本国或本地区国民经济发展与能源需求的统计规律。在某一特定的历史发展阶段，能源需求弹性系数有一个大体上比较稳定的数值范围。根据历史上能源需求与经济增长的统计数据，计算出能源需求弹性系数，然后利用能源需求弹性系数值预测今后年份的能源需求量，该预测法的基本思想是假设一国或地区在未来预测年份的经济发展对能源的依赖程度与过去的经济发展对能源的依赖程度相比无明显的改变。

（4）投入产出法。能源投入产出分析是研究能源部门与整个国民经济的联系。它从国民经济这一有机整体出发，同时从能源生产消耗和分配使用两个侧面来全面反映能源产品在国民经济各部门间的运动过程。它不仅能反映能源产品的价值形成过程，也能反映能源产品的使用价值运动过程。

（5）BP 人工神经网络模型法。神经网络是一种由若干互联处理单元组成的并行计算系统。前馈神经网络是神经网络体系结构中的一种，它是指一层中的所有权重直接指向下一个网络层的结点，权重不循环回来作为前一层的输入；前馈神经网络通常使用 BP（Back Propagation）算法作为训练方法。BP 算法是通过从输出层开始修改权重，然后反向移动到网络的隐层来进行反向学习。

（6）情景分析法。是从未来社会发展的目标情景设想出发，构想未来的能源需求，这种构想可以不局限于目前已有的条件限制，允许人们首先考虑未来希望达成的目标，然后再来分析达成这一目标所要采取的措施和可行性。

（7）灰色模型法。在控制论中，将已知信息的系统称为白色系统，未知信息的系统称为黑色系统，而系统中既含有已知信息又含有未知信息或不完全的信息系统称为灰色系统。1982 年，我国学者邓聚龙教授创立了灰色系统理论，开辟了控制论新的研究方法。概括来讲，灰色系统理论是以"部分信息已知，部分信息未知"的"小样本""贫信息"不确定性系统为研究对象，主要通过对"部分"已知信息的生成、开发，提取有价值的信息，对系统运行行为、演化规律的正确描述和有效监控（韩君，2008）。

其中传统时间序列趋势法、灰色模型法、BP 人工神经网络模型法等，主要是根据历史数据之间的相互关系和规律，不考虑能源系统的相互作用和平衡规律，直接将历史趋势进行外推的建模方法，这些模型结构简单，使用起来比较方便，但由于这些模型对系统内的机理考虑较少，外推能力有限，比较适合短期预测。与单一模型预测相比，利用组合模型可以将各模型有机结合，综合各模型的优点，从而提供更精确的预测结果。

2.3.2　中长期能源需求预测建模

下面介绍以多地区投入产出方法，结合情景分析法，对中长期能源需求预测进行建模分析。情景分析的思想有助于全面考察影响能源需求的主要驱动因素（即技术进步、经济增长、人口增加及城市化推进）各种可能的发展路径，从而把握这些因素发展在时间上的不确定性；多地区投入产出分析方法通过将预测总体划分为多个预测区域，可以把握空间上的复杂性。

1. 情景分析

能源系统是一个复杂的巨系统。影响能源需求的主要社会经济因素（如经济、人口、技术等）的变化具有不确定性。在能源需求分析方面，传统的趋势外推的预测方法只能预测当影响因素按过去的轨迹变化时的需求，无法考察过去未发生过的情况，如突发事件下的需求，预测结果具有片面性。

目前，流行的情景分析法与一般的趋势外推的预测方法不同：它并不是要预报未来，而是设想哪些类型的未来是可能的，通过描述在不同的发展路线下各种"可能的未来"，从而可以考虑能源需求的各驱动因素的不确定性（Silberglitt，et al.，2003）。

2. 基本的投入产出模型

投入产出模型是 Wassily Leontief 教授于 20 世纪 30 年代末开发的一个分析框架。它的主要内容是编制棋盘式的投入产出表（表 2-10）和建立相应的线性代数方程体系。

表 2-10　投入产出表的基本结构

投入＼产出		中间使用			最终使用	总产出
		部门 1	…	部门 n		
中间投入	部门 1	x_{11}	…	x_{1n}	Y_1	X_1
	⋮	⋮	⋮	⋮	⋮	⋮
	部门 n	x_{n1}	…	x_{nn}	Y_n	X_n
增加值		Z_1	…	Z_n		
总投入		X_1	…	X_n		

投入产出表展示了各经济部门之间的货币往来及其相互作用关系。表中的各行描述了各部门的产出在整个经济中的分配情况，即销售给生产部门作为中间使用，或者销售给消费者作为最终使用；而表中的各列描述了各部门的生产所需的投入情况，包括作为原材料的各项中间投入以及劳动力和资本等要素投入（Miller 和 Blair，1985）。

模型中的线性代数方程体系同样从数学上描述了部门产出在经济中的分配情况，其矩阵表示形式如方程（2-4）所示：

$$\boldsymbol{X} = \boldsymbol{A} \cdot \boldsymbol{X} + \boldsymbol{Y} \tag{2-4}$$

其中，设国民经济有 n 个部门，有：

$\boldsymbol{X}$ 为 n 维向量，其元素 X_i 表示第 i 部门的总产出；

$\boldsymbol{Y}$ 为 n 维向量，其元素 Y_i 表示第 i 部门的最终使用（最终使用包括居民和政府消费、固定资本形成总额、存货增加以及出口）；

$\boldsymbol{A}$ 为 $n×n$ 维直接消耗系数矩阵，其元素 a_{ij} 表示第 j 个部门生产单位产品对第 i 个部门产品的直接消耗量。$\boldsymbol{A}$ 也被称为技术系数矩阵。a_{ij} 的计算方法为：

$$a_{ij} = \frac{x_{ij}}{X_j} \quad (i,j = 1,2,\cdots,n) \tag{2-5}$$

其中，x_{ij} 表示第 j 个部门对第 i 个部门产品的直接消耗量。

方程(2-4)可被改写为

$$X = (I - A)^{-1} \cdot Y \qquad (2-6)$$

其中，I 表示 $n \times n$ 维单位矩阵；

$(I - A)^{-1}$ 表示完全需求系数矩阵(又称列昂剔夫逆矩阵)，其元素 $b_{ij}(i, j = 1, 2, \cdots, n)$ 称为完全需求系数，表示第 j 个部门生产单位最终使用产品对第 i 个部门产品的完全需求量。

由式(2-6)可见，投入产出模型是由最终需求驱动的，通过完全需求系数矩阵将最终需求的变化传导到总产出的变化。

如式(2-7)所示，完全需求系数矩阵可分解为 n 个部门生产的单位最终使用矩阵 I、生产单位最终使用产品所产生的直接消耗矩阵 A 和生产单位最终使用产品所产生的全部间接消耗矩阵 $A^2 + A^3 + \cdots + A^n$ 三个组成部分，由此可以全面地反映出由于对任一部门产品最终需求的变化所直接及间接引起的该部门和其他各部门总产出的变化。

$$(I - A)^{-1} = I + A + A^2 + A^3 + \cdots + A^n + \cdots \qquad (2-7)$$

3. 面向多个地区的投入产出模型

当研究对象为一个以上的地区时，就需要对基本的投入产出模型进行扩展，得到关于多个地区的投入产出模型。

面向多个地区的投入产出模型包括基本的地区间投入产出模型(inter-regional input-output model，IRIO)及一系列简化模型。最早关于地区间投入产出模型的陈述出现在 Isard 的著作中(Miller 和 Blair，1985)。基本的地区间投入产出模型对统计资料的要求很高，需要有完整的地区间投入产出表。在经济统计体系不够完善的情况下，编制这样的投入产出表需要进行大规模的调查工作，耗费大量人力、物力，调查所得数据的可靠性有时也不能保证。目前只有日本和荷兰等极少数国家编制出了完整的地区间投入产出表。

由于数据来源的限制，直接运用基本的地区间投入产出模型是非常困难和复杂的，因而出现了一系列简化模型，主要包括多地区投入产出模型(multiregional input-output model，MRIO，亦称列系数模型)、Leontief 模型和 Pool-Approach 模型。其中，MRIO 模型是目前公认的地区间投入产出模型的主流形式，它与其他模型相比具有"资料要求低，精度较高等显著特点"(张阿玲，李继峰，2004；刘强，冈本信广，2002)。目前我国的区域间投入产出表也正是采用 MRIO 模型方法编制的。因而，本节选择 MRIO 模型作为核心模型。

假设研究对象为 m 个地区，则在 MRIO 模型中，投入产出模型的基本方程(2-4)变为

$$C \cdot A \cdot X + C \cdot Y = X \qquad (2-8)$$

其中，$X = \begin{bmatrix} X^1 \\ X^2 \\ \vdots \\ X^m \end{bmatrix}$，$X^k$ 为 n 维第 k 个地区的总产出矩阵，其元素 x_i^k 表示第 k 个地区第 i 部门的总产出。

$C \cdot A \cdot X$ 描述了各区域各部门中间投入的来源和中间使用的去向。

$$A = \begin{bmatrix} A^1 & 0 & \cdots & 0 \\ 0 & A^2 & \cdots & 0 \\ \vdots & \vdots & & \vdots \\ 0 & 0 & \cdots & A^m \end{bmatrix}, A^k$$ 为 $n \times n$ 维第 k 个地区的技术系数矩阵，其元素 a_{ij}^k 表示

第 k 个地区第 j 部门生产单位产品对第 i 个部门产品的直接消耗量。

C 为区域间贸易系数矩阵。

$$C = \begin{bmatrix} \hat{C}^{11} & \cdots & \hat{C}^{1m} \\ \vdots & & \vdots \\ \hat{C}^{m1} & \cdots & \hat{C}^{mm} \end{bmatrix}, \text{其中} \hat{C}^{kl} = \begin{bmatrix} c_1^{kl} & 0 & \cdots & 0 \\ 0 & c_2^{kl} & \cdots & 0 \\ \vdots & \vdots & & \vdots \\ 0 & 0 & \cdots & c_n^{kl} \end{bmatrix}, c_i^{kl}$$ 为第 l 个地区使用的所有第

i 部门产品中来自第 k 个地区的比例。

$$Y = \begin{bmatrix} Y^1 & & \\ & \ddots & \\ & & Y^m \end{bmatrix}, Y^k$$ 为 n 维第 k 个地区的最终使用矩阵，其元素 y_i^k 表示第 k 个地

区对第 i 部门产品的最终需求量。

4. 能源需求模型

下面主要介绍如何基于上述的 MRIO 模型预测未来的能源需求。需要说明的是，这里预测能源需求时只考虑一次能源需求，因为二次能源"由于部门间相互的需求结构已经自动被考虑了"（Cruz，2002）。

1）能源需求量

首先计算一次化石能源，即煤炭、原油和天然气的需求量，如方程（2-9）所示：

$$Q^{\text{Fossil}} = Q^{\text{Produce}} + Q^{\text{Resident}} \tag{2-9}$$

其中，Q^{Fossil} 为 3×1 维矩阵，一次化石能源需求总量，其元素 Q_j^{Fossil} 表示对第 j 种化石能源（煤炭、原油、天然气）的需求量；

Q^{Produce} 为 3×1 维矩阵，生产过程一次化石能源需求量，其元素 Q_j^{Produce} 表示生产过程对第 j 种化石能源的需求总量；

Q^{Resident} 为 3×1 维矩阵，居民生活一次化石能源需求量，其元素 Q_j^{Resident} 表示居民生活对第 j 种化石能源的需求总量。

Q^{Produce} 和 Q^{Resident} 的求法分别如式（2-10）和式（2-11）所示：

$$Q^{\text{Produce}} = \sum_k^m Q^{\text{Produce},k} = \sum_k^m \sum_i^n \sum_j^3 g_{i,j}^k \cdot x_i^k \tag{2-10}$$

其中，$Q^{\text{Produce},k}$ 为第 k 个地区的生产活动对一次化石能源的需求总量；

$g_{i,j}^k$ 为第 k 个地区第 i 部门单位产出对第 j 种能源的需求量（实物量）。

$$Q^{\text{Resident}} = \sum_k^m Q^{\text{Resident},k} = \sum_k^m \sum_j^3 \left[h_{\text{Urban},j}^k \cdot \eta^k \cdot P^k + h_{\text{Rural},j}^k \cdot (1 - \eta^k) \cdot P^k \right] \tag{2-11}$$

其中，$Q^{\text{Resident},k}$ 为第 k 个地区的居民生活对一次化石能源的需求总量；

$h_{\text{Urban},j}^{k}$ 为第 k 个地区城镇居民对第 j 种能源的人均生活用能需求量；

$h_{\text{Rural},j}^{k}$ 为第 k 个地区农村居民对第 j 种能源的人均生活用能需求量；

P^{k} 为第 k 个地区的人口数；

η^{k} 为第 k 个地区的城市化率，即城镇人口占全国总人口数的比例。

设 β 为化石能源占一次能源比重，则一次能源需求量 Q^{Total} 为

$$Q^{\text{Total}} = \frac{\sum_{i=1}^{3} Q_i^{\text{Fossil}}}{\beta} \tag{2-12}$$

2）能源强度

由能源强度的定义可得到其计算方法如下所示：

$$D_Q = \frac{Q^{\text{Total}}}{\text{GDP}} = \frac{Q^{\text{Total}}}{\sum_{j=1}^{n} Z_j} \tag{2-13}$$

其中，D_Q 为能源强度；

Z_j 为第 j 个部门的增加值。

5. 将驱动因素的影响结合进模型

由式（2-9）至式（2-13）可见，为了预测未来的能源需求量，首先需要获得未来的最终需求、技术系数矩阵以及能源效率进步矩阵。获取这些变量的过程也就是将各主要驱动因素的变化结合进模型的过程。

以下统一用上标"f"表示终端年份 f 的变量，用上标"c"表示基年的变量。同时为了简单起见，以下计算过程中省略了描述区域的上标"k"。

1）终端年份 f 的最终需求 Y^f

对终端年份的最终需求 Y^f 的计算包括以下 3 个步骤：

（1）计算终端年份居民对各部门产品的人均消费量。这里终端年份的居民人均消费量的变化通过收入弹性系数求出（Hubacek 和 Sun，2001）。收入弹性系数度量的是收入每变化一个百分点时，居民对各种商品需求量的变化，见式（2-14）。

$$\varepsilon = \frac{\dfrac{K^f - K^c}{K^c}}{\dfrac{L^f - L^c}{L^c}} \tag{2-14}$$

其中，ε 为收入弹性系数；

K^f 为终端年份 f 的居民人均消费量；

K^c 为基年 c 的居民人均消费量；

L^f 为终端年份 f 的居民人均收入；

L^c 为基年 c 的居民人均收入。

改写式（2-14）就可得到终端年份的居民人均消费量，如式（2-15）：

$$K^f = \left(1 + \varepsilon \cdot \frac{(L^f - L^c)}{L^c}\right) \cdot K^c \tag{2-15}$$

按类似的方法可获得 K_{Urban}^f 和 K_{Rural}^f。

其中，K_{Urban}^f 为终端年份 f 的城市居民人均消费量；

　　K_{Rural}^f 为终端年份 f 的农村居民人均消费量。

（2）计算终端年份居民消费总量。居民消费总量可通过将人均消费量和人口总数相乘得到。由于城市与农村在消费模式、生活水平上的差异较大，因而这里将两者的居民消费总量分别计算。

$$T^f = T_{\text{Urban}}^f + T_{\text{Rural}}^f = K_{\text{Urban}}^f \cdot P^f \cdot \eta^f + K_{\text{Rural}}^f \cdot P^f \cdot (1 - \eta^f) \tag{2-16}$$

其中，T^f 为终端年份 f 的居民消费总量；

　　T_{Urban}^f 为终端年份 f 的城镇居民消费总量；

　　T_{Rural}^f 为终端年份 f 的农村居民消费总量；

　　P^f 为终端年份 f 的人口数；

　　η^f 为终端年份 f 的城市化率。

（3）估计终端年份最终需求。这里终端年份的最终需求 Y^f 利用相应年份的居民消费总量的结果估计得到：

$$Y^f = \frac{T^f}{\theta^f} \tag{2-17}$$

其中，θ^f 为居民消费总额占最终使用的比例。

2）终端年份 f 的直接消耗系数矩阵 A^f

终端年份的直接消耗系数矩阵运用 RAS 直接消耗系数调整法（Miller 和 Blair，1985）确定。

RAS 方法是在更新投入产出系数矩阵中普遍使用的一种工具，它旨在通过所研究年份的 3 组数据获取该年份的 $n \times n$ 个技术系数。这 3 组所需的信息分别为：

（1）终端年份第 i 部门的总产出 X_i^f；

（2）终端年份第 i 部门的中间使用合计 U_i^f，它等于 $\sum_{j=1}^{n} x_{ij}$，也等于该部门的总产出 X_i^f 减去部门的最终需求 Y_i^f；

（3）终端年份第 i 部门的中间投入合计 V_i^f，它等于 $\sum_{j=1}^{n} x_{ij}$，也等于 X_i^f 减去部门增加值 Z_i^f。

RAS 法的基本目的是：根据技术变化的代用假定和制造假定，利用 X_i^f, U_i^f, V_i^f 等控制数据，找出一套行乘数（$\hat{R}$）和一套列乘数（$\hat{S}$），分别用于调整基年直接消耗系数矩阵 A^c 各行和各列元素。这两套乘数可以通过图 2-2 所示的迭代算法获得。获得两套乘数之后，利用方程（2-18）可得到未来的直接消耗系数矩阵：

$$A^f = \hat{R} \cdot A^c \cdot \hat{S} \tag{2-18}$$

3）G^f 和 H^f

终端年份的单位产出能耗矩阵 G^f 和人均生活能耗矩阵 H^f 通过对基年相应的能耗系数调整得到：根据相应的能源规划可以设定能源效率进步情景，假设 $3 \times (n+1)$ 维矩阵 O 为技术进步矩阵，其元素 $O_{ij}(1 \leqslant j \leqslant n)$ 表示第 j 个部门单位产出对第 i 种能源的耗用量的年变化率，$O_{i,n+1}$ 为与第 i 种能源的人均生活耗用量的年变化率，则有

$$g_{i,j}^{f} = g_{i,j}^{c} \cdot (1 + O_{i,j})^{f-c} \qquad (2\text{-}19)$$

$$h_{i}^{f} = h_{i}^{c} \cdot (1 + O_{i,n+1})^{f-c} \qquad (2\text{-}20)$$

需要注意的是,由于假设了各种投入品之间不可相互替代,以及没有引入能源相对价格变化的影响,因此这里没有考虑能源利用效率提高过程中潜在的回弹效应。

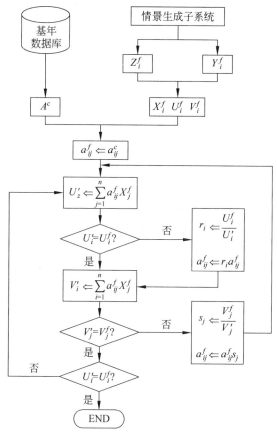

图 2-2　RAS 迭代算法

2.3.3　能源需求预测模型应用

1. 相关软件的开发

运用 Visual Basic 6.0,梁巧梅(2007)还开发基于上述模型的用于预测中国中长期能源需求量、能源强度软件系统,并命名为 CEDAS 1.0。

1)主要模块的特点

如图 2-3 所示,CEDAS 软件系统由以下 4 部分组成:

(1)数据库及数据库管理子系统:对基年数据、各影响因素情景以及模型结果进行输入、存储、查询等维护和管理工作。

(2)用户接口:提供图形化的用户界面,使用户能方便地输入参数及查询结果。

(3)情景生成子系统:将各要素情景进行组合,形成综合情景。

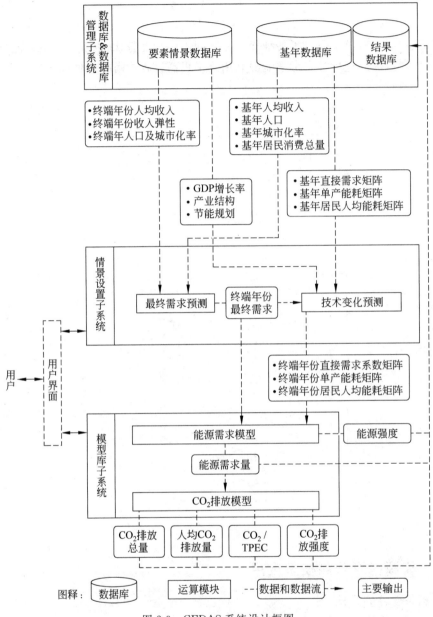

图释：〔数据库〕　〔运算模块〕　---〔数据和数据流〕→　〔主要输出〕

图 2-3　CEDAS 系统设计框图

（4）模型库子系统：利用能源需求模型分析各综合情景下终端年份的各项能源需求指标。

CEDAS 系统设计框图如图 2-3 所示。

上述系统将能输出以下结果：按区域、部门或燃料类型的能源需求量；按区域或部门的能源强度。

2）数据库和数据库管理子系统

（1）数据库。上述系统所用到的数据库由基年数据库、要素情景数据库和结果数据库组成。

基年数据库包括基年的投入产出表,社会经济数据以及技术数据。

要素情景数据库包括经济情景库、人口情景库、城市化情景库和技术情景库。各要素情景库的数据来源于政府及各权威机构的预测。

① 经济数据库存储各阶段的 GDP 增长速度,人均收入增长速度,收入弹性系数,产业结构变化等数据信息;

② 人口数据库存储历年人口总数;

③ 城市化情景库存储历年城市化率;

④ 技术情景库存储单位产出能源消耗变化率,人均生活用能耗用量变化率等数据信息。

结果数据库用于分情景存储能源需求量以及其他结果。

（2）数据库管理子系统。数据库管理子系统为用户提供方便的对要素情景数据库和结果数据库进行添加、修改和显示的功能。

对于要素情景数据库而言,用户可以在使用过程中实时添加自定义情景。但如无管理员权限确定添加,这些自定义要素情景在系统关闭时会被数据库管理子系统自动回滚删除,以维护系统的有效性和一致性。

对于结果数据库而言,用户可以通过数据库管理子系统对结果数据进行生成报表及打印等操作。

3）软件描述

如图 2-4 所示,该软件的主界面分为左、右两栏。主界面右栏为欢迎界面,在此界面上显示了用户的登录信息,若以管理员身份登录,界面上将显示登录用户的名称和用户的权限。欢迎界面下方是管理员快速登录入口。

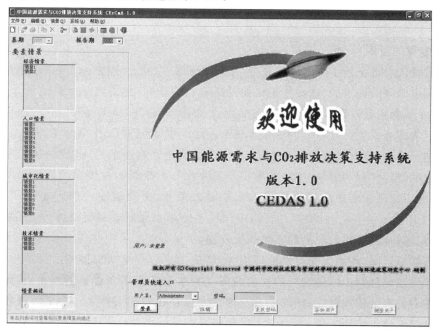

图 2-4　软件主界面

　　主界面左栏为各影响要素的情景库，单击情景库中各项目名称可查看该项目的数值及来源。用户设定好各要素情景后，单击工具栏上的"情景生成"按钮 ，就可以得到组合好的综合情景并在界面右方展示出来。当所有要考查的情景都生成后，单击工具栏上的"情景分析"按钮 ，就可以得到相应的分析结果，这些结果自动地以图表形式展示以方便用户直接利用，如图 2-5 所示。

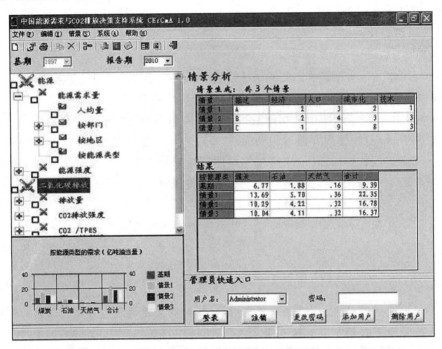

图 2-5　软件结果展示界面

2. 模型的应用

　　目前我国经济正处于迅速发展之中，尤其是未来 20 年是中国全面建设小康社会的重要时期。中国政府提出了"在优化结构和提高效益的基础上，国内生产总值到 2020 年力争比 2000 年翻两番""到 2020 年基本上实现工业化"的奋斗目标。因此，这一时期各种社会经济因素都会发生比较显著的变化。在这一时期中，随着人民生活水平的提高，城市化进程的加速推进，家电消费将迅速增长，小汽车也将越来越多地进入家庭，从而带来生活用能需求的增加；"到 2020 年中国基本实现工业化"，意味着工业生产的规模仍要持续扩大；同时城市化进程的加速发展还将大大推动服务业、交通运输业加速发展，因而未来 20 年生产用能也会有显著增加。届时，中国能源需求总量将达到什么水平，其品种结构如何？将是进行能源建设规划的重要前提依据。

　　我国幅员辽阔，各地区在自然地理条件、经济、人口、产业结构等方面都不尽相同，尤其是东部发达地区与中西部地区的社会经济发展水平之间存在着显著差异，从而使得这些地区在对能源的依赖程度、能源需求结构方面也存在着较大差异。为了促进各地区能源建设与经济建设协调发展，避免仅考虑全国平均发展水平有可能带来决策的片面性，有必要在预测全国能源需求的同时（Wei, et al. , 2006），对地区水平的能源需求进行预测，以利于因地制宜地进行地区能源发展规划,也利于从国家层面上协调各地区的资源优势。

基于上述原因,目前在国内的能源研究领域,非常有必要建立我国自己的能源需求预测模型,以加强我国在能源需求方面的话语权,更好地为国家的相关政策服务。上述能源需求预测模型正好可以满足我国在能源需求预测中对不同经济发展情景、不同地区能源需求中长期预测的需求,为全面建设小康社会及实现可持续发展提供决策支持。有兴趣的读者可阅读相关内容的文献(梁巧梅,2007)。

3. 模型改进设想

能源需求预测是一项非常复杂的工程,无论考虑得多么周密、细致,仍然会存在很多欠缺,因此,实际工作中,对能源需求的预测,尤其是中长期预测是一个动态调整的过程,这种调整既包括对预测方法的修正,也包括对问题或情景的描述等。比如,上述建立的预测模型在实际运用过程中,可根据需要和可能就以下3方面工作进行完善与改进。

1) 改进对直接消耗系数矩阵的调整方法

到目前为止,动态投入产出模型的理论尚不成熟,仍在发展之中。因此,上述研究选用了比较经典的静态投入产出模型。然而,一个完全静态的方法无法描述结构上的变化。为了解决这一问题,研究中运用RAS方法对基年的直接消耗系数矩阵 A^c 进行了调整,以模拟出所研究的时间范围中部门间投入产出结构的可能变化。

然而,RAS方法也存在着一些弱点,最主要的一个就是它的经济假设:替代效应和制造效应的部门一致性在很多情况下并不能满足。一种改进RAS的方法是将其与对直接消耗系数矩阵中关键系数的个案研究(case study)相结合。目前,对这种方法的改进已受到了很多关注。因此,进一步的工作可通过追踪RAS技术的改进方法,以及其他可能的更有效的调整措施,来提高现有模型的精度。

2) 改进对技术情景的描述

由于数据来源及方法等的限制,上述模型中的技术因素只考虑了能源利用效率的变化情景,没有考虑能源替代技术的影响。对于面向中长期的研究而言,这种设置方法有可能会在一定程度上削弱技术情景的合理性,从而限制了对技术影响研究的深度。将来的研究可在引入能源替代技术、引入回弹效应系数等方面对技术情景的描述进行改进。

3) 引入对非商业能源的描述

关于非商业能源,一方面,现有投入产出表或其他能源统计资料中的相关统计数据不足;另一方面,目前的能源政策主要关注商业能源,例如,原油进口、电力部门能源效率等问题,因此,在上述的模型中只讨论了商业能源。

然而,这部分能源在包括中国在内的大多数发展中国家中仍将发挥着重要的作用。因此,在未来的工作中很有必要进行这方面的相关研究,在数据可获的基础上设法在现有模型中引入对非商业能源的描述。

本 章 小 结

能源是人类社会发展和经济增长最基本的驱动力,是人类赖以生存的基础。能源需求是构成能源市场活动的一个重要方面,对能源资源配置、市场效率具有重要作用。

　　能源需求存在总量和结构之分，一国的能源需求总量由终端能源需求量、能源加工转换损失量和损失量三部分构成，世界一次能源需求以化石能源为主，结构已实现从煤炭向油气的转换，中国是为数很少的几个以煤为主能源的国家。经济增长、社会发展、产业结构及部门能源强度，能源价格和能源技术与管理是决定一国能源需求总量和结构的主要因素。

　　由于能源产品的基础性，能源主要是作为生产投入中的一种基本要素，其对价格的相对变化反应不大，即能源需求的价格弹性较小，短期由于耗能设备技术等方面制约，难以随价格波动迅速做出调整，因此，短期能源需求价格弹性更小。

　　能源需求预测是各国制定能源发展战略的重要组成部分，对保障能源需求具有重要意义。能源需求预测方法很多，有基于单一方法的预测模型，有基于若干方法的组合模型，其中基于能源需求历史数据趋势外推的方法，使用方便，比较适合短期预测，对能源需求的中长期预测比较适合使用组合预测模型。

　　2.3节介绍的多地区投入产出分析方法与情景分析法相结合的能源需求预测组合模型，基本原理是：首先将能源需求的主要驱动因素设置为技术、经济、人口及城市化水平；然后围绕这些驱动因素构建代表未来不同技术、经济发展路径的情景；最后具体到各情景，运用多地区投入产出模型计算得到各终端年份预测总体及各组成部分的能源需求量。该模型可用于对中国未来全国和各经济区域水平上的能源需求情景分析，从而为国家及各区域的能源规划建设和相关能源环境政策改革等提供决策支持。

思　考　题

1. 世界能源史上发生过几次大的需求结构调整？其主要推动因素是什么？
2. 能源需求主要受哪些因素影响？如何影响？
3. 能源需求收入弹性长期与短期有什么区别？
4. 什么是能源强度？能源强度与能源需求弹性系数有什么关系？
5. 能源需求预测的主要作用是什么？主要有哪些预测方法？各自的优、缺点如何？
6. 我国当前的能源需求有什么特点？未来可能的发展趋势如何？

 拓展阅读

从未来看，中国绝不会对世界能源安全造成威胁

　　中国是一个发展中国家，正处于实现工业化和推进现代化的历史时期。客观地讲，随着经济规模进一步扩大，工业化、城镇化进程加快，居民消费结构升级，中国能源需求会持续增加。国际经验也表明，就某一国家的能源消费而言，其消耗数量曲线呈倒U形，目前中国能源消费正处于倒U形的爬坡阶段。但是，我们有信心、有能力继续依靠自身的努力，主要通过增加国内供给和大力节能来解决能源问题。

　　首先，我们国内能源供给的潜力仍然很大。中国在可预见的未来，煤炭在能源结构中

的比重会有所下降,但其主体地位不会改变。煤炭储量丰富,地质理论资源量为5万多亿吨,保有储量为1万多亿吨,探明可采储量还有1 145亿吨,可开采上百年。石油还有一定潜力。据全国常规油气资源评价成果报告,我国石油可采资源量为212亿吨,探明剩余可采储量25亿吨,平均探明率33%,处于勘探中期阶段。随着技术进步,增加产量仍有潜力。天然气储量产量有望快速增长,可采资源量为22万亿立方米,截至2005年年底已探明可采储量3.5万亿立方米,平均探明率15.9%,尚处于勘探早期阶段,开发潜力大。非常规油气资源比较丰富。2005年全国煤层气资源评价结果显示,埋深2 000米以内的浅煤层气资源量约37万亿立方米,可采资源总量近11万亿立方米。作为常规油气资源补充的油页岩、油砂和沥青等也相当丰富。另据专家推测,我国东海和南海等海域蕴藏天然气水合物资源,也是未来可加以利用的能源资源。水电、风电、太阳能加快发展大有可为。全国经济可开发水电资源约4亿千瓦,目前只开发了1/4;可开发利用的风能约10亿千瓦,目前只开发了0.13%;太阳能开发利用潜力巨大,2/3的国土面积年日照时间在2 200小时以上。生物质能源前景广阔。我国每年生产农作物秸秆资源量约为7亿吨,其中可用于新能源开发利用的相当于1.5亿吨标准煤,林业剩余物资源量约2亿吨标准煤,油料植物和能源作物潜在种植面积可满足年产5 000万吨生物液体燃料的原料需求。今后,我们将继续按照立足国内、多元发展的基本方略,加快能源工业发展,增强国内能源供给能力。有序发展煤炭,高效清洁地开发利用煤炭资源,加快大型煤炭基地和安全高效矿井建设,发展煤炭气化、液化,鼓励瓦斯抽采利用,促进煤层气产业化发展。积极发展电力,以大型高效环保机组为重点优化发展火电,有序发展水电,适度发展天然气发电,积极推进核电建设。加快发展石油天然气,加大勘探力度,重点开拓海域、主要油气盆地和陆地油气新区,开展油页岩、油砂、天然气水合物等非常规油气资源调查勘探。积极实施燃油替代。大力发展新能源和可再生能源,加快开发风能,大力开发生物质能,积极开发利用太阳能、地热能和海洋能,到2020年,使可再生能源在能源生产结构中的比重从目前的大约7%提高到16%左右。

更为重要的是,我国节能降耗潜力很大。这些年,我国节能提效工作取得积极成效,一些行业的能耗持续下降。但与世界先进水平相比,我国能源利用效率仍然较低。比如,我国水泥行业综合能耗高出1/5,钢铁行业大中型企业吨钢可比能耗高出1/6,电力行业火电供电煤耗高出1/5。能源效率低既是我国能源发展中的突出问题,也是节约能源的潜力所在。从宏观层面看,经济结构调整、增长方式转变,将会极大地减少能源消耗。目前我国的经济增长过于依赖第二产业,低能耗的第三产业发展滞后、比重偏低。按照有关方面的测算,如果我国第三产业增加值比重提高一个百分点,第二产业中工业增加值比重相应地降低一个百分点,每年能源消费总量可减少约2 500万吨标准煤,相当于万元GDP能耗降低约1个百分点。如果高技术产业增加值比重提高一个百分点,而冶金、建材、化工等高耗能行业比重相应地下降一个百分点,每年能源消费总量可减少近2 800万吨标准煤,相当于万元GDP能耗降低1.3个百分点。从微观层面看,企业用能、居民消费都还有很大的节约潜力。就企业而言,通过技术改造和完善管理等措施,仅燃煤锅炉一项的节约潜力就有7 000万吨标准煤。再如照明节能,我国是全球第一大节能灯生产国,2005年产量达到17.6亿只,占世界总产量的90%左右,但国内使用的比例并不高,出口量占到生产总量的 70％以上。如果把现有普通白炽灯全部更换成节能灯，全国一年可节电 600 多亿度。这样的例子还很多。只要我们真正重视起来，节能降耗的路子是很多的，潜力也是很大的。我们将把节能摆在更加突出的战略位置，作为解决国内能源问题的根本出路，采取综合的、更加有力的措施，进一步强化节能工作。要通过调整结构节能，通过技术进步节能，通过加强管理节能，通过深化改革节能，通过强化法治节能，通过动员全民节能，实现 2010 年单位 GDP 能源消耗比 2005 年降低 20％的目标，努力把我国建设成为节约型社会。

中国在坚持立足国内解决能源问题的同时，将继续适度进口一部分石油资源作为我国能源的必要补充，但不会因此对世界能源安全构成威胁。随着经济全球化的深入发展，能源问题已经不是一个国家、一个地区的问题，而是全球性问题。绝大多数国家都不可能离开国际合作而获得能源安全保障，需要互通有无，加强合作。全球石油安全的关键，不在于今后一个时期中国和其他国家的石油消费会不会增长，而在于世界石油市场总供给和总需求的格局会有什么样的变化，在于人类是否能够通过开发替代石油和新能源来满足对能源的需求。据美国能源信息署测算，2020 年，全球石油需求将达到 52 亿吨，比2005 年增加 13.4 亿吨，而同期石油供给能力将达到 53.8 亿吨，增加 14.8 亿吨，世界石油市场供略大于求的格局不会改变。其间，中国石油进口虽然有所增长，但由于人均进口量依然相对较少，且进口规模的增加又是一个渐进的过程，国际市场完全有能力消化。据测算，到 2020 年，中国的人均石油进口量不会超过 0.2 吨，仍低于目前世界人均石油进口0.4 吨的水平，更低于发达国家的水平。即使随着石油资源递减，到 2020 年之后的某一时期，国际石油市场供求格局发生变化，这也将只会是一个渐进的过程，人类不会坐以待毙。自从 20 世纪七八十年代两次石油危机之后，特别是进入 21 世纪后受到石油价格暴涨的冲击，国际社会加强了替代能源和新能源的研究开发，并取得积极进展。随着科学技术的进步，煤制油、生物质燃料油以及水能、核能、风能、太阳能、氢能等都会有令人振奋的发展，人类将满怀信心地迎接后化石能源时代的到来。

资料来源：马凯. 驳"中国能源威胁论". 求是，2006-11-03.

第 3 章

能 源 供 给

必要的能源供给是维持社会经济生产和人民群众生活有序运转的重要保证。当今世界,能源供给以化石能源为主,由于化石能源资源的绝对稀缺性和分布区域的高度不平衡性,加上能源需求近似刚性增长趋势,使得能源供给经常处于能源市场供需力量的短边,因此,增加能源供给成为全球各国非常关注的一个重要问题。本章将介绍能源供给的基本概念以及影响能源供给的主要因素,最后就能源供给预测建模有关问题进行阐述和探讨。

3.1　能源供给的基本概念

3.1.1　能源供给含义与性质

能源供给是指在一定时期内,能源生产部门在各种可能的价格下,愿意并能够提供的数量。如果由于价格太低,厂商不愿意出售,即使有产品也不能在市场上形成有效的供给。

当今世界供应的主要能源为煤炭、石油、天然气等化石能源,这些能源是典型的自然资源,具有以下两个方面的显著特点:

(1) 有限性。指能源资源总量是有限的,这种有限是绝对的,不是相对人类无限需求欲望而言的相对有限,这种绝对有限性与人类社会不断增长的需求构成了供需结构上的矛盾。当然受认识世界能力的限制,人类对各类能源资源(即储量)的探明是一个逐步发现的过程(详细内容见 3.2.1 节),但无论人类探明还是未探明,这些能源资源的总量都是有限的。

(2) 区域性。指能源资源分布上的不均衡性,存在数量或质量上的显著地域差异,并有其特殊分布规律。从已探明的石油资源储量看,约 3/4 集中在东半球,储量前 10 位的国家占了全球 83% 的份额,中国以 22 亿吨列第 13 位;储量最多的国家是沙特阿拉伯,达363 亿吨,占全球 21.9%;储量前 5 位的国家都在中东,占全球 61.5% 的份额,被称为"世界油库"。类似地,天然气和煤炭资源在全球的分布也具有高度地缘性。表 3-1 给出了石油、天然气和煤炭三大化石能源储量位居前 10 位的国家及其储量(朱孟珏等,2008)。

正是由于能源资源的上述两个特点,使得能源供给始终处于能源供需的短边,能源供应安全成为全球关注的一个重点问题,各国都在积极努力,大力促进可再生能源、新能源的开发利用,力求提高能源供给多样化,保证供需平衡。

表 3-1　世界三大化石能源储量前 10 位的国家

位次	石油储量/亿吨		天然气储量/万亿立方米		煤炭储量/亿吨	
1	沙特阿拉伯	36.3	俄罗斯	47.65	美国	2 466.4
2	伊朗	18.9	伊朗	28.13	俄罗斯	1 570.1
3	伊拉克	15.5	卡塔尔	25.36	中国	1 145.0
4	科威特	14.0	沙特阿拉伯	7.07	印度	924.5
5	阿联酋	13.0	阿联酋	6.06	澳大利亚	785.0
6	委内瑞拉	11.5	美国	5.93	南非	487.5
7	俄罗斯	10.9	尼日利亚	5.21	乌克兰	341.5
8	哈萨克斯坦	5.5	阿尔及利亚	4.50	哈萨克斯坦	312.8
9	利比亚	5.4	委内瑞拉	4.32	波兰	140.0
10	尼日利亚	4.9	伊拉克	3.17	巴西	101.13
比重	占世界 83%		占世界 76%		占世界 91%	

资料来源：BP(2007)。

3.1.2　能源供给总量与能源供给结构

能源供给总量是指一定范围内所研究的各种能源供给量之和，如一次能源供给量，为原煤、原油、天然气和水电、核电等供给量之和，化石能源供给量则为原煤、原油、天然气供给量之和等。

能源供给结构是指能源供给总量中各类能源所占比例。如我国一次能源主要由煤炭、石油、天然气以及水电＋核电构成，其中煤炭占绝对主导地位，约占一次能源供给总量的 70%。

与能源需求一样，能源供给也是能源经济学范畴内的一个基本概念，在实际应用中容易与能源供应量或生产量相混淆。能源供应量是有效能源供给在数量上的反映，当能源需求充足，且不存在库存时，能源供给在数量上等于能源供应量。一国的能源供应量通常包括本国生产量和进出口部分。在不引起混淆的地方，本书不严格区分能源供给与能源供应两个概念。

库兹涅茨认为，现代经济增长不仅仅是一个总量问题。"如果不去理解和衡量生产结构的变化，经济增长是难以理解的。"也就是说，如果离开了结构分析，将无法解释增长为什么会发生和怎么发生，因而现代经济增长本质上是一个结构问题。对于能源也是一样，仅仅是能源供给总量的增加并不一定能满足经济增长的需要，能源供给结构合理才是经济增长和能源安全的重要保障。

表 3-2 列出了 1978 年以来，特别是近 20 年来，中国能源生产总量和构成。表 3-3 列出了 1949 年、1980 年、1990 年及 1998—2003 年中国能源产量及居世界位次。综合两表可以看出，经过 50 多年的发展，目前中国能源工业已经形成了以煤炭为主、多能互补的能源供给体系，支撑中国经济保持稳定的增长速度。但是由于近几年高耗能产业的迅速扩张，中国能源需求加速增长，一次能源生产也出现了高速增长。

表 3-2 中国能源生产总量与构成

年份	能源生产总量（Mtoc）	占能源生产总量的比重 /%			
		原煤	原油	天然气	水电
1978	627.70	70.3	23.7	2.9	3.1
1980	637.35	69.4	23.8	3.0	3.8
1985	855.46	72.8	20.9	2.0	4.3
1990	1 039.22	74.2	19.0	2.0	4.8
1995	1 290.34	75.3	16.6	1.9	6.2
1996	1 326.16	75.2	17.0	2.0	5.8
1997	1 324.10	74.1	17.3	2.1	6.5
1998	1 242.50	71.9	18.5	2.5	7.1
1999	1 091.26	68.3	21.0	3.1	7.6
2000	1 069.88	66.6	21.8	3.4	8.2
2001	1 209.00	68.6	19.4	3.3	8.7
2002	1 383.69	71.2	17.3	3.1	8.4
2003	1 599.12	74.5	15.1	2.9	7.5
2004	1 846.00	75.6	13.5	3.0	7.9
2005	2 162.19	77.6	12.0	3.0	7.4
2006	2 321.67	77.8	11.3	3.4	7.5
2007	2 472.79	77.7	10.8	3.7	7.8
2008	2 605.52	76.8	10.5	4.1	8.6
2009	2 746.19	77.3	9.9	4.1	8.7
2010	3 179.87	77.8	9.1	4.3	8.8

资料来源：《中国统计年鉴 2011》（国家统计局，2011）。

表 3-3 中国能源产量及居世界位次

年 份		1949	1980	1990	1998	1999	2000	2001	2002	2003	2004
一次能源	产量/百万吨标准煤	23.7	637.4	1 039.2	1 242.5	1 091.3	1 069.9	1 209.0	1 383.6	1 599.1	1 846.0
	位次	13	3	3	3	3	3	3	2	2	2
煤炭	产量/百万吨	32	620	1 080.0	1 250.0	1 045.0	998.0	1 110.0	1 380.0	1 667.0	1 956.4
	位次	10	3	1	1	2	1	2	1	1	1
原油	产量/百万吨	0.12	106.0	138.3	161	160	163	165	166.9	169.6	174.5
	位次		6	5	5	5	5	5	5	5	6
天然气	产量/亿立方米	0.07	142.7	153.0	232.8	252	272	303.4	326.6	350.2	408
	位次		12	20	18	17	19	19	17	17	16
电力	产量/亿千瓦时	4.3	300.6	621.2	1 167.0	1 239.3	1 355.6	1 478.0	1 654.0	1 905.2	2 187.0
	位次	25	6	4	2	2	2	2	2	2	2

资料来源：《中国统计年鉴 2004》（国家统计局，2004），《中国统计年鉴 2005》（国家统计局，2005）；BP(2005)，China Energy Databook v6.0(LBNL，2004)。

与第 2 章表 2-1 相比,可以发现,我国能源生产结构与需求结构不完全一致,相对来说,煤炭在能源生产结构中占的比重大于其在能源需求结构中的份额,石油则相反。我国能源生产基本上与需求平衡,近年来存在一些缺口,但自给率仍然在 90％以上,按理说,不存在严重的能源供应安全问题,但正是由于生产结构与能源需求结构不匹配,使得我国石油供需缺口越来越大,石油供应安全成为我国能源安全最大的隐患。

能源供给结构的调整可以考虑两个方面:一是提高优质能源所占比重。不同的能源品种具有不同的利用效率,据有关专家分析(陈权宝等,2005),石油产出效益比煤炭高23％,天然气产出效益比煤炭高 30％,此外,单位热值燃烧,煤炭产生的 CO_2 大于石油,石油大于天然气。二是提高能源品种多元化程度。一般来说,多元化程度越高,能源系统的安全性越高。一次能源供给结构多元化程度可以用香农-威纳指数(Shannon-Weiner index)或其他多样性指数来度量。香农-威纳指数也称为 Shannon 多样性指数(H'),计算公式如下:(李连德等,2008)

$$H' = -\sum_{i=1}^{n} S_i \ln S_i$$

其中,n 为一次能源供给系统中能源品种数目;S_i 为一次能源品种 i 的供给量占一次能源供给总量的比例;H' 反映一次能源供给系统的多样性程度,$H' \geqslant 0$。

当只有一种能源品种时,$S_i = 1$,$H' = 0$;种类增加时,H' 也相应增大。当一次能源供给中的各种能源所占比例趋于均等时,能源供给的种类越多(即 n 越大),一次能源供给多样性指数也越大。种类数 n 一定时,H' 值变大,说明各种一次能源供给在所有一次能源供给中所占比例趋于均等、差距缩小;H' 值变小,说明在所有一次能源供给品种中,能源供给相对集中在少数几个品种中,各种一次能源供给在所有一次能源供给比例的差距扩大。

比如,新中国刚成立时,中国一次能源供给结构多样化指数为 0.176,其中煤炭占96.3％,水电占 3％,石油占 0.7％,煤炭占有绝对主导地位,多样化指数偏低,一旦煤炭生产遭受重创,将严重危及我国能源供给。2005 年煤炭比重下降了 20 个百分点,为76.3％,石油上升为 12.6％,水电上升为 6.9％,天然气从无到有,比重占到 3.2％,此时一次能源供给结构多样化指数增加为 0.808,表明 2005 年我国一次能源供给结构较 1949 年有了较大改进,但与 4 种一次能源所占比例均等时的多元化指数值 1.386 还有较大差距,原因在于煤炭的比例仍然远高于其他能源品种的比例。

与能源供给总量和能源供给结构相对应,在电力的供给中,也存在电力供给总量和电源结构这一对概念。电源结构是指总发电量(或装机容量)中,不同燃料发电量(或装机容量)所占比例。除水电和核电外,其余的电力都是由一次能源转化而来的二次能源,因此,一国的电源结构与其一次能源供给结构密切相关,或基本上由一次能源供给结构决定。2006 年世界电力的装机结构,其比例为煤电 39％,水电 19％,核电 16％,天然气发电15％,油电 16％,其他 1％。而中国煤电比例从新中国成立以来一直高居 70％以上,2007 年达到了 78％,超过世界平均水平一倍。与能源供给结构一样,电源结构中来自优质能源发电量所占比例越大,电力系统效率越高,同时对环境产生的污染也越小。

另外,能源需求结构在很大程度上受制于能源供给结构,因此,要优化调整能源需求结构,还得从源头,从改善和优化能源供给结构做起。

从全球范围来看,世界能源供给正朝着多样、清洁、高效、全球和市场化的方向发展。

(1)多样化。可持续发展、环境保护、能源供给成本和可供给能源的结构变化决定了全球能源多样化发展的格局。未来,在发展常规能源的同时,新能源和可再生能源将受到重视。水能、核能、风能、太阳能也正得到更广泛的利用。

(2)清洁化。随着世界能源新技术的进步及环保标准的日益严格,未来世界能源将进一步向清洁化的方向发展,不仅能源的生产过程要实现清洁化,而且能源工业要不断生产出更多、更好的清洁能源,进而引导清洁能源在能源总需求中的比例逐步增大。洁净煤技术(如煤液化技术、煤气化技术、煤脱硫脱尘技术)、沼气技术、生物柴油技术等将取得突破,并得到广泛应用。

(3)高效化。世界各国能源加工转换效率差别很大,尤其是发展中国家能源技术效率提高的空间较大,世界各国都在积极采取措施,减少浪费,提高能源利用效率。

(4)全球化。随着经济的发展,世界上相当一部分国家越来越难以依靠本国资源满足其国内需求,越来越需要依靠世界其他国家或地区的资源供应,国际能源贸易量将越来越大,贸易额呈逐渐增加的趋势,世界主要能源生产国和能源消费国将积极加入能源供需市场的全球化进程中。

(5)市场化。由于市场化是实现国际能源资源优化配置和利用的最佳手段,故随着世界经济的发展,特别是世界各国市场化改革进程的加快,世界能源利用的市场化程度越来越高,世界各国政府直接干涉能源利用的行为将越来越少,而政府为能源市场服务的作用则相应增大,特别是在完善各国、各地区的能源法律法规并提供良好的能源市场环境方面,政府将更好地发挥作用(唐炼,2005)。

3.1.3 能源供给价格弹性

1. 能源供给价格弹性

能源供给价格弹性是指在其他条件不变时,能源价格的相对变动所引起的能源供给量的相对变动,即能源供给量的变化率与能源价格变化率之比。根据定义知其计算公式为

$$E_{sP} = \frac{\Delta Q_s / Q_s}{\Delta P / P} = \frac{\Delta Q_s}{\Delta P} \cdot \frac{P}{Q_s}$$

其中,Q_s 为能源供给绝对量;

ΔQ_s 为能源供给变动量;

P 为能源价格绝对量;

ΔP 为能源价格变动量。

当 $\Delta P \to 0$ 时,$E_{sP} = \lim\limits_{\Delta P \to 0} \frac{\Delta Q_s}{\Delta P} \cdot \frac{P}{Q_s} = \frac{dQ_s}{dP} \cdot \frac{P}{Q_s}$。

按照供给法则,供给量与市场价格正向变动,dQ_s / dP 一般为正值,因此,E_{sP} 为正值,即能源供给价格弹性与一般产品供给价格弹性一样,一般为正值。

在技术一定的前提下,由于能源产业属于资本密集性产业,投资大、周期长、能源供给

无法随市场价格的变化同步变化，短期能源供给总量和结构也难以随价格的变化做出大的调整，能源供给价格弹性一般较小，但在长期，如果能源价格持续偏高，能源生产企业利润增加，就会刺激能源企业增加投资，增加供给，能源消费企业则会增加研发投资，促进技术进步，提高能源使用效率和用相对便宜的能源品种替代较昂贵的能源品种，因此长期能源供给总量和结构随价格调整的幅度会增加，即长期能源供给价格弹性相对较大。可以用图 3-1 简单地描述能源供给的瞬时 MS、短期 SS 和长期供给曲线 LS 的变化情况。

因此，能源供给价格弹性由于调整产量的难度较大，加上化石能源产品还受到储量的限制，决定了能源供给价格弹性一般较小，且通常情况下，供给价格弹性小于需求价格弹性。较小的需求和供给价格弹性，以及供给价格弹性小于需求价格弹性的特点，导致供求关系出现小幅度的失衡就会产生较大的价格波动幅度，即图 3-2 中，$\Delta Q < \Delta P$。

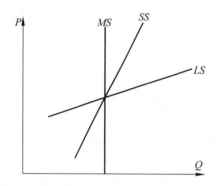

图 3-1　能源供给的瞬时、短期、长期价格弹性

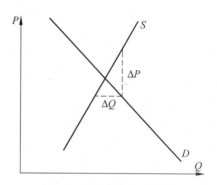

图 3-2　弹性对均衡的影响

2. 能源生产弹性系数

能源生产弹性系数是指能源产量增长速度相对于国民经济增长速度的比值。根据定义知其计算公式为

$$能源生产弹性系数 = \frac{能源生产总量年平均增长速度}{国民经济年平均增长速度}$$

能源生产弹性系数小于 1 时，表明能源生产增速落后于经济增长的速度；反之，能源生产增速快于经济增长的速度；当能源生产弹性系数等于 1 时，表明能源生产增速与经济增速同步。类似地，电力生产弹性系数是指电力生产总量年平均增长速度与国民经济年平均增长速度之比。

表 3-4 反映了我国 1990—2008 年能源生产和电力生产弹性系数。19 年来，我国仅在 2003—2004 年两年出现了能源生产增长快于经济增长的现象，而在 1997—1998 年亚洲金融风暴期间，能源产量甚至出现了负增长，其他年份均低于经济增长的速度，且多数年份小于或略高于 0.5。由于能源生产周期长，资金需求量大，因此，能源生产应该有所超前，但从能源生产弹性系数看，我国能源生产不仅没有超前，反而落后于经济生产增长速度，这在长期将严重影响能源供给的保障能力。相比能源总量的生产，电力生产增速多数年份高于国民经济增长速度，只在 1997—1998 年和 2008 年金融风暴期间，电力生产增速显著低于国民经济增长速度，其他年份稍低于经济增速。

表 3-4　能源生产与电力生产弹性系数

年份	能源生产比上年增长 /%	电力生产比上年增长 /%	国内生产总值比上年增长 /%	能源生产弹性系数	电力生产弹性系数
1990	2.2	6.2	3.8	0.58	1.63
1991	0.9	9.1	9.2	0.10	0.99
1992	2.3	11.3	14.2	0.16	0.80
1993	3.6	15.3	14.0	0.26	1.09
1994	6.9	10.7	13.1	0.53	0.82
1995	8.7	8.6	10.9	0.80	0.79
1996	2.8	7.2	10.0	0.28	0.72
1997	−0.2	5.0	9.3		0.54
1998	−6.2	2.9	7.8		0.37
1999	1.4	6.2	7.6	0.18	0.82
2000	2.4	9.4	8.4	0.29	1.12
2001	6.6	9.2	8.3	0.80	1.11
2002	4.6	11.7	9.1	0.51	1.29
2003	13.9	15.5	10.0	1.39	1.55
2004	14.3	15.3	10.1	1.42	1.51
2005	9.9	13.5	10.4	0.95	1.30
2006	7.4	14.6	11.6	0.64	1.26
2007	6.5	14.5	13.0	0.50	1.12
2008	5.2	5.6	9.0	0.58	0.62

资料来源:《中国统计年鉴》(2009)。

3.2　能源供给的主要影响因素

3.2.1　资源禀赋

　　资源禀赋指的是一国或地区各种资源的储量。能源禀赋的含义,即一个国家或地区的各种能源资源的储备量。显然一个国家的能源禀赋在很大程度上决定了这个国家能源供给总量和供给结构,能源禀赋是影响能源供给最主要的因素。虽然地球上的能源资源禀赋是一定的,但由于受技术、资金、人力、地质等因素的制约,地球上的能源储量是一个逐步发现的过程,另外有些储量虽然已被发现,但受一定因素制约,这些储量暂不具备开采的条件或开采的价值,因此,储量又分已探明储量和已探明可开采储量,通常已探明可开采储量具有更实际的意义,能在比较明确的时间条件下,形成实际的供给。

　　1. 世界石油资源探明可采储量及分布

　　石油是经济和社会发展不可缺少的重要能源,随着经济的发展和城市化水平不断提高,各国对石油资源的需求将继续保持强劲的增长。BP(2011)的数据表明,在过去的20 年间,世界石油资源探明可采储量呈上升趋势。如图 3-3 所示,1990 年世界石油资源探明可采储量约为 10 032 亿桶,2000 年增加到 11 049 亿桶,2010 年达到 13 832 亿桶,20 年间增加了 3 800 亿桶,增长了 37.9%。其中 2000—2010 年可采储量增长速度较大,

增长了 25.2%，主要集中在中南美洲，10 年间中南美洲的探明可采储量从 979 亿桶增加
到 2 394 亿桶，翻了一番以上。1990—2000 年期间，世界石油资源可采储量增长速度相对
缓慢，增长了 16.8%，主要集中在俄罗斯、非洲和中南美地区。

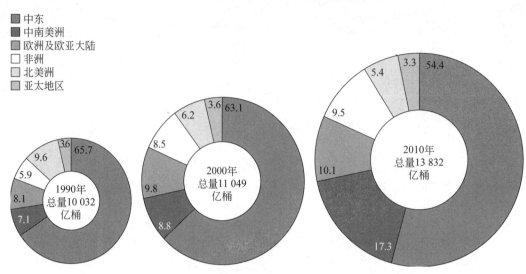

图 3-3　世界石油资源探明可采储量变化及分布图

资料来源：BP(2011).

2010 年年底，中东地区的探明可采储量约为 7 525 亿桶，约占世界的 54.4%，是名副
其实的"世界油库"。世界第二大"油库"是中南美洲，探明可采储量约为 2 394 亿桶，占世
界的 17.3%；欧洲（主要是俄罗斯）和非洲紧随其后，探明可采储量分别为 1 397 亿桶和
1 321 亿桶，分别占世界总量的 10.1% 和 9.5%；亚太地区石油资源最少，约为 452 亿桶，
仅占 3.3%。由此可见，世界石油资源分布极具地域性和不均衡的特点。其中以沙特阿
拉伯、阿联酋、伊朗、伊拉克等国组成的石油输出国组织（OPEC）拥有约 3/4 的石油储量，
其行为及政策变化会对国际石油市场供给产生一定影响。

2. 世界天然气资源探明可采储量及分布

天然气作为一种清洁高效的能源，具有转换效率高、环境代价低、投资省和建设周期
短等优势，积极开发利用天然气资源已成为世界能源工业发展的一个重要潮流。图 3-4
（BP，2011）的数据显示，20 世纪 90 年代以来，世界天然气资源探明可采储量增长迅速，从
1990 年的 125.7 万亿立方米，增加到 2000 年的 154.3 万亿立方米。截至 2010 年年底，
世界已探明的天然气可采储量约为 187.1 万亿立方米，过去的 20 年间天然气储量增加了
61.4 万亿立方米，增长了 48.8%。

近 10 年世界天然气资源探明可采储量的增长速度略有下降，但是中东地区的可采储
量增长速度依然较快。如图 3-4 所示，中东地区天然气探明可采储量由 1990 年的 38 万
亿立方米增加到 2000 年的 59.1 万亿立方米，在 2010 年年底储量高达 75.8 万亿立方米，
占世界总储量的 40.5%。虽然世界天然气资源不像石油那样过度集中在中东地区，但仍
具有分布很不均衡的特点。除了中东和欧洲（主要是俄罗斯）之外，其他地区的天然气探
明可采储量相当有限，仅为 48.2 万亿立方米，占世界储量的 25.8%。

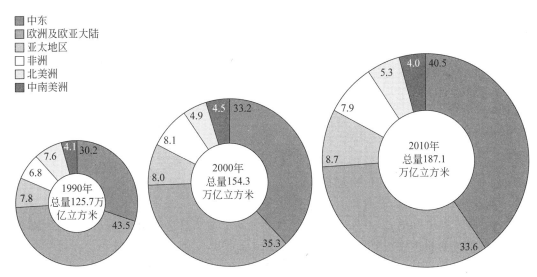

图 3-4　世界天然气资源的探明可采储量变化及分布图

图例：
- 中东
- 欧洲及欧亚大陆
- 亚太地区
- 非洲
- 北美洲
- 中南美洲

3. 世界煤炭资源探明可采储量及分布

煤炭是地球上蕴藏量最丰富、分布地域最广的化石能源,被誉为"工业的粮食",至今煤炭资源仍然是钢铁、电力等工业部门的重要原料和燃料。煤炭资源分布于世界近 80 个国家和地区,其中有 60 多个国家进行了有规模的开采。根据 BP(2011)的统计数据,2010 年年底世界煤炭资源探明可采储量为 8 609 亿吨。世界煤炭资源分布也不均衡,主要集中在亚太、欧洲和北美地区。如表 3-5 所示,美国、俄罗斯、中国、澳大利亚和印度的煤炭资源储量较大,5 个国家的储量之和占世界总储量的 75%。中国的煤炭资源储量相当丰富,而且煤质较好,但是人均储量仍然低于世界平均水平。

储采比又称回采率或回采比,是反映化石能源供给的一个重要的相对指标。国际通行的计算公式为:R/P,其中 R 为上年末能源资源储量,P 为上年产量。其含义为,如果产量维持在目前水平,这些储量还可开采多少年。如 2010 年,世界煤炭资源的平均储采比为 118 年,美国为 241 年,中国只有 35 年(表 3-5)。需要说明的是,储采比是表示能源供给能力的一个近似指标,首先,前面已介绍,能源储量的探明是一个逐步的过程,真实储量是未知的,不确定的;其次,以后的年产量也不可能保持恒定。基于这两点,储采比只是反映能源供给的一个近似指标。

表 3-5　2010 年世界主要国家煤炭资源探明可采储量

国　　　家	美国	俄罗斯	中国	印度	澳大利亚	世界
探明储量/亿吨	2 373	1 570	1 145	606	764	8 609
占世界份额/%	27.6	18.2	13.3	7.0	8.9	100
储采比	241	495	35	106	180	118

资料来源:BP(2011)。

4. 世界可再生能源储量

由于煤炭、石油和天然气等化石能源的可耗竭性,以及化石能源燃烧所带来的环境污染和温室气体等负面效应，世界各国都在致力于发展清洁、可持续的可再生能源。世界可再生能源资源储量丰富，其中太阳能储量（到达场面的功率密度）为 1 千瓦时/平方米，可开发生物质能 65 亿吨标准煤，技术可开发水能资源 6.96 万亿千瓦时，技术可开发风能资源 96 亿千瓦时，技术可开发地热资源 500 亿吨标准煤。除了水能以外，近年来风能和太阳能的开发和利用发展迅猛，其中以德国和丹麦最为突出（魏一鸣等，2006）。

3.2.2　能源价格

与其他产品一样，能源价格也是影响能源资源供给的主要因素之一。一般来说，在其他条件一定的情况下，能源价格走高，意味着企业利润增加，追逐利润最大化的企业会增加供给；反之，利润减少，企业就会减少能源的供给。

与一般产品不同的是，首先，能源生产或供给在短期几乎不受价格的影响，因为能源生产前期的要素投入比重非常大，而生产过程中要素投入所占的比重较小。产量对生产过程中的要素投入是不敏感的，且要素投入对产出有一个明显的较长的时滞。其次，能源供给受到已探明可开采储量的限制，在技术不变的情况下，一定时期可开采的数量是一定的，同时，能源投资期长，短期内调整产量的能力很有限，因此，能源价格对能源资源供给的影响较一般产品小。短期内能源供给对价格的反应主要通过剩余产能来实现。比如，在国际石油市场上，石油供需一直比较紧张，非 OPEC 国家基本上已开足马力，按最大生产能力进行生产，这意味着其短期能源供给曲线为一条垂直线，供给价格弹性为 0，只有沙特阿拉伯这样的 OPEC 成员大国才留有一定的剩余产能，当市场供不应求时，增加产出，平衡供需。图 3-5 显示，2008 年 9 月国际原油价格达到约 104 美元/桶的高位，此时OPEC 剩余产能很低，只有 1.31 百万桶/天，随着剩余产能增加，国际原油价格逐渐回落，2009 年 1 月剩余产能增加到 3.79 百万桶/天，国际原油价格降到了 41.92 美元/桶，此后剩余产能变化较小，油价波动幅度也减小。

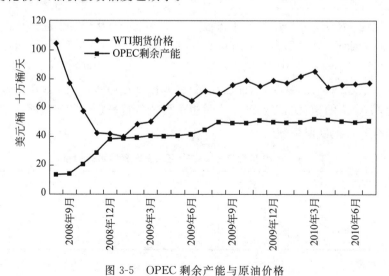

图 3-5　OPEC 剩余产能与原油价格

资料来源：http://stat.24k99.com/opec-oil.aspx。

当今世界以不可再生的化石能源为主要能源。能源价格应当充分反映资源稀缺程度,反映市场供需状况,反映生态保护和环境治理成本,这样才能向各类市场主体传递正确信号,从根本上促进能源供给朝着多元化、高效化、清洁化的方向发展,促进能源节约和合理利用。因此,维护能源市场稳定,完善能源定价机制,使能源价格更趋合理,以达到更充分、有效地配置能源资源的目的。

3.2.3　能源投资

能源投资对能源供给的影响主要体现在以下两个方面:

(1)能源投资是能源供给物质体系形成的基础,是能源能否稳定、经济、清洁供给的根本保障。能源投资供给主要是指能源产业交付使用的固定资产,既包括生产性固定资产,也包括非生产性固定资产。生产性固定资产的交付使用,直接为能源产业的再生产过程注入新的生产要素,增加生产资料供给,为扩大再生产提供物质条件,促进能源部门产值的增长。非生产性固定资产则主要通过为能源产业部门劳动者提供各种服务和福利设施,间接地促进能源产业的增长。因此,能源投资的增加促进了能源产品供给的增加。

(2)能源研发投资是推动能源技术进步的主要因素。罗伯特·索洛(1956)的经济增长模型表明:技术和传统投入的比较中,技术创新导致了80%的经济增长。生产技术水平的提高,即效率的提高,隐含着生产一定产量所需成本的下降,或者在给定成本时产量会有所增加。例如,1979—1985年的高油价诱发非欧佩克(石油输出国组织)国家加大油田勘探和技术革新,一方面探明储量大幅增加;另一方面油田开采成本也大幅下降,使得非OPEC国家大大增加了石油产量。能源产业的发展,能源供给的增加在很大程度上得益于能源技术创新。因此,能源研发投资引发的技术进步是影响能源供给的主要因素之一。

不管是能源产业生产要素的投入,生产结构的合理转换还是能源技术的进步都需要资本的投入。稀缺资源的配置既是经济学的主要研究对象,也是经济学面临的挑战。针对能源投资,企业和政府面临的决策为:其一是究竟该给能源产业多大的投资;其二是有限的投资多少该用于基础设施建设,多少该用于研发等;其三是用于研发的投资,多少该用于洁净煤技术,多少该用于可再生能源技术等。也就是说,能源投资决策中,首先要解决的是投资额的问题,在投资额一定的情况下,投资方向和在不同能源品种、技术间投资分配也是一个重要决策,因为合理的能源投资结构有助于改善能源供给结构,进而引导能源需求结构优化。结构的改善往往伴随着资源配置效率的提高。

一定的投资额是保证能源供给首要的、基本的要求。通常能源投资额须在全社会固定资产投资中占有适当的比例。因为在固定资产投资中,只有能源投资可以增加能源供给,非能源投资则增加能源需求,此消彼长,对能源供求平衡关系极大。国外能源工业投资在国民收入或国民生产总值中的比重一般在2%~8%,而且随着时间的推移逐步提高。

增加能源产业投资,提高能源产出是保障能源供给最重要的手段,尤其从长期来看,更要保证足够的能源投资,并通过能源投资方向引导能源产业合理发展,进而通过改善能源供给结构,达到优化能源需求结构的目的,保证经济持续健康稳定发展。要达到这一目的,我国在能源投资决策中应注意以下4点。

（1）能源建设必须适度超前。国家能源规划要充分考虑经济增长周期、产业结构变动、人民生活水平提高对能源需求总量的影响。能源生产和供给能力规划要以能够满足经济繁荣时期、产业结构引致的能源需求增长对能源的需求。

（2）要从根本上解决可能出现的能源供给能力不足问题，在保证国家在能源领域主导地位的同时，适当放开能源产业的市场准入，允许外资、民营资本进入能源投资领域。我国经济发展和世界各国的经验表明，只有竞争的市场才能够解决"短缺"问题。同时注意到，能源产业由于投资额巨大，特别是某些能源品种，如电力，具有一定的自然垄断特征，过度的竞争会造成重复建设，或规模偏小，不经济，导致效率低下和对资源的浪费，因此，国家应重点控制和管理能源行业的进入准则，对能源投资进行适当的引导。

（3）通过引导能源投资的方向，促进能源供给结构的调整。通过研发资金支持、税收优惠等方面的措施，鼓励各种所有制类型的企业在风能、太阳能、地热能等可再生能源领域及传统能源清洁利用领域的投资热情，尽快提高我国在新能源、可再生能源和能源清洁利用领域的技术和装备水平，缩小与世界先进水平的差距。

（4）将能源投资与节能减排结合起来。严格限制技术水平低、规模小、能耗高、排放大的投资，鼓励技术先进的能源设施上马，并以此促进低水平能源设施的关闭淘汰。引导投资进入能源装备领域，缩小我国在能源装备领域的技术差距，提高能源技术效率水平，为我国能源行业的节能减排奠定坚实的物质基础(李晓华，2008)。

综上所述，能源投资是保证能源稳定、高效、清洁供给的根本保障。能源投资不足必将导致能源供给短缺，从而阻碍经济发展。必须树立"经济发展，能源先行"的指导思想，大力推进能源投资和能源建设。由于能源投资资金量大，投资回收期长，因此，能源投资必须做好长期规划，同时，能源投资还必须注意投资的方向和结构。

除上述主要因素外，生产者未来的预期也会影响能源供给，预期将来的价格上涨，则生产者宁愿现在少开采，而让它埋在地下增值；反之，则会增加当期开采。能源供给还受到国际政治、经济、军事以及自然灾害、气候变化等事件的重大影响，如世界已发生的三次大的石油危机，以及与能源资源相关产品价格变动等因素的变动都会对能源供给产生影响。

3.3　能源供给预测

与能源需求预测一样，能源供给预测是进行能源发展规划的一个重要组成部分。可用于能源需求预测的趋势外推方法基本上都可以用于能源供给预测，同样地，这些方法仅利用历史数据信息，假设将来沿着历史趋势发展，外推能力有限，适合短期能源供给预测。不同于能源需求预测之处在于，能源供给很大程度上要受到资源禀赋的限制，不同能源品种、资源禀赋、市场结构等因素也会有所不同，因此，分能源品种进行供给预测是必要的。能源供给预测方法主要有三大类，分别是基于历史数据的趋势外推法，基于能源系统的预测法和基于能源储量的预测法，下面分别对三类预测方法进行介绍。

3.3.1　能源供给的趋势预测法

根据各历史时期实际能源供给量的数据，进行数据处理和统计分析，再结合能源储量的可能性和能源贸易等因素进行调整,推测未来的能源供给量。趋势预测法中,灰色预测模型由于所需历史数据相对较少,使用灵活方便而得到广泛应用,下面重点加以介绍。

灰色系统理论建模的主要任务是根据社会、经济、技术等系统的行为特征数据,找出因素本身或因素之间的数学关系,从而了解系统的动态行为和发展趋势。灰色系统理论认为:(1)任何随机过程都可看作是在一定时空区域变化的灰色过程,随机量可看作是灰色量;(2)无规的离散时空数列是潜在的有规序列的一种表现。因而,通过生成变换可将无规序列变成有规序列。能源系统是一个复杂系统,其影响因素有些是已知的,有些是未知的,因此,可以把能源系统作为灰色系统进行处理,灰色预测模型在能源预测中得到了广泛的应用。

灰色系统理论运用微分模型对系统的发展变化进行分析预测,GM(1,1)是最基本的,也是最主要的灰色预测模型。GM(1,1)将观测数据序列看成随时间变化的灰色过程,此预测模型需要的数据量少,通过累加生成挖掘出系统潜藏的有序指数规律,模型通过多种检验判断其合理性和有效性,只有通过检验才能建立相应的预测模型(张丽峰,2006)。

灰色系统的具体计算步骤:首先,对所考察的原始时间序列$\{x^{(0)}(k)\}$,作一次累加生成,得$\{x^{(1)}(k)\}$,其中

$$x^{(1)}(k) = \sum_{i=1}^{k} x^{(0)}(i), \quad k = 1, 2, \cdots, n \tag{3-1}$$

其次,构造一阶常微分方程$\dfrac{\mathrm{d}x^{(1)}}{\mathrm{d}k} + ax^{(1)} = b$,解该微分方程,得预测模型如下:

$$x^{(1)}(k+1) = \left[x^{(1)}(1) - \frac{b}{a} \right] \mathrm{e}^{-ak} + \frac{b}{a} \tag{3-2}$$

其中,a为发展灰数,它反映由模型计算得到的数列值的发展态势;b为内生控制灰数,其大小反映数据的变化关系。

再次,利用最小二乘法估计参数a,b,得它们的向量形式为

$$\alpha = \begin{bmatrix} a \\ b \end{bmatrix} = (B^{\mathrm{T}}B)^{-1}B^{\mathrm{T}}y_n \tag{3-3}$$

其中

$$B = \begin{bmatrix} -1/2[x^{(1)}(1) + x^{(1)}(2)] & 1 \\ -1/2[x^{(1)}(2) + x^{(1)}(3)] & 1 \\ \vdots & \vdots \\ -1/2[x^{(1)}(n-1) + x^{(1)}(n)] & 1 \end{bmatrix} \tag{3-4}$$

$$y_n = [x^{(0)}(2), x^{(0)}(3), \cdots, x^{(0)}(n)]^{\mathrm{T}} \tag{3-5}$$

最后,当$k = 1, 2, \cdots, n-1$时,由式(3-2)算得的数据为拟合值;当$k > n$时,根据式(3-2)计算出预测值。然后用累减运算还原,即

$$x^{(0)}(k+1) = x^{(1)}(k+1) - x^{(1)}(k) = (1 - \mathrm{e}^a)\left[x^{(1)}(1) - \frac{b}{a} \right]^{-ak}, \quad k = 1, 2, \cdots, n-1 \tag{3-6}$$

如以中国 1991—2008 年能源产量数据(国家统计局,2009)为原始序列,建立

GM(1,1)模型,对未来产量进行预测。

原始数据序列：

$x^{(0)}(k)=(1\,048,1\,073,1\,111,1\,187,1\,290,1\,326,1\,324,1\,243,1\,259,1\,290,1\,374,$
$1\,438,1\,638,1\,873,2\,059,2\,211,2\,354,2\,600)$

一次累加生成序列：

$x^{(1)}(k)=(1\,048,2\,121,3\,232,4\,419,5\,709,7\,035,8\,359,9\,602,10\,861,12\,151,13\,525,$
$14\,963,16\,601,18\,474,20\,533,22\,744,25\,098,27\,698)$

根据式(3-4)求得 $(B^{\mathrm{T}}B)^{-1}=\begin{pmatrix} -1.896\,99\mathrm{E}-11 & -4.531\,83\mathrm{E}-6 \\ -4.531\,83\mathrm{E}-6 & -0.082\,634\,988 \end{pmatrix}$

$y_n=[x^{(0)}(2),x^{(0)}(3),\cdots,x^{(0)}(n)]^{\mathrm{T}}=[1\,073,1\,111,1\,187,1\,290,1\,326,1\,324,1\,243,$
$1\,259,1\,290,1\,374,1\,438,1\,638,1\,873,2\,059,2\,211,2\,354,2\,600]^{\mathrm{T}}$

由式(3-3)求得 $\hat{a}=\begin{pmatrix} -0.058\,8 \\ 841.572\,9 \end{pmatrix}$,即 $a=-0.058\,8,b=841.572\,9$

根据式(3-6)即可得到预测序列

$$\hat{x}^{(0)}(k)=15\,352.325\mathrm{e}^{0.058\,8k}-14\,304.325 \tag{3-7}$$

根据式(3-7)对 1992—2008 年中国能源产量的拟合结果见表 3-6 所示。

表 3-6　GM(1,1)模型拟合结果

年份	观测变量	拟合值	绝对误差	相对误差/%
1992	1 073	930.329 3	−142.670 683	−13.296 4
1993	1 111	986.706	−124.294 033	−11.187 6
1994	1 187	1 046.499	−140.501 039	−11.836 7
1995	1 290	1 109.915	−180.084 673	−13.960 1
1996	1 326	1 177.175	−148.825 364	−11.223 6
1997	1 324	1 248.51	−75.490 235	−5.701 68
1998	1 243	1 324.168	81.167 701	6.529 984
1999	1 259	1 404.41	145.410 403	11.549 68
2000	1 290	1 489.516	199.515 7	15.466 33
2001	1 374	1 579.778	205.778 257	14.976 58
2002	1 438	1 675.511	237.510 599	16.516 73
2003	1 638	1 777.044	139.044 187	8.488 656
2004	1 873	1 884.731	11.730 567	0.626 298
2005	2 059	1 998.943	−60.057 41	−2.916 82
2006	2 211	2 120.076	−90.924 299	−4.112 36
2007	2 354	2 248.549	−105.450 691	−4.479 64
2008	2 600	2 384.808	−215.191 763	−8.276 61

进行模型精度检验。从残差的相对误差的绝对值来看,平均相对误差为 9.479 1%,
预测精度达到 90% 以上。后验差 $C=S_2/S_1=0.373\,6$,其中,S_2 为预测残差的标准差;S_1
为实际数据的标准差。根据灰色系统理论评定预测精度的要求,指标 C 小于 0.5 表明所
建立的预测模型是合格的,能客观地反映我国能源产量的动态变化趋势,可以用该模型对

我国能源产量进行预测。2013—2020 年能源产量预测结果见表 3-7 所示。

表 3-7 GM(1,1)预测结果 万吨标准煤

年份	预测值	年份	预测值
2013	3 200.433	2017	4 049.607
2014	3 394.374	2018	4 295.007
2015	3 600.069	2019	4 555.279
2016	3 818.228	2020	4 831.322

3.3.2 能源供给的系统动力学预测法

1. 系统动力学模型

基于能源系统的预测法是在综合考虑能源资源、能源需求、能源运输、能源投资、生态环境等因素的条件下,提出若干个可行方案,然后按照给定的评价准则,通过系统分析,优选出在技术上可行、经济上合理和社会上可接受的能源供给方案。该方法主要运用系统动力学理论。系统动力学是一门分析研究信息反馈系统的学科,也是一门认识系统问题和解决系统问题的交叉综合学科。从系统方法论来说,系统动力学是结构的方法、功能的方法和历史的方法的统一。它基于系统论,吸收了控制论、信息论的精髓,是一门综合自然科学和社会科学的横向学科。

系统动力学(System Dynamics,SD)是由美国麻省理工学院教授福瑞斯特(Jay W Forrester)于 1956 年创立的。早期主要应用在工业企业管理,之后几乎遍及各类系统。系统动力学着重于描述系统的结构,是一个结构仿真模型,强调系统发展过程中的行为和发展趋势,因此更适合于中长期系统发展研究。

系统动力学建模步骤如下:(1)确定系统分析目的;(2)确定系统边界,即系统分析涉及的对象和范围;(3)建立因果关系图和流图;(4)写出系统动力学方程;(5)进行仿真试验和计算等(王其藩,1988)。

2. 案例分析:中国煤炭供应能力的系统动力学预测模型

根据对煤炭工业系统运行主要影响因素:国内煤炭保有储量、煤炭采选业投资,新建矿井投产以及国有煤炭生产能力情况等的分析,绘制国家煤炭生产供给系统流图(如图 3-6 所示)。煤炭生产系统是一个动态系统,国有煤矿生产能力随着新建矿井的投产而增大,又因矿井报废而减少。煤炭系统受煤炭需求量和国家宏观经济政策等外生变量的影响。

根据图 3-6 流程图,建立以下煤炭生产-供给系统方程:

(1)国有煤矿生产能力方程:

$$\text{GYSCNL}[i] = \text{GYSCNL}[i-1] + \frac{\text{TCL}[i] - \text{GBL}[i]}{10\,000} \qquad (3\text{-}8)$$

(2)近期可利用建井储量方程:

$$\text{klycl}[i] = \text{klycl}[i-1] + \text{xzklycl}[i] - \frac{\text{dycl}[i]}{10\,000} \qquad (3\text{-}9)$$

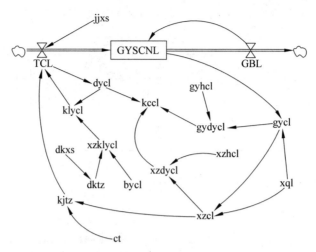

图 3-6　煤炭供应系统流图

（3）续建中矿井生产能力方程：

$$xjl[i] = xjl[i-1] + njl[i] - TCL[i] \tag{3-10}$$

（4）新增可利用建井储量方程：

$$xzklycl[i] = \dfrac{\dfrac{dktz[i] - 4\,315.7}{261.8}}{10\,000} \tag{3-11}$$

（5）国有煤矿矿井建设投资计算方程：

$$kjtz[i] = 18\,274\,855.73 \times ct + 11.178\,381\,98 \times xjl[i] - 369\,583.035\,2 \tag{3-12}$$

（6）新开工矿井方程：

$$njl[i] = \min\left(\dfrac{kjtz[i] - 29.18 \times xjl[i]}{43.44}, \dfrac{klycl[i] \times 10\,000}{jjxs}\right) \tag{3-13}$$

（7）投产方程：

$$TCL[i] = 0.4 \times njl[i-10] + 0.3 \times njl[i-9] + 0.2 \times njl[i-8] + 0.1 \times njl[i-7]$$

$$\tag{3-14}$$

（8）已利用建井储量的剩余可开采储量方程：

$$kccl[i] = kccl[i-1] + \dfrac{TCL[i] \times jjxs}{10\,000} - \dfrac{gydycl[i] + xzdycl[i]}{10\,000} \tag{3-15}$$

（9）资源消耗方程：

$$gydycl[i] = \dfrac{gycl[i]}{gyhcl} \tag{3-16}$$

$$xzdycl[i] = \dfrac{xzcl[i]}{xzhcl} \tag{3-17}$$

系统变量说明详见表 3-8。

在应用所建的系统动力学模型进行模拟分析之前，需要对模型的真实性和有效性进行检验，只有检验合格后的模型才具有应用价值。系统动力学模型检验一般分以下两步：
（1）再次确定模型所包含的变量与反馈回路是否足以描述所面向的问题，以及是否符合预

表 3-8　　系统变量说明

序号	变　量	变 量 含 义	变量单位
1	GYSCNL	国有煤矿生产能力	亿吨
2	TCL	当年国有煤矿投产量	万吨
3	GBL	国有煤矿当年报废生产能力	万吨
4	bycl	保有储量	万吨
5	klycl	近期可利用储量	亿吨
6	dkxs	地质勘探投资系数	无量纲
7	dktz	地质勘探投资	万元
8	xzklycl	新增可利用储量	亿吨
9	jjxs	建井系数	无量纲
10	ct	煤炭采选业投资因子	无量纲
11	kjtz	矿井建设投资	万吨
12	njl	新开工矿井生产能力	万吨
13	dycl	新建矿井动用储量	万吨
14	kccl	可开采储量	亿吨
15	xjl	续建中矿井生产能力	万吨
16	xql	煤炭需求量	万吨
17	gycl	国有煤矿煤炭产量	万吨
18	gyhcl	国有煤矿回采率	无量纲
19	gydycl	国有煤矿动用储量	万吨
20	xzcl	乡镇煤矿煤炭产量	万吨
21	xzhcl	乡镇煤矿回采率	无量纲
22	xzdycl	乡镇煤矿动用储量	万吨

定的研究目的,各变量的量纲是否正确等;(2)对系统参数进行赋值,然后选取系统中最有代表性的变量作为模型的检验变量。比如,上述模型中可选择国有煤矿产量和矿井建设投资两个变量作为检验变量。将这两个变量的系统模拟值与历史实际值进行比较,计算二者的绝对误差和相对误差,误差较小,说明系统是有效的。

模型通过了检验后,即可根据研究目的,设计不同的方案,运用模型进行模拟运算,比较方案的优劣,并做出选择。例如,在上述煤炭生产供应系统动力学模型中选择煤炭采选业投资因子(ct)和地质勘探投资系数(dkxs)作为调控参量,设计若干种不同的投资方案,并根据模型模拟结果,对不同情景下的投资方案进行选择(杨瑞广等,2005)。

3.3.3　基于能源储量的供给预测法

基于能源储量的供给预测方法指,根据已经查明和未来可能发现的可供开发的能源储量,并考虑能源生产的寿命周期特点等进行预测的方法。基于能源储量的供给预测方法对石油供给探讨得比较多,但该方法也可用于对其他化石能源的预测。

1. 考虑市场结构

(1)在完全竞争市场上,厂商 t 期利润函数为

$$\pi_t = p_t Q_t - C(Q_t)$$

则该可耗竭能源最优开采策略应满足如下模型：

$$\max V = \sum_{t=0}^{n-1} \rho^t \left[p_t Q_t - C(Q_t) \right]$$

$$R_{t+1} - R_t = -Q_t, \quad R_0 = Q, \quad t = 0, 1, \cdots, n-1$$

其中，π_t 为厂商第 t 年利润；Q_t 为第 t 年开采量（供给量）；Q 为初始储量；R_t 为第 t 年资源储量；p_t 为第 t 年能源资源价格；$C(Q_t)$ 为第 t 年开采成本；n 为能源资源生命周期；ρ 为折现率；V 为厂商在整个开采期内利润现值（张艺，郁义鸿，2009）。

（2）市场非完全竞争，并假定 OPEC 作为卡特尔组织，在观察到其他竞争性厂商产量后，生产的产量与非 OPEC 国家竞争性产量一起，恰好满足世界石油市场需求，在此市场结构下，OPEC 最优的产出路径满足如下模型：

$$TD_t = f_1(P_t, Y_t, TD_{t-1})$$

$$S_t = f_2(P_t, S_{t-1})$$

$$D_t = TD_t - S_t$$

$$R_t = R_{t-1} - D_t$$

$$\max W = \sum_{t=1}^{N} \left[(1+\delta)^t \right]^{-1} \left[P_t - 250/R_t \right] D_t$$

其中，TD_t 为世界总的石油需求量；D_t 为世界对 OPEC 石油的需求量；S_t 为竞争性供给量；R_t 为 OPEC 石油储量；P_t 为（剔除通货膨胀后的）世界实际石油价格；Y_t 为世界经济活动水平变量；$250/R_t$ 为石油生产成本同储量成反比；N 为能源资源生命周期；δ 为无风险利率；W 为 OPEC 在整个开采期内利润现值（Pindyck，1978）。

除上述两种模型外，还可以考虑其他市场类型，或假设市场供给主体的不同生产行为建立模型，对市场能源供给进行分析预测，这些方法有一个共同点，即都是通过对在整个资源储量开采期内现值最大化方式获得最优供给路径。

2. 石油峰值理论

"石油峰值"源于 1949 年美国著名石油地质学家哈伯特（Hubbert）发现的矿物资源"钟形曲线"规律。哈伯特认为，石油作为不可再生资源，任何地区的石油产量都会在某个时刻达到最高点（峰值），达到峰值后该地区的石油产量将不可避免地开始下降。这是石油峰值理论的核心。爱尔兰地质学家坎贝尔（Campbell）发展了石油峰值研究。他继承了哈伯特的理论，继续研究石油峰值，并成立了石油峰值研究会（ASPO）。1998 年，他发表了《廉价石油时代的终结》，在油价还十分低迷的时候得出廉价石油时代必将终结的结论。

石油峰值理论是研究石油产量的长期估计和折耗的理论，既适用于一个单独油田，也适用于一个地区。冯连勇等人（2006）综合对比了国内外 10 多种关于石油峰值理论定量研究模型，并对它们作了系统阐述。

1949 年，美国著名石油地质学家 Hubbert 提出矿物资源"钟型曲线"问题，1953 年，Hubbert 根据峰值理论预测美国本土 48 州的石油产量在 1970 年前后达到峰值。后来，美国本土石油产量果然在 1970 年左右到达峰值。从此以后，石油峰值问题逐渐受到关注。1962 年，他利用实际资料拟合 logistic 曲线，得到可以用于预测累积产量和最终可采储量的 Hubbert 模型。美国学者 AI-Jarri 于 1997 年基于年产量与累积产量之间的一元

二次方程完成了该模型的推导。其主要关系式为

$$N_p = \frac{N_R}{1 + a\mathrm{e}^{-bt}}$$

$$Q = \frac{abN_R\mathrm{e}^{-bt}}{(1 + a\mathrm{e}^{-bt})^2}$$

$$Q_{\max} = 0.25bN_R$$

$$N_{pm} = 0.5N_R$$

$$t_m = \frac{1}{b}\ln a$$

其中，Q 为油田油产量或天然气产量；$Q_{\max}$ 为油田最高产油量或产气量；t 为相对开发时间；t_m 为最高年产量发生的时间；N_p 为累积年产油量或产气量；N_R 为可采油量或可采气量；a,b 为预测模型常数。

Al-Jarri 和 Startzman 在 1999 年将单循环 Hubbert 模型发展成多循环 Hubbert 模型，并在 2000 年利用多循环 Hubbert 模型对世界天然气供应进行了预测。该模型主要关系式为

$$Q(t) = \sum_{i=1}^{n} Q(t,i) = \sum_{i=1}^{n} \frac{4Q_{\max,i}\mathrm{e}^{bt}}{(1 + \mathrm{e}^{-bt})^2}$$

$$G_{pa} = \sum_{i=1}^{n} \frac{4Q_{\max,i}}{b_i}$$

$$G_p = \sum_{i=1}^{n} \frac{4(Q_{\max}/b)_i}{(1 + \mathrm{e}^{-bt})_i}$$

其中，G_{pa} 为天然气最终可采量；G_p 为累积产量。

我国著名地球物理学家翁文波基于"任何事情都有'兴起—成长—鼎盛—衰亡'的自然过程，油气的发现也有类似规律"的思想，提出了泊松旋回（Poisson Cycle）模型。该模型是我国建立的第一个关于油气田储量和中长期产量的预测模型，称为翁氏模型。以陈元千为代表的一批学者继承并发展了翁文波的预测理论，1996 年，陈元千完成了翁氏模型的理论推导，并提出了求解非线性模型的线性试差法。由于翁氏模型是在模型常数 b 为正整数时理论推导结果的特例，故将此结果称为广义翁氏模型。该预测模型的基本关系式为

$$Q = at^b\mathrm{e}^{-(t/c)}$$

$$Q_{\max} = a(bc/2.718)^b$$

$$t_m = bc$$

$$N_R = ac^{b+1}\Gamma(b+1)$$

其中，$\Gamma(b+1)$ 为伽马函数，当 b 为正整数时，$\Gamma(b+1)=b!$；c 为常数。

根据 BP(2005)，利用广义翁氏模型，对世界石油峰值的预测结果为：世界石油产量的峰值为 40.3×10^8 吨，峰值出现时间大约在 2020 年，如图 3-7 所示。

目前，不同机构和学者对何时达到石油峰值说法不一。以坎贝尔为代表的"悲观派"认为，石油峰值已经到来或即将到来。坎贝尔认为，石油峰值已在 2007 年到来，我们现在

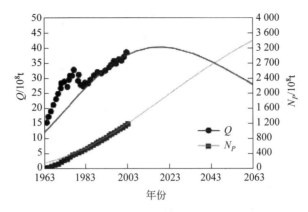

图 3-7　世界石油产量峰值预测

已经站在石油峰值年份上。另一派是以剑桥能源研究会（CERA）为代表的"乐观派"，认为科技进步会显著地增加石油产量，将使石油峰值的到来推迟到 2030 年以后。"中间派"如世界著名油气研究专家、ASPO 成员、道达尔石油公司前副总裁 Pierre-Rene 认为，世界石油峰值将于 2020 年左右出现；国际能源署（IEA）的预测也大约是 2020 年。针对"石油峰值论"，一些石油业内人士进行了反驳。埃克森-美孚石油公司的高级主管马克-诺兰援引美国地质勘探局（USGS）的数据，全球常规可开采原油超过 3 万亿桶，对重油等非常规石油的开采可使全球可开采原油量增至 4 万亿桶，而全球目前仅开采了 1 万亿桶原油，因此，"石油末日"还很遥远（中国经济网，2010）。另有观点认为，石油产量峰值预测的数学模型方法是对处于一个没有明显储产量补充的封闭条件下的简单对象，以趋势外推法预测其产量变化。该方法不能正确预测复杂多变、不断发展，而又受社会因素影响巨大的大油区（如中东）、大产油国（如中国）和全球的石油储产量变化（张抗，2010）。

本 章 小 结

　　能源供给受能源资源储量限制，具有绝对稀缺性，同时能源资源分布的地缘性，使得能源供给与旺盛的能源需求相比，始终处于短边，成为提高能源资源配置的一大障碍。

　　能源供给不仅存在总量上的困扰，从长期来看，以化石能源为主的能源供给结构更是亟待优化调整，当前世界范围内掀起的大力发展可再生能源既是从总量上保证能源供给，满足能源需求，更是从能源供给结构优化角度保证未来长期的能源需求。

　　由于能源供给方调整生产的灵活性受能源系统设施、资源储量、环保标准的约束，和其他不确定因素的影响，以及能源供给项目投资大，建设周期长。因此，能源供给的价格弹性较小，价格对能源供给的市场调节能力有限，且存在明显的滞后期，或者反过来说，能源产业的投资发展必须具有前瞻性。

　　能源供给预测主要方法有基于历史数据的趋势外推，如灰色预测模型、时间序列建模方法、神经网络方法以及考虑能源供应系统内部相互关系的系统动力学模型等。除了这些可用于各类能源需求供给的通用方法外，对当今世界处于能源供给主流地位的石油（天然气)预测相对较多,其中石油峰值论是石油供给中一个讨论的热点。由于国际石油市场上一个独特力量——OPEC 的存在,有关石油供给的预测,有相当一部分是基于 OPEC 的生产行为及其对国际石油市场的影响进行的。

思　考　题

1. 化石能源与一般产品供给的主要区别是什么?
2. 如何反映能源供给的多样性? 为什么要提高能源供给多样性?
3. 你认为能源供给的主要影响因素有哪些? 它们如何影响能源供给?
4. 你是如何看待"石油峰值论"的?

拓展阅读

石油无机成因说的源起

正当峰值理论在西方社会甚嚣尘上的时候,1994 年在一次国际会议上,俄罗斯科学家克拉尤希金提出了一个新的假设,彻底颠覆了西方传统石油生成和勘探理论。根据他的观点,石油和天然气的形成,同古代的生物物质无关,石油的真正来源是距地面约200 千米深处的地幔上层的无机物质。石油是由自然界的无机碳和氢经过化学作用而形成的。克拉尤希金还运用其石油非生物生成理论在乌克兰第聂伯河-德涅茨河盆地找到了 11 个大型油田,至少拥有 650 亿桶原油。俄罗斯科学家用详尽的科学检验证明,石油和天然气都来自更深的地下,即使埋藏在地球表面较浅地层里的石油,也和更深处的石油一样,来自同一个很深的源头。

因为石油是世界上最重要的能源,所以对它的成因一直是个科学之谜。西方地质学理论一直认为,石油是生物遗骸经历堆积、高压和化石花,经过几百万年的时间才生成数量有限的石油和天然气,这种能源被称作化石能源。而俄罗斯科学家的发现与西方石油生成理论大相径庭。他们指出,石油不是什么化石能源,根本不是来自藻类-浮游生物或恐龙的遗骸。石油来源于地壳之下,在地球深处的地幔上层生成。靠近地表的石油,是被压力挤上来的。

如果石油无机学说成立,那么地球上潜在的石油和天然气资源至少也是"8 百万倍"于今天流行的化石能源的有限假设。那么,地球上有巨大的石油储量,足够满足未来几千年人类的需要。

果真如此,那么对石油峰值的担忧似乎可以解除了。对石油的新定义让我们认识到,人类发展所需的能源支持是可持续的。不乐观的石油供给面、石油产量的下滑、新油田发现率低、产能紧缩、供需缺口不断扩大,这些或将引发新一轮的世界石油危机与战争的因素将随着新的理论烟消云散。

对于石油非生物起源的新定义,也有科学家提出不同意见,认为其主要缺陷在于单纯从化学反应出发考虑石油的生成,脱离了石油生成的地质条件。自然界有非生物起源的

石油，但具有工业价值的石油应当是有机成因的。石油勘探的大量实践表明，世界上 99%以上的油气田分布在富含有机质的沉积岩区，而含有工业油流的火成岩、变质岩与沉积岩毗邻。油源对比的研究结果表明，这些火成岩或变质岩中储存的石油，都是由附近沉积岩中生成的石油运移而来。因此，石油无机成因说未能得到石油地质学界的普遍赞同和支持。

事实上，我们也没有数据反证石油的枯竭与峰值是不存在的，那是石油利益集团的战略布局。我们也希望石油价格一如之前的香料价格，随着稀缺性的消失变得廉价而取之不尽，但目前似乎仅限于美好的愿望。

资料来源：潘宁. 关于世界石油供给峰值理论的探讨. 中国国情国力,2011(12)：11-15.

第4章

能 源 市 场

根据前两章分析已知,能源作为一种重要的生产要素,能源需求受社会经济发展,人口增长等因素推动,具有刚性增长的特点,而能源供给则受制于资源的有限性、分布的高度地缘性以及能源投资等因素影响,因此,能源资源的配置问题较一般产品更加困难,更需要从市场角度对有关问题进行深入分析。同时,由于能源短缺和能源利用产生的外部性等问题,使得能源市场成为一个典型的非均衡市场,政府的宏观调控成为提高能源市场运行效率,引导资源实现有效配置的重要手段。本章共分为4节,依次分析能源市场均衡、非均衡有关问题,以及财税政策与能源配置和能源市场规制。

4.1 能源市场均衡分析

4.1.1 能源市场均衡的含义

能源资源的配置是通过能源市场来实现的。能源市场可以简单地理解为通过能源的供给与需求运动,实现能源资源配置的机制和形式。

经济学上的市场均衡指的是某一经济系统所受外力既定且相互平衡时的状态,即均衡状态。其包括以下两方面含义:

第一,对立的力量(供求)在量上处于均等状态,即变量均等;

第二,决定供求的任何一种力量不具有改变现状的动机和能力。

因此,能源市场均衡就是能源市场上供给与需求在量上处于均等,且供给与需求任何一方不具有改变现状的动机和能力时的状态。能源市场的均衡分析,是通过揭示能源市场中有关经济变量之间的关系,说明实现能源市场均衡的条件以及调整手段等。

能源市场均衡按照均衡市场覆盖的范围,分为单一品种能源市场均衡、多品种能源市场均衡和能源-经济-环境系统均衡。

4.1.2 单一品种能源市场均衡

局部均衡是用来分析单个市场、单个商品价格与供求关系变化的一种方法。它假定其他条件不变时,一种商品(或一个市场)的价格只取决于它本身的供求状况,而不受其他商品(市场)的价格与供求的影响。例如,在考察石油市场时,假定石油市场价格由石油市场供需决定,而不考虑煤炭、天然气等其他能源品种市场供求、价格变化的影响。

当某种能源品种(或某个局部能源市场)的供给与需求在量上相等时,该能源品种市场(或该局部能源市场)便达到了均衡状态。由于能源市场是由多种能源品种构成,且各能源品种之间存在着相互替代性,因此,单一能源品种市场的均衡是短暂的、不稳定的,一旦与其相关的市场发生变化,均衡就有可能被破坏。

下面以国际原油市场为例,分析国际原油市场均衡的形成(范英,焦建玲,2008)。

传统经济学商品价格的形成是当该商品的供给等于需求时,市场达到均衡,由此供给(或需求)量所决定的价格就是该商品的均衡价格。在封闭的市场,且不存在库存的条件下,商品的供给量为产量,需求量为消费量。但由于石油市场受战争、意外事件的影响较大,战争和意外事件可能造成石油供应中断,由此对全世界经济生产产生较大的影响。所以现在很多国家都建立了相应的石油储备。由于存货的存在,当年的消费量不等于当年的石油需求量。当以往的一部分储备转化为供给时,当年的石油产量也不等于当年的供给量。所以考虑原油市场均衡,不能直接利用产量等于消费量关系式进行分析。如果将国际原油市场看作一个虚拟的商品市场,该市场的流入就是国际原油出口国的总出口,流出就是国际原油进口国的总进口,由于是虚拟市场,因此市场一定会出清,所以每年国际原油市场的总进口等于总出口。从这个角度来说,可将从国际市场的流出(进口)视为需求(包括当年的消费和储备),将流进(出口)视为供给,国际原油市场出清,意味着进口等于出口,此时国际原油市场达到均衡,由此确定了均衡的国际原油价格。在供给与需求函数变量的选择上,需求(进口)设定为国际原油价格、世界经济活动水平(实际 GDP)和 OECD 国家石油储备量的函数。供给(出口)方程的因变量为国际原油价格,设国际原油价格为原油出口量、OPEC 上期原油产量的函数。

根据上述分析,构建下述原油需求和供给的计量经济模型:

1. 原油需求函数

$$\ln IM = a\ln PC + b\ln G + c\ln SO + d \qquad (4\text{-}1)$$

其中,IM 为国际原油进口量;PC 为国际原油价格;G 为世界实际的 GDP;SO 为 OECD 国家石油储备量;a,b,c 分别为国际原油需求关于原油价格、世界 GDP 和 OECD 石油储备的弹性;d 为常数项。

根据市场价格机制和第 2 章分析可知,原油价格上升,需求减少,即进口量与原油价格成反向关系;当世界经济处于上升时期,各部门扩大生产,从而增加对原油的需求,各进口国增大原油进口,即进口量与世界经济活动水平(实际 GDP)存在正向变动关系;同样 OECD 国家增加石油储备需增加原油进口,而减少石油储备,意味着动用一定量的石油储备满足国内需求,这会导致原油进口量的减少,所以 OECD 石油储备量与国际原油进口量之间也存在着正向变动的关系。即根据理论分析和弹性意义,初步判断 $a<0,b>0$,$c>0$。

2. 原油供给函数

$$\ln PC = \alpha\ln EX + \beta\ln QO(-1) + \gamma \qquad (4\text{-}2)$$

其中,EX 为国际原油出口量;$QO(-1)$ 为 OPEC 上期原油产量;α,β 分别为国际原油价格关于原油供给和 OPEC 原油产量的弹性系数;γ 为常数项。

对供给方程而言,国际原油出口量越多,表明国际原油市场的原油供给量越多,供给增多,油价走低;反之,国际原油出口量减少,表明供给减少,油价走高。所以国际原油价格与国际原油出口量呈反向变动关系。由于 OPEC 在国际石油市场上的地位,OPEC 的产量政策通常作为油价变化的一个指标,增加产量会使油价下跌,减少产量会使油价上升,另外假设市场信息不完全,市场对 OPEC 产量变化有一个滞后期,从而 OPEC 上期原油产量与国际原油当期价格之间存在反向变动关系。即从理论上分析,初步判断 $\alpha,\beta<0$。

3. 市场均衡

$$IM = EX \tag{4-3}$$

即国际原油市场总出口量等于总进口量,国际原油市场出清,供需达到了平衡,由此确定的价格即为原油市场均衡时的价格。还可以进一步利用模型分析各因素(自变量)变化对均衡价格和均衡数量的影响。

上述分析只是对问题的一种简单化处理,实际问题要复杂得多,诸如国际石油市场的结构,OPEC 的生产行为,OECD 石油储备的使用机制等可能都会对实际的均衡产生一定影响。如 OPEC 通过对成员国产量实行配额方式管理,进而对 OPEC 总产量加以限制的产量政策,会对国际石油市场的均衡产生一定影响,简单分析如下:

首先,供求定理表示,在其他条件不变的情况下,需求变动分别引起均衡价格和均衡数量的同方向的变动;供给变动分别引起均衡价格的反方向变动和均衡数量的同方向的变动。

其次,石油输出国组织采用配额制方式,在成员国之间分配产量,限制国际石油市场的总产量,因为它们很清楚,在石油需求既定的情况下,控制产量就可以达到控制均衡价格的目的,如果它们认为均衡价格偏低,就会减产,削减各成员国配额,使均衡价格回升;反之,如果它们觉得市场均衡价格偏高,这样不利于 OPEC 成员国长期利益,它们就会要求成员国增产,促使石油价格上涨。如图 4-1 所示,限制石油产量的政策使供给曲线由 S_1 向左平移至 S_2,均衡点由 E_1 移动到 E_2,价格从 P_1 上升到 P_2。

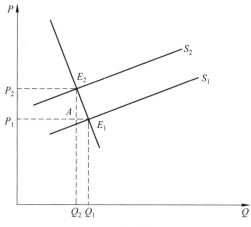

图 4-1　OPEC 限产政策对均衡的影响

最后,由于石油为各国的重要能源,其需求价格弹性较小,需求量的下降幅度会小于价格的上涨幅度,使得价格上升所造成的销售收入的增加量必定大于需求量减少所带来的销售收入的减少量,石油输出国组织的总收益将增加。如图 4-1 所示,价格上升后,需求量由 Q_1 减少为 Q_2,但 $Q_2 A E_1 Q_1$ 小于 $P_1 A E_2 P_2$,即总收益增加。

因此,石油输出国组织通过限制石油产量,影响和控制石油市场均衡价格和均衡数量,达到保证各成员国石油输出收入的目的。

4.1.3　多品种能源市场均衡

关于市场均衡分析比较经典与常用的方法是瓦尔拉斯的一般均衡分析方法。瓦尔拉斯(1834—1910)在 1874 年出版的《政治经济学概论》一书中,提出了一般均衡理论模型,该理论模型涵盖了整个经济体系中所有的商品及要素市场,并以各个市场同时达到均衡为目标,故称为一般均衡理论。瓦尔拉斯一般均衡模型只是理论模型,无法利用该模型对实际问题做具体明确的定量分析,后人在瓦尔拉斯一般均衡模型基础上发展起来的可计算一般均衡(CGE)模型是当前进行各种宏观均衡分析的常用数学模型。第 5 章将给大家简单介绍 CGE 模型,本节对能源市场的分析主要从供需平衡的角度进行。

多品种能源市场的均衡分析是就所有品种能源市场的供求和价格之间关系,及同时均衡问题进行的一种分析。均衡假设各种商品的供求和价格是相互影响的,一种能源市场的均衡只有在其他所有品种能源市场都达到均衡的情况下才可能实现。例如,国际石油市场达到均衡时,如果煤炭市场未达到均衡,假设供不应求,煤炭价格上涨,此时石油相对于煤炭来说变得比较便宜,由于煤炭和石油的互补性,必然有一部分煤炭需求转向石油,打破石油供需平衡,由于石油需求增加,从而导致石油价格上涨,均衡数量和价格将发生变化,只有当所有能源品种都达到均衡,且没有其他因素变化时,各能源品种数量和价格达到一种稳定状态。

多品种能源的一般均衡分析,是指各单一品种能源市场同时达到均衡,满足一般均衡的前提条件,其中主要包括:(1)能源经济系统中只存在唯一的一种信号,即能源价格。经济行为人都唯一地根据能源价格信号作出自己的行为选择;(2)每个经济行为人都能及时准确地获得完全信息;(3)从非均衡状态到均衡状态的调整在瞬间完成,即分析过程不涉及均衡状态的变化过程和达到均衡状态所需要的时间,这种分析方法称为静态均衡分析。

假设某一能源市场由煤炭、石油、天然气和电力(水电＋核电)4 种一次能源构成,各能源品种的供给量既受自身价格的影响,同时还受其余 3 种能源价格的影响,以及受到价格以外其他变量的影响,公式如下:

$$S_i = f(P_i, P_j, X_i) \tag{4-4}$$

其中,S_i 表示第 i 种能源的市场供给;P_i 为第 i 种能源的价格;P_j 为第 j 种能源的价格,$j \neq i$,$i, j =$ 煤炭、石油、天然气和电力(水电＋核电);X_i 为除价格外的其他变量或一组变量构成的向量。例如,对煤炭来说,可以考虑:煤炭生产要素的价格、煤炭生产技术、政府对煤炭供给的相关政策等。同样地,设各能源品种的市场需求量函数为

$$D_i = g(P_i, P_j, Y_i) \tag{4-5}$$

其中,Y_i 为除价格外影响第 i 种能源需求的其他变量或一组变量构成的向量,比如对煤炭来说,可以考虑:煤炭利用技术、煤炭互补品(燃煤锅炉等)的价格、政府对煤炭利用的相关政策等。

只有当市场供需平衡,即满足 $S_i = D_i$,$i =$ 煤炭、石油、天然气和电力时,由煤炭、石油、天然气和电力(水电＋核电)这 4 种能源品种构成的多品种能源市场才达到了均衡,由此决定的各能源品种价格为均衡价格,各能源品种供需量为均衡数量。只要影响这 4 种能源市场供需的任一因素发生变化,整个市场的均衡就会被破坏,市场参与主体根据各能源品种变化了的价格信号,对自己的行为作出调整,使所有能源品种重新达到供需平衡,市场迅速从原均衡状态进入一种新的均衡状态。

另外,还可以在上述的理论分析中,引入时间因素,进而考虑市场的动态均衡分析。

4.1.4 能源-经济-环境系统均衡

对于能源市场而言,由于能源的资源属性、能源利用产生的外部性以及能源对经济生产的重要基础性,能源-经济-环境相互影响构成一个复杂的巨系统。全球能源-经济-环境系统的一般均衡分析是一项庞大的系统工程,其相互作用机制太复杂,影响因素太多,基本上无法达到各市场的全面均衡,即对全球能源-经济-环境系统进行一般均衡分析,从理论上来说几乎无法实现,从现实来说,这样的分析意义也不大。因此,关于能源-经济-环境系统分析,主要是在能源-经济-环境系统框架内,实现部分子系统均衡的分析。国际上一些大型的研究机构,组织和知名研究专家开发了大量的相关模型,这些分析大多数利用可计算一般均衡(Computable General Equilibrium,CGE)模型方法。

1. 可计算一般均衡(CGE)模型概述

顾名思义,可计算一般均衡(CGE)模型包括三层含义:首先,它是"一般的"(General),即对经济主体行为做了外在设定。在这个模型中,代表性家庭的特征是追求效用最大化,厂商遵循成本最小化的决策原则,此外还包括政府、贸易组织、进出口商等经济主体,这些主体对价格变动做出反应。因此,价格在 CGE 模型中扮演着极为重要的角色。其次,它是"均衡的"(Equilibrium),意指它包括需求和供给两个方面,模型中的许多价格都是由供求双方所决定的,价格变动最终使市场实现均衡。最后,它是"可计算的"(Computable),这是相对于瓦尔拉斯最初提出的理论均衡模型而言,说明模型分析的可量化性。

计算一般均衡模型理论始于瓦尔拉斯,他用一组方程式表示该模型思想,但他没有给出均衡解存在性的证明。一般均衡理论模型解的存在性、唯一性和稳定性等问题直到 20 世纪 50 年代由阿罗和德布鲁(Arrow 和 Debru,1954)给予证明。1967 年 Scarf(1967)给出了一种整体收敛的算法计算不动点,从技术上使均衡价格的计算成为可能。正是 Scarf 的这种开创性工作使一般均衡模型从纯理论结构逐步转化为实际应用模型,并大大促进了大型实际 CGE 模型的开发和应用。特别是 20 世纪计算机的迅速发展,为建立大型 CGE 模型对相关问题的模拟分析提供了求解工具。如今一些建模软件,如 GAMS (General Algebraic Modeling System)、GEMPACK 等使 CGE 模型的开发者不需要掌握计算机编程知识和相关的模型求解的数学知识等就可利用这些软件的建模语言来实现自己的 CGE 模型。这不仅大大节省了开发者的时间和精力,也使 CGE 模型的开发者、应用者的范围大大地扩大了。

一般均衡理论的基本思想是:生产者根据利润最大化或成本最小化原则,在资源约束条件下进行最优投入决策,确定最优供给量;消费者根据效用最大化原则,在预算约束条件下进行最优支出决策,确定最优需求量;均衡价格使最优供给量与最优需求量相等,资源得到最合理的使用,消费需求得到最大的满足,经济达到稳定的均衡状态。

从数学分析方法的相互承继关系来看,CGE 模型以投入-产出模型的内核为基础,因而它可以看作是对投入-产出模型的拓展。但投入-产出模型不属于 CGE 模型,因为投入-产出模型并没有反映真实的经济运行关系,也没有体现经济主体的行为。

早期的一般均衡模型主要有 Johansen(1960)和 Harberger(1962)的两部门一般均衡模型,其中挪威经济学家 Johansen 建立了第一个多部门内生价格的经验模型,用于分析挪威的资源配置。这是一个规模宏大、涵盖了 20 个成本最小化的产业和一个效用最大化的家庭部门的经济增长模型,其中包括投入-产出关系、生产中的要素替代、收入形成、依赖于价格的消费需求关系等方面。他理论上的创新,在于他在模型中将内生价格和替代效应包含在其中,因而他被认为是最早从动态方面对一般均衡进行了经验总结并在付诸应用方面做出努力的经济学家;他数学分析上的创新,在于他首先把 CGE 模型中的所有方程线性化,然后再通过简单的矩阵转换来对这些线性的近似方程求解。Harberger 构建了一个一般均衡模型,用以计算一般均衡体系中扭曲所造成的成本和收益,以便分析税收对整个经济带来的影响;他还以应用福利经济学的传统理论为基础,发展了一个严密的可用于对社会计划进行计算的评价体系。随后 Shoven 和 Whalley 建立了发达国家的税收改革模型(1973)和世界贸易模型(1974,1992),目前全世界几乎所有国家都建立了相应的 CGE 模型用于各种政策问题研究,如 McFarland et al. (2004),Willenbockel(2004),Das et al. (2005),Babiker(2005)等。

CGE 模型的优点是它具有清晰的微观经济结构,刻画了宏观与微观变量之间的连接关系,对因果关系和行为机制进行描述;它以非线性函数替代传统的许多线性函数,将生产、需求、国际贸易和价格有机地结合在一起;CGE 模型包含了通过价格激励发挥作用的市场机制和政策工具,可以刻画生产、需求和国际贸易的相互依赖性。这样当经济受到突发冲击时,就可以全面考察该冲击对经济总量、结构、相对价格等方面的影响,而不局限于局部。此外,CGE 模型中主体具有优化决策的设定使得模型具有反馈调整和自发性决策两个本质特征(武亚军,宣晓伟,2002)。

CGE 模型自从问世以来,已被广泛应用于各种问题的分析,其中包括分析税收、公共消费和社会保障支付,关税和其他国际贸易干预、环境政策、技术、国际商品价格和利率、工资设定和工会行为、资源探明储量和可开采量("荷兰病")等变动对于宏观变量(包括对国内和世界范围内福利的衡量)、产业变量、区域变量、劳动力市场、收入分配以及环境等的影响,成为一种比一般均衡分析方法应用更广泛的实证分析工具。

近年来,有关我国 CGE 模型的开发研究比较多,他们开发了一些反映中国特色的 CGE 模型,如国务院发展研究中心的 DRCCGE 模型(翟凡,李善同,1999;李善同等,2000),社科院的 PRCGEM(郑玉歆,樊明太等,1999;汪同三,沈利生,2001)、Glomsrd 和 Wei(2005)建立的 CNAGE 模型,武亚军、宣晓伟(2002)建立的中国硫税 CGE 模型等,以及张中祥利用 CGE 模型分析我国二氧化碳减排所做的一系列工作(Zhang Z X,1998;2000a;2000b)。这些模型主要被应用于贸易、税收、环境(硫税与碳税)等政策的模拟分析。

2. 基于 CGE 模型的能源-经济-环境分析框架

CGE 模型继承了一般均衡模型分析的基本思想,因此,用于不同分析目的的 CGE 模型主体框架基本相同,只是对经济系统中部门划分的细致程度、建模假设,如产品生产结构、生产函数形式、模型闭合法则以及市场出清的范围等具体细节方面有所不同。本节以梁巧梅(2007)建立的中国能源与环境政策分析模型(China Energy & Environmental Policy Analysis Model,CEEPA)为例,简单介绍利用 CGE 模型进行能源-经济-环境系统分析的一般思路。CEEPA 模型考虑了 16 个生产部门(农业、钢铁工业、建材工业、化学工业、有色金属工业、其他重工业、造纸工业、其他轻工业、建筑业、交通运输业、服务业、煤炭采选业、石油开采业、天然气开采业、石油加工业、电力工业),2 类居民(城镇居民和农村居民),以及政府的经济行为,包括生产模块、收入模块、支出模块、投资模块、外贸模块、环境模块 6 个基本模块。模型的基本构架如图 4-2 所示。

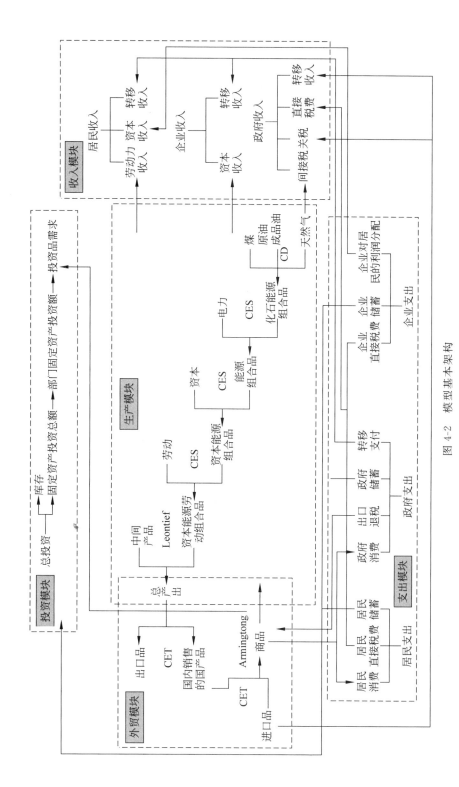

图 4-2　模型基本架构

生产模块用于描述各部门的生产行为，收入和支出模块用于描述国民收入的初次分配和再分配，居民收入主要来自劳动收入和企业的利润分配，企业收入主要来自企业资本回报，政府收入由各项税费（关税、生产间接税费、居民和企业直接税费）以及世界其他地区向各级政府的转移构成。外贸模块用于描述本国生产（消费）产品与进出口产品的优化组合，投资模块确定对作为资本品的各种商品的需求，环境模块确定二氧化碳排放量。模型的闭合法则与市场出清描述 CGE 模型中的均衡条件。如 CEEPA 中政府预算平衡采用政府消费外生，而政府储蓄内生给定的闭合法则，国际贸易平衡采取国外储蓄外生给定，汇率内生的闭合法则，储蓄-投资平衡采用"新古典闭合法则"，假设所有储蓄将转化为投资，总投资内生等于总储蓄。模型在均衡模块中只出清商品市场和资本市场。商品市场出清指在国内市场上各部门商品的总供给等于对该部门商品的总需求，资本市场出清要求各部门资本需求总和等于资本供给总量。具体模型及实证分析有兴趣的读者请参阅文献（梁巧梅，2007）。

4.2　能源市场的非均衡分析

4.2.1　能源市场非均衡产生的原因

传统经济学借助于瓦尔拉斯一般均衡模型说明，价格对供求变化做出灵敏及时的反应足以出清市场，从而价格机制的运作可实现资源的最优配置。当市场的有效需求与有效供给不相等时，市场为非均衡市场（或非出清市场）。市场非出清的原因包括：（1）价格刚性：价格刚性使以利润最大化为原则的企业并不必然要求随着需求和成本的每次微小变化而作调整；（2）市场信息的不完全性，以及价格信号的非唯一性；（3）信息成本存在；（4）未来的不确定性。由于存在价格刚性，当市场非均衡时，行为人不仅从市场上获得价格信号，而且也获得有关资源和销售方面的数量信号，并据此调整供求（黄钟苏，1997）。

能源市场是典型的非均衡市场，其非均衡的主要原因可以从以下 3 方面进行分析。

1. 能源市场结构

市场结构是指一定产业的厂商间以及厂商与消费者之间关系的特征和形式，其中心内容是竞争与垄断的关系（金碚，1999）。市场结构直接影响企业的市场行为，企业行为又直接影响市场运行效率。垄断力量的存在，无论是自然垄断还是市场力量形成的垄断，如果不受限制，企业都有提高价格、降低供给的倾向，从而损害消费者的利益，并带来无谓的社会损失，影响资源配置的效率。

国际能源市场经过多年发展，逐渐形成了一些具有垄断性质的国际能源合作组织，其中，最重要的两个组织是石油输出国组织（Organization of the Petroleum Exporting Countries，OPEC，中文翻译为欧佩克）和国际能源机构（International Energy Agency，IEA），分别处于能源市场上供给方与需求方的位置上。

1）OPEC

为反击国际大石油公司、维护石油收入、统一和协调石油输出国的石油政策，1960 年9 月在伊拉克政府的邀请下，沙特阿拉伯、委内瑞拉、科威特、伊朗和伊拉克与会代表在巴格达聚会,会议决定成立一个永久性的组织,即石油输出国组织。最初成立时只有上述5个成员国,后来又加入了6个,OPEC现有11个成员国,它们分别是:阿尔及利亚(1969)、印度尼西亚(1962)、伊朗、伊拉克、科威特、利比亚(1962)、尼日利亚(1971)、卡塔尔(1961)、沙特阿拉伯、阿联酋(1967)和委内瑞拉(OPEC,http://www.opec.org/opecweb/en/index.htm)。

OPEC占有全球石油市场大约40%的份额,控制着全球剩余石油产能的绝大部分,并通过统一政策行动影响国际石油市场的总供给,OPEC的主要政策是限产保价和降价保产。进一步的了解参见第5章。

2)国际能源署

国际能源署(IEA)是一个政府间的能源机构,是在1973年至1974年的石油危机后,于1974年11月成立的,它是隶属于经济合作和发展组织(OECD)的一个自治机构。国际能源署总部设在巴黎,拥有来自其成员国的190位能源专家和统计学家。1974年的创始成员国有16个,分别为:爱尔兰、奥地利、比利时、丹麦、德国、荷兰、加拿大、卢森堡、美国、日本、瑞典、瑞士、土耳其、西班牙、意大利、英国;之后加入的12个成员国(加入年份)分别为:挪威(1974)、希腊(1977)、新西兰(1977)、澳大利亚(1979)、葡萄牙(1981)、法国(1992)、芬兰(1992)、匈牙利(1997)、捷克(2001)、韩国(2002)、斯洛伐克(2007)、波兰(2008)。国际能源署成立的目的是促进全球制定合理的能源政策,建立一个稳定的国际石油市场信息系统,改进全球的能源供需结构和协调成员国的环境和能源政策。

IEA要求其26个成员国必须建立至少90天的石油储备,并在国际石油市场出现明显的供不应求时通过统一行动,释放石油储备,对国际石油市场施加影响(IEA,http://www.iea.org/)。

OPEC和IEA均具备一定的,在短时期内改变市场供求格局的能力,从而改变人们对能源价格走势的预期。

从国际能源市场整体看,不同能源品种市场化程度不同,市场结构差别较大。煤炭由于市场区域性较强,各区域市场中市场化程度相对较高,竞争比较充分。其市场结构可以近似看作完全竞争市场。

国际石油市场发展只有100多年历史,市场结构演变大致经历了4个阶段。"二战"以后到1960年,欧美石油公司利用国家殖民力量与石油资源国签订对石油资源的长期租用契约。这些代表西方国家利益的石油公司在国际石油市场上处于寡头垄断地位。1960—1973年,产油国纷纷建立国家石油公司,市场中生产者数量增加,同时,产油国石油公司在与西方大石油公司的谈判中逐步获得主动,最终OPEC获得石油标价控制权,这个阶段的国际石油市场结构为垄断性的竞争市场;1974—1986年,中东禁运后,OPEC进一步控制了国际石油市场和国际石油定价权,随着OPEC限产提价政策的实施,OPEC在国际政治经济中的影响显著增强,该阶段呈现OPEC寡头垄断的市场格局;1986年后,由于前一阶段OPEC限产提价,刺激了非OPEC国家石油工业的长足发展,OPEC市场份额下降,市场影响力降低,加上1986年后石油期货市场兴起,以及现货与期货挂钩的定价方式,进一步削弱了OPEC的定价权控制,国际石油市场再一次呈现垄断性竞争的市场格局。关于国际石油市场结构演变历史基本上与OPEC在国际石油市场中的地位作用相一致,持 OPEC 具有控制和影响国际石油市场和石油价格观点的,倾向于认为国际石油市场为寡头垄断市场,持 OPEC 不具备控制和影响国际石油市场观点的,倾向于认为国际石油市场为垄断性竞争市场(严琦,2009)。

电力和天然气由于产品及生产中的一些自然属性,形成了电力和天然气市场以区域性市场为主的格局,且垄断性相对更高,受政府管制较多,这部分内容将在 4.4 节专门介绍。

能源市场走向开放和竞争是世界性潮流,标志着能源商品的相对垄断性特征趋于弱化和消失。世界各国能源市场各有特点,在世界经济一体化的大环境下,能源市场的开放程度不同,但能源市场总的发展趋势是市场更开放,竞争更激烈。市场竞争将打破能源部门原先形成的自然垄断,有助于市场机制对资源配置作用的发挥。

2. 能源市场信息

要求市场参与者具备市场完全信息是瓦尔拉斯一般均衡分析的重要假设,供求双方中任何一方的变化信息都会以价格信号的方式传达给另一方,从而引起另一方的变化,后者的变化信息又会借助同样的价格机制反过来影响前者,经过充分的调整,最终达到均衡状态。显然,瓦尔拉斯均衡的这个条件过于苛刻,很难在实际的市场中达到。在能源市场,一些市场主体为了保护自己的利益,人为地隐瞒一些市场信息,如 OPEC 对自己的产量、剩余产能信息都不完全公开,甚至刻意隐瞒。除市场交易信息不完全外,私人企业在提供节能信息以及能源安全等具有公共品性质的信息方面明显不足,无法使市场参与者利用这些信息迅速对自己的行为进行调整,阻碍均衡的达成。

3. 能源市场的外部性

在能源供需活动中,对公共资源品——环境产生了非常大的影响,引起环境资源上的市场失灵问题。在没有政府和社会约束的条件下,私人企业没有动力和压力将外部成本内部化,从而提供超过社会最优化的产品,如能源消费所带来的污染问题;从理论上说,这种市场失灵,可以通过明晰产权关系加以校正。当产权明确界定后,就可以将外部成本内部化,进而利用市场机制,达到资源优化配置,实现均衡的目的。但在大气等公共资源产权界定上存在不同观点,有观点认为大气等资源具有不可分割性,是全体人类共有的资源,其产权的界定是相当困难的,甚至是不可能的。这种市场机制失灵只能运用市场外的机制加以校正,如通过征收碳税方式实现资源最优配置。

能源市场竞争的不充分性、信息不完全性以及能源市场的外部性问题是导致能源市场难以达到均衡状态的长期的也是基本的原因。导致能源市场非均衡短期主要因素,通常是由战争、自然灾害等突发事件,对脆弱的能源市场产生剧烈冲击,引起能源市场大幅波动。

由于存在能源供给和需求两个方面的数量限制,以及能源价格作为价格信号的局限性,能源市场几乎不可能出现瓦尔拉斯所描述的一般均衡。非均衡状态是能源市场的正常状态。促使能源市场趋向非均衡状态的机制是由许多方面的因素共同决定的,这些因素有经济的、政治的、宗教的、军事的因素等。能源市场的非均衡分析有助于我们更深入地理解能源市场的运行规律。

4.2.2 能源短缺危机

随着工业的迅速发展、人口的增长和人民生活水平的提高,能源,尤其是作为主流消费能源的化石燃料短缺已成为世界性问题。能源短缺是由能源的稀缺性决定的。能源资源的稀缺性不同于经济稀缺性,经济稀缺性的假定是供给能力不足,但是在可预见的未来,它的绝对数量是不受限制的。能源的物质资源性决定着未来的绝对短缺和整个社会必须寻找新的能源替代品,但是目前却没有看到突破。这样,人们的预期里将会存在一段能源短缺时期,并且这一预期很有可能在未来某一时刻发生(夏明高,2007)。

由于能源资源的绝对短缺,加上能源市场运行机制不完善,或者一些意外事件影响,极易将预期的能源短缺演变成实际的能源短缺。

能源短缺危机是指因为能源供应短缺或是价格过度上涨而影响经济增长的现象。在能源市场上,一旦出现能源供应短缺,常致使能源价格飞涨,最终影响经济增长。这通常涉及石油、电力或其他自然资源的短缺。如图 4-3 所示,历史上由于主要石油生产国发生战争,罢工甚至飓风,导致石油供应锐减,同时期石油需求并未出现同步减少,导致石油价格飞涨,并在其后多数年份出现经济衰退现象。

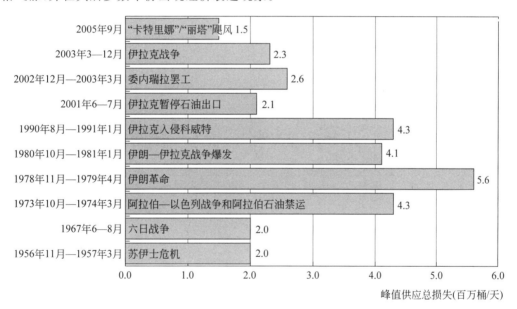

图 4-3　重大世界石油供应中断事件

资料来源:国际能源署应对石油供应紧急状况体系. http://www.iea.org/textbase/nppdf/free/2010/fs_response_system_chinese.pdf.

能源短缺危机除了由于一次能源中的煤炭、石油等化石燃料供给受资源储量限制外,4.2.1 节中所述能源市场的结构也是其产生的一个重要原因。

历史上出现过三次大的石油危机和一次电力危机,简述如下:

1. 第一次危机(1973—1974 年)

1973 年 10 月,埃及和叙利亚等国反对以色列的第四次中东战争爆发,阿拉伯产油国按照战前的约定,在外交领域发动了震动全球的石油斗争。战争爆发当天,叙利亚首先关闭了自己境内的一条输油管道。次日,伊拉克宣布将两大美国石油巨头在伊拉克石油公司中拥有的股份收归国有。不久,阿拉伯石油输出国组织(the Organization of Arab Petroleum Exporting Countries,OAPEC)部长级会议决定,每月递减石油产量 5%,日产原油也由原来的 2 080 万桶减少到 1 580 万桶,石油价格则从每桶 2.59 美元上涨到每桶 11.65 美元,并按对阿以问题的态度将石油消费国分为"友好"(friendly)、"中立"(neutral)和"不友好"(hostile)三类国家,确定不同的石油供应量。其中,对友好国家的石油供应与原来一样,而对不友好国家则实行石油禁运(杨泽伟,2006)。

2. 第二次危机(1979—1980 年)

1978 年年底,世界第二大石油出口国伊朗的政局发生剧烈变化,伊朗亲美的温和派国王巴列维下台,引发了第二次石油危机。此时又爆发了两伊战争,石油产量受到严重影响,从每天 580 万桶骤降到 100 万桶以下,打破了当时全球原油市场上脆弱的供求平衡。随着产量剧减,全球市场每天都有 560 万桶的缺口。油价在 1979 年开始暴涨,从每桶 13 美元猛增至 1980 年的 34 美元(如图 4-4 所示)。

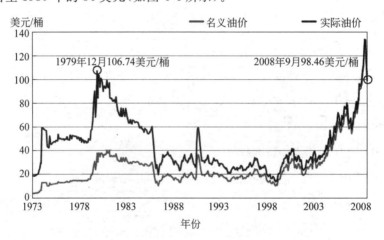

图 4-4　名义和实际油价(BP,2008)

3. 第三次危机(1990 年)

1990 年 8 月初,伊拉克攻占科威特后,伊拉克遭受国际经济制裁,使得伊拉克的原油供应中断,国际油价因而急升至 42 美元/桶的高点(何虹等,2005)。国际能源机构启动了紧急计划,每天将 250 万桶的储备原油投放市场,以沙特阿拉伯为首的 OPEC 也迅速增加产量,很快稳定了世界石油价格。

4. 美国加州电力危机

2001 年 1 月 17 日,美国加利福尼亚州遭遇前所未有的供电危机。为防输电网络瘫痪,加州北部的成百上千座住宅和商业设施 17 日实行轮流停电管制,范围包括旧金山、加州首府萨克拉门托、圣何塞以及硅谷的许多地区,受影响的人口达 100 多万。这也是加州自第二次世界大战以来首次实行电力管制。

能源危机通常造成经济衰退。20 世纪 70 年代和 80 年代两次大的石油危机后,各主要工业国都出现了严重的经济萧条现象。其中,第一次石油危机使美国经济的联邦预算赤字从 1974 年的 47 亿美元增加到 1975 年的 452 亿美元;通货膨胀率从 1972 年的 3.4% 上升到 1974 年的 12.2%;失业率从 1973 年的 4.9% 上升到 1975 年的 8.5%;劳动生产率从 1972 年的 6.6% 降至 1974 年的 1.9%。根据 IEA 2004 年的估计,如果石油价格从 25 美元/桶增加到 35 美元/桶并保持一年不变,会使美国经济增长速度减少 0.3 个百分点,欧元区国家减少 0.5 个百分点,日本减少 0.4 个百分点,OECD 国家减少 0.4 个百分点。由于发展中国家产业结构仍以制造业为主,工业生产的能源消耗水平相对较高,因此油价上涨对发展中国家的冲击更大,亚洲国家经济增长率将平均减少 0.8 个百分点(IEA,2004)。

4.2.3 可持续性问题

能源市场非均衡的另一个重要表现是能源需求的可持续问题。所谓的可持续是指能源资源能否持续地满足人类社会生存和发展需要。能源资源发展的可持续包括两方面内容:一是指能源的供应从长期来看能否满足人类对能源的需求;二是指人类在过去开发利用能源的活动中,已经对环境造成了极其严重的破坏,如何保证人类在将来开发利用能源的同时,不对人类赖以生存的地球继续产生毁灭性的影响,即能源—经济—环境的协调、可持续发展问题。

在新古典范式下运行的能源市场必然表现为"短视"行为。参与市场交易的主体追求的是各自行为的收益最大化,而未来参与市场交易的行为主体无法为自己争取合理的利益。所以,这样的市场机制不会考虑未来后代的持续发展问题(夏明高,2007)。

可耗竭的化石能源总有消耗完的那一天,以后该怎么办? 能源的耗竭性时刻在考验着人们的神经,一有风吹草动,脆弱的能源市场平衡就会被打破,在短期供给和需求均无法进行有效调整下,能源市场机制运行结果只能是能源价格的剧烈大幅度波动。

能源消费给当代人的生活带来了极大的舒适和便利,与此同时,全球能源需求量持续增加的趋势不仅对世界能源供应是严峻的挑战,而且给全球减少温室气体排放带来巨大压力。据政府间气候变化委员会的报告,如不尽快采取实质行动,未来 100 年全球平均气温将上升 3~6 摄氏度,海平面上升 15~35 米,导致接近一半的生物物种灭绝,并造成巨大经济社会损失。当人类生存环境遭到严重破坏后,很难逆转。为确保能源发展的可持续性,21 世纪以来,全世界正努力转变以石油为主的能源经济,积极开发可再生能源。

必须说明的是,能源市场中的能源短缺危机和不可持续性两种非均衡现象,主要是针对当今以化石能源为主要能源而言的,正是意识到这点,世界各国都在积极调整优化能源结构,解决能源短缺和不可持续性问题。

可再生能源的重大特点是资源量极大且永不枯竭(前提是人类生存的环境未遭到毁灭性的破坏),世界各国都拥有足够子孙万代持续利用的能源。可再生能源的开发和利用,只对环境有极小的影响,只有极小的污染物排放量。可再生能源的发展不仅可以解决全球性的能源短缺问题,同时也可以有效解决未来面临的污染物减排问题。当前大力发展可再生能源还存在一些技术、经济等方面的问题,但德国、丹麦等国成功的经验表明,将大力发展可再生能源作为解决当今能源市场非均衡的两个主要问题的做法,前途是光明的。

4.3　财税政策与能源配置

能源的供给与需求既有长期的,也有短期的。长期与短期能源供求分别受到不同因素的影响和制约。一般来说,市场因素对短期能源供给和需求起着重要的基础作用,但市场机制并非唯一手段,仅仅依靠市场机制是难以真正实现能源供需平衡的。第一,对于影响长期能源供给与需求的因素,市场机制的作用力很小,特别对有关能源安全和能源环境的外部性等因素,市场机制几乎无调节能力;第二,市场机制对于能源供求结构的调整与调节,往往存在滞后性,这种滞后性在下一个能源平衡调整周期中往往又表现为盲目性和新的失调现象;第三,对于一些重大的、严重的能源供求矛盾,市场机制的调节是缓慢而无力的;第四,市场机制的调节只涉及能源市场的供求数量和结构,对能源市场供求活动中的行为规范问题则难以奏效。因此,调节能源市场供求,实现能源市场供需平衡,保证经济社会稳定健康发展,必须综合运用经济的、法律的和行政的手段共同调节（财政部财政科学研究所"可持续能源财税政策研究"课题组,2006）。

能源在经济发展中的重要地位以及能源行业特点决定了政府在能源市场中应发挥重要的调节作用。财税政策作为政府宏观经济政策的重要组成部分,必将对能源资源的配置产生重大影响。

财税政策有利于提高对资源的合理配置与环境保护,目前很多国家都采取了相应的税制办法,鼓励增加能源供给,约束人们浪费资源和对环境的破坏行为。

能源财税政策从参与能源市场的主体划分,可分为针对能源生产与供应的财税政策和针对能源需求与消费的财税政策,如欧洲普遍使用的能源调节税,主要征税对象是居民及小规模能源用户,实行累进税制;对于能耗大户,则实行低税率政策,主要通过鼓励企业与政府签订自愿协议,减少其能源消费量。从财税政策实施的目的划分,可分为以下 5 种:

（1）支持节能、促进能效提高的财税政策。如针对不同的节能项目和能源耗费行为,可以采取不同的、行之有效的财税政策,其中财政补贴是国际上使用较为普遍的一种支持节能以及与能源有关的技术研发和示范推广的政策手段。

（2）确保国家能源安全的财税政策。能源安全不是一个简单的产业安全问题,也不仅仅是经济安全问题,它实际上已经成为整个国家安全的重要组成部分。政府可以通过必要的财税政策措施,提高国内能源生产与供应效率,促进国外能源市场的开拓,建立国家战略能源储备体系等。

（3）推动环境保护的财税政策。充分体现"污染者付费原则"（PPP）和"使用者付费原则"（UPP）,通过经济手段来加强环境保护的责任和限制环境污染行为。

（4）从需求侧调节能源结构的财税政策。如对消费者购买新能源汽车、节能产品给予的补贴或税收优惠减免等。

（5）支持能源研发及技术推广的财税政策。如对一些关键设备和技术进口给予进口关税和进口环节增值税优惠和融资支持以及节能技术研究开发和示范的拨款等（财政部财政科学研究所"可持续能源财税政策研究"课题组,2006）。

4.3.1 财税政策与能源供给

能源结构调整是保障能源供给和可持续发展的关键。正如前文所述,市场机制对能源结构的调整是缓慢而无力的,必须借助政府的宏观调控才会有比较明显的效果。为优化能源结构,促进可再生能源发展,各国都制定和采取了相应的一些政策措施,其中对可再生能源发电实施保护性电价就是一种重要的能源财税政策。

保护性电价政策是一种财政补贴政策,是对可再生能源发电进行的补贴,保护性电价政策在各国具体的实施中还有许多不同的变化。首先,上网电价的形式,可以是一个固定的价格,也可以是市场基准价格加上一个溢价(premium)。例如,德国采用的是固定的上网电价,而在西班牙,允许投资商从两种形式中任意选择一种电价形式(Rowlands,2005)。其次,保证上网电价的期限也有所不同。德国的保证期是 20 年,而西班牙为5 年。最后,上网电价还会根据上网电力所承担的负荷类型(如基本负荷、高峰负荷或季节负荷等)而采用给予不同的电价水平,同时,基于技术(风能、太阳能等)的不同采用不同的电价(关于欧洲各国具体的不同政策设置,请参阅 Cerveny and Resch(1998))。

保护性电价政策在欧洲实施的经验表明,它是促进可再生电力发展的一项非常有效的政策(IEA,2003),这一简单的政策设置能够使一项技术得到迅速的发展,因为项目的收益是受到保证的,因而风险降低,能够吸引较多的资本投入可再生电力的发展。在实施保护性电价政策的德国、丹麦和西班牙,他们的风电发展目标甚至都提前几年实现了(Lauber,2004)。2001 年年底,这 3 个国家的风电装机总容量占到了欧盟总装机容量的84%(Meyer,2003)。然而,采用其他政策的国家(包括欧洲风能潜力最大的英国),风电装机容量都明显较低,如表 4-1 显示了不同政策措施下欧洲各国风电装机容量。Lauber(2004)指出,实施保护性电价政策的国家的可再生电力发展水平都得到了较大的发展,而摒弃这一政策的国家(如意大利)则遭遇了可再生电力发展迟滞的困局。

表 4-1   不同政策措施下风电装机量与价格对比

政 策 类 型	国家	2000 年年底累计装机量/兆瓦	2000 年装机量/兆瓦	1998 年风电价格(欧元/千瓦时)
保护性电价政策	德国	6 113	1 668	0.086
	西班牙	2 402	872	0.068
	丹麦	2 297	555	0.079
	合计	10 812	3 095	
竞价系统	英国	409	53	0.041
	爱尔兰	118	45	N. A.
	法国	79	56	0.048
	合计	606	154	

资料来源:Menanteau et al.(2003)。

实施保护性电价政策的德国、丹麦和西班牙,不仅它们的风电装机容量居世界前列,而且它们的风机制造工业也处于世界领先水平,这得益于风力发电技术在其国内的迅速扩散（Ackermann et al.，2001）。

　　Menanteau et al.（2003）指出，在保证上网电价不变的情况下，设备制造商占有了技术进步引致的剩余，使得设备制造商能够更多地投资于研发活动，从而提升设备制造业的水平。如图4-5所示，当技术进步使得发电的边际成本由 MC 向下移动到 MC' 时，由于电价水平并没有发生变化，装机容量将由 Q 增加到 Q'，面积 $O'AB$ 所示的生产者剩余则被生产者和设备制造商所共同占有，从而使他们有更好的能力去进行技术创新。

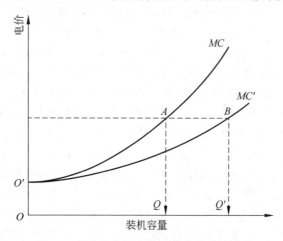

图 4-5　固定的上网电价对技术进步的影响

　　然而，现实中的情况是：虽然生产者剩余促进了可再生电力技术的进步，但是消费者所支付的电价，并没有随着技术进步的步伐而降低，相反却由于固定的上网电价而一直居高不下，这正是保护性电价政策受到批评最多的方面。Meier et al.（2002）比较了1995—2002年美国、英国、德国和西班牙的风电电价，发现竞争性市场（如英国、美国）的电价水平要比实施保护性电价的国家要低得多。表4-1中所示的风电价格对比也说明了同样的事实。

　　保护性电价政策在欧美的实施说明该项财政政策：（1）能够迅速促进可再生电力的发展；（2）生产者剩余能够促进技术进步；（3）较强的技术扩散能够促进和强化可再生电力制造工业，并对其他相关产业产生拉动作用。同时，这一政策也受到较大的批评，主要集中于：（1）不能够有效地降低消费者电价；（2）巨大的财政补贴负担。因此，单纯的财政政策对市场早期的培育效果良好，到一定程度后还应该借助更具市场化的手段进行调节（张九天，2006）。

4.3.2　财税政策与能源需求

　　由于能源资源的高度稀缺性，能源供给增加难度会越来越大，为保证能源安全，进而保证经济安全和人民群众生活需要，各国都实施了一系列财税政策，鼓励和限制各个能源需求主体尽可能减少能源浪费，降低能源需求。

　　实证研究发现，居民的消费行为、消费习惯、偏好等对能源需求有较大影响。因此，各国政府专门出台了一些相关的财税政策，意在改变居民的某些行为习惯。如消费者选购终端耗能设备和器具时通常不将能源效率作为重要因素加以考虑,通过补贴消费者,刺激消费者对节能产品的消费,引导消费者的消费偏向和消费习惯,达到控制能源需求的目的。同时这种补贴政策,还会通过引导消费者的消费行为达到间接引导生产者的生产和投资行为的目的。最终达到节能环保,优化能源结构的目的。

概括起来,当今世界通过需求侧管理达到促进节能的财税政策主要有以下几种。

1. 财政拨款和补贴

财政拨款和补贴主要包括对低收入家庭节能投资和支付能源费用的补贴,能效标志制定和实施的财政支出,能源审计支出,节能宣传支出等。

能源审计是企业或项目能源核算、合理用能评价和用能状况审核机制。已有 40 个国家实行节能项目补贴审计。美、日等国政府为中小企业提供无偿能源审计。美国能源部出资,由能源分析与诊断中心为制造业中小企业提供能源审计服务,迄今已完成 8 000 多个项目。

2. 各种基金

(1)公益基金:公益基金是在不能完全依靠市场竞争的领域提供公共服务、维护公共利益的一种基金,是一种新的节能激励机制。公益基金用来资助节能和可再生能源技术研究开发,节能项目;此外,低收入家庭无力进行节能投资,政府可以利用公益基金对他们进行必要的帮助。2002 年,美国联邦政府向 450 万户低收入家庭发放了 17 亿美元补贴,用于节能投资和支付能源费用。

(2)节能基金:节能基金通常是政府建立的一种循环基金,是一个长期、稳定的节能资金渠道。泰国政府于 1992 年创立的节能基金,目前已达 50 亿美元,是世界最大的节能基金之一,主要用于泰国政府推行的需求侧管理计划。

(3)创新基金:节能创新基金通过参股能源服务公司进行节能投资,使用担保基金、周转基金和风险基金提供节能贷款和贷款担保。已有 29 个国家设立节能创新基金。

3. 消费者补贴

消费者补贴是指对于消费者购买节能产品给予一定数额的补贴。比如,在美国加州,每台节能电冰箱补贴 75 ~125 美元,每台空调 50 美元,每只紧凑型荧光灯 3.5~5.5 美元。

4. 加速折旧

在日本,企业购置政府指定的节能设备,可在普通折旧的基础上,按购置费的 30% 提取特别折旧。在加拿大,购置节能和可再生能源设备,可按购置费的 30% 加速折旧。

5. 贷款优惠

贷款优惠是指购买符合规定的节能环保设备可以从政府指定的银行取得优惠贷款,这种贷款由于政府贴息以及通过专项基金提供担保,所以利率比商业银行低(王庆一,2006)。

6. 相关税收

从总体上看,发达国家一般都对能源课税,如日本的汽油税和石油液化气税政策,德国的能源消费税收政策,法国的能源生态税,还有诸如汽车税、道路使用税等(杨晓钰,2009;王庆一,2006)。

此外,低碳财税政策也是当前各国政府调节能源需求,促进节能减排,所采取的主要措施之一。低碳财税政策体系包括两大组成部分：一是对市场主体的节能减排行为起激励作用的财政支出政策体系，如国债投入、财政补助、贷款贴息，以及政府采购等政策措施；二是对市场主体的耗能排放行为起约束作用的税收政策体系，主要指与能源消费有关的各种税、费征收措施，如碳税、能源税、电税等。其中，碳税已在欧洲国家普遍得到实施，另有大量国家正在酝酿实施。碳税最早由芬兰在 1990 年开始征收，此后，瑞典、挪威、荷兰和丹麦也相继开征。Cansier 和 Krumm(1997)对这些国家的碳税制度作了综述性的介绍。在征税环节上，芬兰和荷兰没有对生产部门实行任何税收优惠政策，而瑞典、挪威和丹麦都考虑了对生产部门尤其是能源密集型部门的税收宽免。例如，挪威对造纸行业实行税率减半，而对空运和海运的重要环节完全免税；瑞典对生产部门实行的税率只相当于对居民所实行税率的约 1/4；丹麦的能源密集型部门在承诺采取节能减排措施的情况下将能享受到明显低于其他部门以及居民的税率。在碳税利用方式上，瑞典、挪威、芬兰和荷兰没有对碳税收入规定特别的用途，而是将其全部归入政府的一般性预算收入；丹麦则将各非免税部门所缴纳的碳税全部用于补贴该部门的劳动投入或节能投资。

4.3.3　财税政策对均衡的影响

在市场经济条件下，市场是资源配置的基本方式，但在市场不完善或有市场但运作效率低下，产生市场失灵的时候，就需要政府的干预和调节。尤其在能源结构调整和转换的过程中，政府宏观调控的作用更加重要。能源结构调整具有一定的社会性，市场无法确定其长远发展方向，加之不完全竞争、外部性等因素的存在，能源结构调整过程就不能不考虑政府的参与。政府一般需要根据国家社会、经济发展的战略性目标，对一些需要支持的重点产业和重点方向进行必要的引导和支持，包括政策支持和财力支持，以加速能源结构转换进程。实践经验表明，没有一个国家政府没有参与当前世界性的能源结构调整进程中来。

针对能源市场资源配置效率提高而言，一方面要进一步规范市场竞争，完善能源价格形成机制，充分发挥价格对市场调节和资源配置的作用，这部分内容将在第 5 章做进一步的阐述；另一方面，充分发挥政府在市场机制失灵的两个领域：(1)由于能源利用对环境产生的外部性；(2)由于化石能源可耗竭性引起的能源短缺中的作用，利用财税政策以及货币政策，引导用户节约能源，加大对可再生能源的开发利用，促进能源结构优化，保证能源-经济-环境协调发展，保证社会发展的可持续性。

4.4　能源市场规制

西方经济学家认为，在自由竞争的市场中，每一个消费者和生产者都以追求最大化利益为目的来选择商品和服务，同时也实现了社会福利的最大化，并认为市场有利于降低生产成本，有利于技术进步和发明。在市场可以正常运行的情况下，市场是有效配置资源的手段；但是在市场不能正常运行的情况下，可能出现市场配置资源的失灵。市场失灵为政府干预提供了机会和理由，市场失灵是政府进行市场规制的必要条件(丹尼尔·F. 史普博，1999，2008)。

规制通常被描述为对企业的控制,而企业既可以是商品的提供者,又可以是劳动和资源的雇用者。然而,对市场某一方——买者或卖者的控制,必将会对另一方产生相应的影响。对能够被出售的物品的限制,立即便转化为对可能被购买的物品的限制。政府对市场配置机制的规制可能会改变商品和服务的生产、消费和分配行为,并影响市场的特征和买卖双方的契约关系。

4.4.1　电力市场规制

电力产业投资巨大,投资回收期长。电力的生产需要大量的固定设备,固定成本非常高,而可变成本相对较低,平均成本在很高的产量水平上仍是下降的,所以一直以来,电力产业被视为自然垄断产业。

在电力行业管制的理论研究方面,乔治·施蒂格勒在《监管中能监管什么》一文中通过对英国电力产业的实证研究得出结论:受管制企业并不比无管制企业具有更高的效率和更低的价格(乔治·施蒂格勒,1989)。这一研究反响巨大,学者们纷纷把管制研究的重点转移到如何以最少的管制来最大限度地鼓励竞争。直接针对电力行业放松管制的研究在 20 世纪 80 年代末开始逐渐增多。Joskow et al. (1996)研究了管制放松后的产业绩效,认为放松管制之后由于竞争的引入,电力公用事业公司采用新型技术的速度发生了重要的变化,这使得整个发电设备的成本显著降低。

电力行业管制问题的研究成果表明,电力市场应当放松政府管制,然而放松管制并不是取消管制,电力产业管制体制改革的目标是确定一种新的合理的管制方式来构建一个适度竞争的电力市场。

传统的电力工业分为发、售、输、配电 4 个环节。由于电能不能大量储存,要求发电、输电、配电、用电各个环节实时保持平衡;同时对电网的稳定安全具有较高的要求。最初各国电力行业都采用垂直一体化垄断经营模式,整个电力工业被认为是完全垄断行业。垄断经营模式在一段时期内对电力工业的资金积聚,避免重复建设等起了非常重要的作用。一方面,随着电力需求的增大,像任何垄断市场一样,电力市场逐渐呈现出经济效率低、运营效益低、投资回报低的弊端;另一方面,随着人们对电力工业和垄断认识加深,技术改革特别是光缆的出现,4 个环节的 4 个功能所具有的市场结构特点逐渐显示出来,将竞争环节同自然垄断环节分离开来,推动了 20 世纪 80 年代以来世界范围内的电力行业改革的浪潮。

发电环节中根据其本身的技术特点,每个发电企业可以作为单独的竞争个体,不存在重复投资。因此,从理论上说,发电环节成为竞争环节是可行的,而且要提高发电效率也是必须的。但是,发电企业的进入壁垒很高,还要受输电环节的约束,所以发电市场不可能形成完全竞争的市场格局。目前,许多国家打破电力工业的垂直一体化垄断,重组市场化结构(如中国形成五大发电集团公司、英国形成三大发电集团公司),形成寡头垄断或垄断竞争的发电市场。售电环节由于直接面对用户,从社会福利的角度来看最需要引入竞争,同时其不存在着很强的规模经济,因此也属于竞争环节。输、配电环节的自然垄断性短期内不会动摇。因为它属于网络性企业,一个新企业的进入就意味着大量的重复投资和资源浪费。在巨大的规模效应和沉淀成本下,其自然垄断的天然属性不能改变。

因此,在进行市场化改革后,电力工业中发、售电环节属于竞争环节,输、配电环节属于垄断环节。

1. 自然垄断的环节

规模经济和沉淀成本等经济特征的存在,导致了某一行业或部门的自然垄断(Natural Monopoly)。在自然垄断条件下,如果允许竞争,那么破产和兼并将成为必然现象,其结果是只有一家企业能够生存,因此自然垄断行业中的竞争必然是破坏性的竞争。部门能源市场具有自然垄断性质(如电力、天然气等),对这类市场不能引入竞争机制,而必须由政府对其价格、服务质量和进入进行管制,这是当今世界的普遍现象和大多数经济学家的共识。

图 4-6 显示了一个自然垄断企业所面临的需求和其长期成本,由于存在规模经济,该行业如果由多家企业构成,将是没有效率的。因为每一企业的产量会更小,单位生产成本显著提高。这种情况下,为获得最低成本,只能由一家企业来生产。

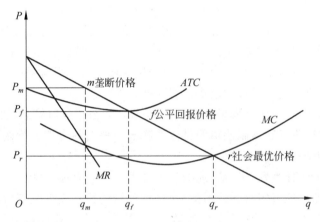

图 4-6   自然垄断与价格限制

资料来源:徐梅林(2006).

通过利润最大化 $MR = MC$ 规则,我们知道在不受规制的前提下,垄断企业所选择的利润最大化产量和价格分别是 q_m 和 P_m。由于在 q_m 产量下,价格高于平均总成本,垄断企业获得了高额的经济利润。不仅如此,价格超过边际成本表明分配在该产品或服务上的资源过低。从公共利益出发,政府管制机构必须对自然垄断行业进行监管。监管可能是对自然垄断行业的最佳选择。D 和 MC 曲线相交点所决定的价格 P_r 是社会最优价格,资源达到最优配置 q_r,但是可能使自然垄断企业遭受亏损。自然垄断企业往往是公用事业,关系到国计民生,不能使它们长期亏损和破产。但又不能对它们进行公共补贴,来弥补边际成本定价过低招致的损失。在实践中,多数管制机构(如美国)对社会最优价格原则作了适当调整,选择了公平回报价格 $P_f = ATC$,使垄断企业实现盈亏平衡,其代价是牺牲部分分配效率。从图 4-6 中可以看出,公平回报价格使产量从 q_m 增加到 q_f。尽管处于两难选择,但是从社会的角度看,规制可以改善垄断的不良影响,纠正部分市场失灵。

2. 引入竞争的环节

直观地认为,引入竞争的环节可以取消监管。但是问题并非如此简单。

首先,尽管在发电和售电环节引入了竞争机制,但是只能构造出垄断竞争或寡头垄断的市场结构。其较高的垄断程度会造成一定程度的市场配置资源失灵。要提高市场效率,必须对这些环节进行一定程度的监管。

其次,由于发电和售电环节的企业数量不可能很多,有些企业占有很大的市场份额,拥有很大的市场支配力,可能操纵市场价格。电力系统的输电阻塞更加剧了这种市场力。电力监管机构需要防止这种市场力的滥用。

英国的电力市场一直被作为全世界的样板,但是1999年7月由英国天然气和电力市场办公室(Ofgem)正式提出的"新电力交易制度"详细文件指出:电力库的价格被3家主要的发电商操纵,自1990年以来,发电成本(燃料费、资本费和运行费用)降低了近50%,而电力批发价格却一直很少变化。竞争环节运行效率不能令人满意,导致监管机构取消电力库,引入新交易制度。

其实竞争环节花费了英国监管机构Ofgem的主要精力。1990年英国电力管制办公室(Offer)设计了电力库(Pool),1999年在总结电力库经验教训的基础上又设计了新电力交易制度(Neta)。尽管监管机构不直接管制竞争环节的价格,但是有关竞争环节的规则和交易制度却严格受到管制机构的修改和审批。总监的法定职责是推进发电和售电的竞争,对交易规则和市场运行负责。

再者,引入竞争机制的同时,无疑也伴随着风险的引入。历史的经验教训表明,电力市场的风险主要集中在发电和售电环节,而不在输配电环节。电力市场的竞价机制造成电价的波动,严重时造成市场主体的倒闭和破产。对竞争环节的监管,如设立价格上限等,某种意义上是对风险的监管。目前,各国对发电市场的监管是松散和不力的,美国加州电力危机就是一个很好的例子。

总之,在竞争的环节需要监管。当然,这种监管没有达到对自然垄断环节监管的强度和深度。对竞争环节的监管,主要是披露市场信息,促进市场竞争,防止市场力量过度集中,规避市场风险。

环境问题是全球性问题之一。以矿物燃料为主的电力工业,已经成为主要的污染源,造成严重的环境污染和生态破坏。电力市场机制本身并不能消除其外部不经济性,反而使清洁能源和可再生能源在市场竞争中处于更不利地位。因此,各国对电力市场监管的一项重要任务就是减少环境污染,鼓励清洁能源的发展,保护生态环境。

电力行业是主要的污染源之一。根据IEA 2010年出版的CO_2 *Emissions from Fuel Combustion* 2010,中国2008年电力和热力生产排放CO_2 31.08亿吨,约占总体CO_2排放的47.8%。此外,电力行业还排放SO_2、NO_x、烟尘和工业废水等环境污染物。

客观上讲,电力行业成为污染大户,责任不完全在电力部门。长期以来,牺牲环境质量发展经济的指导思想,为电力部门治污不力提供了宽松的政策环境。公众对低电价的偏好,刺激了常规煤电的过度发展,抑制了清洁能源和可再生能源等高价电力的开发利用。污染物环境成本意识的淡薄,使消费者得不偿失,实际上付出更沉重的环境损害代价。因此,电力监管必须加强对电力行业外部效应的监管。

电力市场规制的基本形式主要有价格规制、供给配额规制、质量规制、安全规制、环保规制等。

4.4.2　天然气市场规制

1. 市场结构

对于天然气行业的技术经济特点,存在着以下两种说法:竞争性和垄断性。当然这不是绝对的,随着行业的发展,垄断可能会演化为竞争性的。总的来说,现阶段天然气行业是竞争性行业,部分环节具有自然垄断性。

1)垄断性

认为天然气产业具有自然垄断性主要基于以下几点考虑。

(1)天然气资源是不可再生资源,随着勘探开发的不断深入,总有一天会从地球上消失。另外,天然气的地理分布极不均衡;

(2)天然气的运输和配送依赖管道网络,随着需求和规模的不断扩大,单位成本不断下降,具有网络规模经济效应;

(3)天然气产业具有明显的范围经济性,上下游一体化联合生产比各环节进行单独生产的成本低;

(4)油气资源的勘探开发成本投入大、风险大、回收期长,且资产专用性较强,沉没成本较大,形成了较高的进入壁垒。

2)竞争性

认为天然气产业是竞争性产业主要基于以下几点考虑。

(1)天然气资源虽然稀缺,但资源潜力大,潜在市场大,有能力支撑多个企业进行竞争;

(2)天然气产业价值链包括勘探、开发、储运、配送、消费等环节,这些环节多数具有竞争特点;

(3)天然气产业面临着潜在进入者、替代能源、消费者、国外资本的竞争,天然气产业具有竞争性特点,应放松管制。

3)整体竞争,局部垄断

综合分析整个天然气产业,可以得出结论:天然气产业整体具有竞争性,部分环节(如运输和配送环节)具有自然垄断性。并且,随着社会经济的发展和行业规模的不断扩大,自然垄断的范围将逐渐缩小。这为放松政府规制提供了现实依据。

2. 规制的原则

天然气不同于石油等其他的能源,其本身具有特殊性,主要表现在以下 3 个方面。

(1)天然气属能源产业,是稀缺的不可再生的自然资源。当一般商品的边际生产理论应用于天然气生产时,必须附加上一个气田产量自然递减规律。对于一个滚动开发的气田,则表现为综合递减率。因此,当我们应用边际理论时,如边际产量、边际成本、边际效益等,都必须用合理的自然递减率和综合递减率来修正,否则就可能出现误导结论。

(2)管输是天然气陆上运输的唯一选择,具有强自然垄断特征;LNG 是跨洋运输的唯一方式,离岸前、到岸后仍然需要依托管网;天然气存货由井口能力、输气管存和储气库容 3 个容量空间构成、表现出与原油的很大差异。

(3)可支配收入与天然气消费水平相关程度很高;天然气短期供给与需求都缺乏弹

性,长期弹性较大。

国外经验表明,政府在天然气行业的发展过程中扮演重要角色,政府对该行业的规制对促进行业的顺利健康发展起着重要作用。由以上天然气产业的 3 个特性,可以概括出天然气产业中政府规制改革的基本原则。

(1) 政府规制要有利于保护资源,减少浪费。天然气是一种可耗竭的稀缺资源。由于天然气价格与石油等替代能源相比较低,以气代油、以气代煤的天然气利用方式开始盛行,造成了一定程度上的天然气浪费。因此,政府规制的一个主要原则就是要保护资源,避免出现资源浪费现象。

(2) 政府规制要注重天然气产业链的上下游协调发展。天然气产业是一个上下游各环节紧密联系的统一系统,脱离了哪个环节都不能实现天然气的社会价值。天然气的生产、运输、销售和消费几个环节紧紧相连,生产、运输和销售要相互协调,才能达到产业的规模经济和降低经营风险。

(3) 政府规制要照顾大多数,保证社会公平。当今社会,能源已是支撑社会经济发展的重要物资,是各国都在尽力争夺的主要战略资源。随着我国逐渐走向市场化,天然气消费将会成为真正意义上的"贵族商品",天然气消费也是有钱人的事情。但是,我国中等偏下消费水平的人群占多数,因此,政府规制要考虑社会公平,以照顾大多数人群为原则。

3. 规制的模式

从国外经验来看,政府对天然气市场的规制模式主要有以下几种。

1) 市场结构与进入规制

(1) 市场结构规制。天然气产业的市场结构规制,应本着既有利于企业实现规模经济和范围经济,又有利于加强市场竞争的原则,对现有市场结构进行重组或调整。从天然气的行业特点和发展所处阶段看,市场结构的重组和调整有以下 3 个层面的含义:从企业层面看,对纵向一体化企业进行适当拆分;从地区层面看,在同一区域允许新企业的有条件进入;从行业层面看,引导鼓励企业跨行业和区域重组与合作。

整个天然气产业不仅包括天然气生产、净化、供应,还包括天然气运输和分销,以及天然气的消费。从规模经济和范围经济角度来看,实行纵向一体化经营具有一定的合理性。但是,从自然垄断的实质来看,整个天然气产业链中只有输送和分销具有自然垄断性。威廉·鲍莫尔的可竞争市场理论认为,在自然垄断行业,如果企业可以自由进入和退出,且不发生成本,就可以进行竞争。随着勘探开发技术的不断进步,天然气的供应具有可竞争性,在这一环节实行竞争无疑有利于提高效率和实现资源高效配置。

从理论上讲,将天然气的生产和供应与运输和配送分拆对整个产业链的有效运行是有好处的。其主要表现在以下几个方面:一是降低垄断利润和政府补贴。非自然垄断业务的分离,使得垄断范围缩小,竞争领域相应扩大。这样,可以避免非垄断业务"搭便车"获取垄断利润和政府补贴而造成利益分配不均。二是可以促进竞争,降低成本。天然气的终端价格是由上游生产价格加一定的利润以及运输成本加上适当利润形成的,上游价格的降低直接影响终端价格的变化。上游形成竞争局面,有利于成本降低,进而促使价格降低,提高生产效率。三是有利于规制者和消费者掌握更多的信息,实现信息共享。天然气的生产供应实现竞争后,通过市场配置资源,有利于政府有关部门和消费者获取信息,进而做出决策。

（2）市场准入规制。在市场准入方面，政府主要是为了保证天然气行业的资源高效利用以及为了环境保护和社会大众稳定的生产生活，采用批准和许可的手段，对天然气生产企业的市场进入进行限制。天然气行业具有投资大、回收期长，资产专用性较强、具有沉没成本效应。如有众多企业进行激烈竞争，势必造成某些竞争力较弱的企业被迫退出市场，从而造成资源浪费和损害公众利益。因此，对天然气行业进行必要的进入规制是必须的。

但是，随着市场经济的不断成熟，市场规模扩大，由一家或几家企业提供产品或服务已不能满足市场需求。天然气产业发展到新阶段，最突出的表现就是消费量明显增加。现有的生产企业已不能满足目前市场的需求，并且，随着时间的推移，缺口越来越大。这就要求政府在准入方面适当放松，尤其是在天然气勘探开发和储运上。由于这两个环节需要巨大投资，具有技术密集和资金密集的特点。降低上游进入门槛有利于资金的筹集和竞争局面的形成，进而提高效率，降低成本。

2）价格规制

价格规制是政府对天然气行业进行规制的核心内容，是实现其他规制目标的最基本手段。天然气价格规制主要有 4 个方面的目标：优化资源配置、提高社会分配效率、激励天然气生产企业进行生产、保障天然气企业利益。但是，与电信、铁路等自然垄断行业相比，天然气行业属于依赖于非再生自然资源的基础性能源行业，受资源短缺性约束更为显著，从而对实现优化资源配置目标的要求更为强烈。

（1）政府价格规制应考虑的问题。对天然气行业进行价格规制改革的主要理由是：天然气行业具有区域性自然垄断特点，目前定价机制使得价格不能及时反映供需关系。这就要求在价格规制过程中，定价要符合经济原理，遵循经济规律，克服定价的主观性和随意性。事实上，不遵循价值规律的定价现象在实践中很容易发生，因此，对天然气行业的价格规制应充分考虑以下几个方面。

第一，注重市场机制在价格形成中的作用。天然气行业虽然属于区域性垄断行业，但并非理论上的完全垄断，市场竞争机制在一定程度上发挥作用是可能的。一方面，天然气具有众多的可替代产品，如石油、液化石油气、煤、电等，随着技术经济条件的变化，其替代性还会加强，它们的价格会影响天然气的价格；更重要的是，政府可以采取激励机制，如特许投标竞争、直接竞争等手段，来强化竞争机制，从而影响天然气价格的形成。另一方面，竞争可以使天然气企业将其产品、质量等方面更加透明，公众可以获得更多的关于天然气产品的信息，以得到更多经济实惠的产品或服务，这对天然气生产企业也是一种鼓励。

第二，价格规制要考虑成本约束，使价格规制能够对降低成本起到激励作用。天然气行业作为公用事业，又具有自然垄断特点，政府往往对这种行业实行财政补贴，以促进其健康发展。但是，政府补贴会使得天然气生产企业失去降低成本的动力，而只是想方设法从政府补贴中获得利益。

第三，加强价格规制的法制化、科学化和程序化建设。法制化能够使政府或规制部门可以"依法"规制和"以法"规制，提高规制效率。天然气工业起步较早且发展较成熟的美国、法国等国家政府均制定了相关的法律、法规，对价格规制的相关条款进行科学严谨的规定。另外,相关条款还对政府或规制部门和相关天然气生产企业进行了严格规定,避免价格规制的随意性、主观性,加强科学性。

第四,充分考虑天然气价格的波动对其他产业以及整个中国社会经济的影响程度。天然气作为一种高效、清洁的能源资源,其价格的变化会对其他行业以及整个社会经济产生很大影响。如天然气价格上升,首先会影响到化肥生产企业,因为化肥生产企业所用原料几乎全部是天然气。进而,化肥的价格随之上升,化肥的使用大户——农民的负担就会加大。我国有8亿多名农民,这会带来很多社会经济问题。

第五,政府对天然气生产企业的财政补贴应合理适度。在中国,一直以来,天然气的定价较低,远远低于其价值。较低的天然气价格,较高的生产成本,使得政府财政补贴变得很重要。但是,随着天然气需求量的增加,按经济学原理,随着价格的不断提高,补贴应该越来越淡化。另外,补贴会使天然气生产企业对政府具有很强的依赖性,弱化了其降低生产成本的动力。因此,政府补贴应合理适度,力求保证社会利益分配公平。

第六,构建科学的天然气价格规制模型和价格体系。对天然气行业进行价格规制模型的设计,应充分考虑成本和成本的下降、质量、利润、物价指数等因素(许月潮,2006)。由此,天然气价格规制模型可设计为:

$$P = \frac{C_0 \times [1 + (\mathrm{RPI} - X)]}{1 - r} \times Q$$

其中,P 表示天然气规制价格;

C_0 表示基期平均成本;

RPI 表示零售价格指数;

X 表示生产效率和增长率;

Q 表示天然气质量指数;

r 表示销售利润率。

因为天然气属于不可再生自然资源,而且天然气的勘探开采会对环境造成一定的污染,在天然气价格规制模型中可以加上资源税和资源补偿费项。

(2) 价格规制原则。在价格规制改革中除了要考虑以上几方面的问题外,还应遵循以下几点原则。

① 积极稳妥、有序有别、分步推进。天然气价格的变动几乎对所有行业和人民生活都会产生很大影响,因此,在天然气价格改革过程中,应循序渐进,充分考虑价格变动对社会经济的影响。

② 坚持油、气合理比价。天然气和原油等能源的替代性很强。我国天然气消费结构失衡、供需矛盾紧张的直接原因之一,是天然气与其他可替代能源比价过低引起的。未来天然气定价,应当按国际通行的热值来计算。目前,我国天然气价格仅为原油价格的30%左右,而国际比例则在84%~121%之间。

③ 差别定价。天然气定价应实行差别定价机制:一是以保护农民和城镇居民为原则实行分类定价;二是按照工业、商业、服务业等多种类型用户区别定价;三是按不同季节和不同用气高峰来定价。

④ 按成分或燃烧值定价。从国外经验来看,天然气定价是采用热值定价的,如美元/

英热单位（Btu）。这是因为，一方面，不同油田所产的天然气所含成分不同，甚至同一口井在不同的生产时段所产天然气也可能会含有不同的组成成分。另一方面，天然气的利用有两种：一种是作为燃料用其热值；另一种是作为原料用其所含化学成分。因此，按热值或所含成分定价才能真正实现天然气的价值。

3）法律规制

法律是政府或监管机构及企业，甚至所有的市场参与者进行经济行为的依据，是约束市场行为和避免发生经济纠纷必不可少的前提条件。根据国外天然气工业历史悠久并且已经很发达的国家的发展历程，有关天然气类的法律、法规在天然气工业发展过程中起到很重要的作用，是保证其健康发展的必要条件。

法律规制改革的基本原则包括以下几个方面的内容。

（1）以市场为指导，引入竞争机制，在自然垄断环节用法律约束代替市场，以免市场力量被滥用。由于自然垄断行业的自身特点，为避免经营者滥用垄断权利，营造公平竞争的市场环境，法律应在一定程度上限制经营者，保护消费者的利益。

（2）应确定现代化的监管机构，将政府的政策制定职能和监管职能分开，并在法律中做出明确规定。《天然气法》应保证其规定使监管机构的监管公平、公正、透明。

（3）同时兼顾经营者和消费者的权利，力求保证社会分配公平，维护经营者和消费者的利益。

（4）天然气相关法律、法规应涵盖天然气产业链的各个环节，建立使上、中、下游协调发展的统一监管框架。

4）质量规制

质量规制是对天然气生产企业市场行为规制的重点，包括产品质量和服务质量规制两个方面。

（1）产品质量规制。在天然气质量方面，存在严重的信息不对称问题。天然气的热值、杂质含量、压力等指标需要专业技术人员借助相关仪器设备进行检测，方可准确测知。天然气消费者大多为普通用户，在消费前对产品的质量无法得知，并且在消费中及消费后也对其质量知之甚少。另外，天然气的质量对其使用效果有很大影响，对燃气具的寿命和安全都有很大关系。因此，在存在进入规制和价格规制时，天然气质量规制必不可少。

对天然气产品的质量规制方面，应重点把握以下两方面的内容。

第一，天然气作为燃料，生产企业在出售天然气前应告知用户其热值范围，如有变动也应及时通知用户；

第二，天然气作为原料，在出售天然气前，生产企业应告知用户其成分，在发生变化时也应及时通知用户。

总而言之，产品质量规制应该使消费者时时获悉天然气的成分或热值，以及时调整价格。

（2）服务质量规制。天然气产业属公共事业行业，其服务在整个产业链中占据很重要的地位。天然气服务主要包括以下几个方面：保障天然气管道等设施的完好，及时检查、更换和维修；及时处理天然气泄漏等突发事件，处理结果要令用户满意；保证产品供应的稳定性，对由于非突发性事件引起的供应中断应提前通知用户；为用户提供经常性的安全检查、日常养护服务等。由于天然气服务对社会大众的日常生活息息相关,服务的及时与否以及顾客的满意程度直接关系到天然气行业的顺利健康发展。天然气服务质量规制在天然气市场将发挥越来越重要的作用,尤其是在逐步引入竞争后,服务的质量将是决定企业存在与否的关键。

总之,质量规制是和进入规制、价格规制同等重要的规制内容。进入规制、价格规制会慢慢使符合条件的公司或企业进入到这个行业中来,为了保证大量的竞争者的存在不对社会大众的利益造成损害,质量规制也应是政府规制改革的重要内容。

本 章 小 结

能源市场是实现能源资源配置的场所。能源市场既包括单一品种能源市场,也包括多品种能源市场,还包括更广泛意义上的能源-经济-环境这样的复杂巨系统,这些市场和系统的运行,对能源资源配置效率均具有重要影响。

由于能源供给总量不足,能源供给结构以化石能源为主,不具可持续性,能源市场竞争不完全性,能源市场信息的不完全以及能源利用引致的外部性等一系列问题,使能源市场成为一个典型意义上的非均衡市场,能源短缺危机时有发生,加上能源的可持续利用问题,严重干扰了能源市场的有效运行。为提高能源市场运作效率,政府的宏观调控成为必然,其中财税政策成为政府调控能源市场的有力工具,当前世界各国纷纷出台各种能源财税政策,既有从供给出发针对能源生产者的,也有从需求出发,针对能源消费者的,针对生产者的财税政策主要围绕大力发展可再生能源,改善能源结构,保障能源供给;针对消费者的财税政策主要围绕节约能源,提高能源的使用效率,这些财税政策从各个角度、各个方面,全方位参与能源市场的调节,试图使能源市场朝着更有效的方向发展。

不同能源品种,能源资源属性不同,决定了它们的市场结构和运行模式也存在较大差别。总体来说,煤炭市场竞争比较充分,石油市场国际化程度较高,主要为竞争性的垄断市场,相比较而言,电力和天然气市场,尤其是电力市场,由于自然形成的垄断性成分较高,目前主要在政府规制下运营,虽然世界范围内都在对电力和天然气市场进行改革,力争通过引入市场竞争机制,提高市场运营效率,但是完全放松管制,短期内难以实现,因此政府将继续发挥重要作用。

思 考 题

1. 你认为能源市场非均衡产生的主要原因是什么?
2. 影响能源供给的主要财税政策有哪些?
3. 影响能源需求的主要财税政策有哪些?
4. 你如何看待能源财税政策对能源市场的调控作用和效果?
5. 电力行业的特点是什么? 电力行业哪些环节具有自然垄断性,哪些环节适合引入竞争机制?
6. 政府对天然气市场规制的主要内容是什么?

一个简化的垄断框架分析

由于石油危机造成的短期供给缺口远远小于石油输出国组织（OPEC）国家的石油生产能力，为分析简单起见，我们假设石油危机是外生冲击，并过滤掉国际能源署（IEA）等影响因素，同时将石油出口国分为 OPEC 国家和非 OPEC 国家。在 20 世纪 70 年代的两次石油危机时期，OPEC 国家始终占有市场垄断力量，因此我们可以用垄断模型来进行分析，见图 4-7 所示。

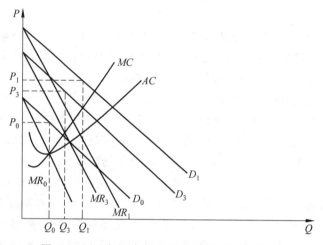

图 4-7　石油危机冲击下 OPEC 国家的生产选择

假设在石油危机发生之前 OPEC 国家面对的需求曲线是 D_0，此时 OPEC 国家在均衡边际成本 $MC=MR$ 处生产，价格为 P_0。如果此时发生第一次石油危机，那么 OPEC 国家面临需求增加，需求曲线从 D_0 移到 D_1。此时在边际成本等于边际收益处生产将导致石油价格涨至 P_1。

假设第三次石油危机与第一次石油危机造成同样的短期供应缺口，由于在第三次石油危机时期 OPEC 国家在石油市场的份额减少，则此时对 OPEC 国家来说需求曲线只移动到 D_3 处，价格只有上升到 P_3。这样面对同样程度的石油短缺冲击，在 1989 年由于 OPEC 国家市场力量的减弱导致议价能力下降，减小了 OPEC 国家单方面抬高石油价格的可能性。而此时 OPEC 国家在市场中仍保有"领导者"的优势，因此如果 OPEC 国家提价不高，其他分散的生产者——非 OPEC 成员石油输出国提价也不会过高。

从上面的分析可以看出，作为行业领导者的 OPEC 国家的市场份额的减小，可以导致整个行业在石油短缺时的提价能力下降，这在一定程度上减少了石油价格的涨幅，进而减小了对世界经济进程的影响。

为了更好地分析这两次石油危机对经济的影响，我们开始对 IEA 这一关键因素进行分析。在地缘政治因素下，造成石油市场短期供给不足，此时由 IEA 每天将一定数量的石油投入国际市场，这在一定程度上改善了石油短期供不应求的局面，稳定了石油价格。

但是 IEA 也通过另外一条途径减小了第三次石油危机的影响。

令 S 是国际石油市场的总供给曲线，D 是总需求曲线，假设本来国际石油市场处于均衡状态 E 点，如图 4-8 所示。此外，假设石油危机为石油短缺的外生冲击。如果 IEA 不存在，则在石油危机的情况下，由于工业结构的刚性，石油输出国会预期对短期石油需求也呈刚性。于是趁势改变自己的提供曲线，也就是从本来的提供曲线 S 移到 S'，从而价格从 P^* 飞涨至 P'。

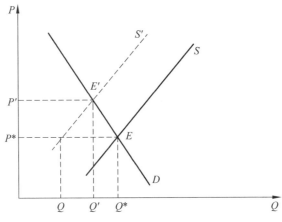

图 4-8　石油危机下世界石油供给分析

而在 IEA 存在的情况下，假设石油出口国同样改变自己的提供曲线至 S'，在此前提下，IEA 会采取行动以均衡价格 P^* 来补给短期石油缺口，从而石油出口国出口量会减少：从 Q^* 减少到 Q，造成一定的损失。所以这时石油输出国会预期自己提高价格可能并不会获得利润反而会造成损失，而且会恶化与石油需求国的长期合作关系，于是并不会改变自己的提供曲线，并在原来的均衡价格上补足了由于外部政治冲击导致的石油短缺以赚取利润。

因此，IEA 即使不采取任何措施，也会因为其存在而影响其他石油输出国在石油危机发生情况下的预期，从而在一定程度上熨平石油价格波动，减小了石油危机带来的影响。

资料来源：严琦. 第一次石油危机与第三次石油危机的比较分析——基于市场结构的视角. 中国科技论文在线，2009.

第 5 章

能 源 价 格

能源价格是调节能源资源配置的主要市场机制,但由于受能源资源的特殊性和能源市场结构、能源与金融一体化发展等问题的影响,能源市场价格影响因素非常复杂,尤其短期,能源价格更是受到大量来自非市场因素的严重影响,由此形成的能源价格有时甚至完全脱离了能源市场供需基本面因素,这也使得能源价格对能源市场的调节作用大大减弱。能源价格除了作为能源市场的调节机制发挥作用外,能源作为基本生产要素,其价格变动还可能通过产业链产生成本推动型通货膨胀,进而对宏观经济和人民生活产生影响。本章内容共分 5 节,5.1 节阐述能源定价的基本理论;5.2 节介绍 OPEC 的产量与定价机制;5.3 节分析能源价格对能源资源配置的调节作用;5.4 节介绍能源价格上涨对一般价格水平的影响;5.5 节介绍可计算一般均衡(CGE)模型,分析能源价格波动对宏观经济、居民福利等方面的影响。

5.1 能源定价理论

能源定价理论的早期研究,主要沿用经济学的资源稀缺论或边际学说理论,如马歇尔的竞争论、弗兰克尔的寡头控制理论等,由于理论的局限性,这些研究都未能很好地把握国际市场能源价格波动的内在规律。从理论上系统研究能源定价的开山之作当推Hotelling(1931)著名的可耗竭资源模型,Hotelling 的这个模型是论述可耗竭资源的,但众多可耗竭资源中,自 20 世纪 70 年代后,以石油价格的波动最经常、最剧烈,因而最引人注意。他把资源当作一种埋藏在地下的资产,目标是如何寻找一种最优的定价方法使得净现值最大。模型分析得出,当不考虑开采成本时,资源最优配置下的均衡价格将以市场利率的增长率连续上升。设 t 时期的资源价格为 P_t,r 为市场利率,则$(P_{t+1}-P_t)/P_t=r$,此即为 Hotelling 法则。当考虑开采成本时,资源价格是指扣除边际开采成本后的净价格,也称为资源租金率,资源租金率也满足上述的 Hotelling 法则。Hotelling 的可耗竭资源模型对研究能源定价具有开创性的意义。

如果资源所有者开采资源资本所得的收益增长率低于利率,他就偏向于把资源埋藏在地下让它增值;如果高于利率,则偏向于开采,以期得到更高的净现值。在论述可耗竭资源价格波动时,考虑到不同的市场结构对价格的影响不一样,Hotelling 分别就自由竞争和垄断市场进行了研究。在自由竞争情况下,厂商在不同时期开采相同数量的资源所获收益的贴现值应该相等,否则他将选择贴现值最大的时期把资源都开采出来。如果能源开采不集中在一个时期,能源价格的上升必然等于利率,因为如果预期能源价格上涨幅度大于利率,厂商就会减少当期能源开采,而让它在地下增值,则由于当期能源供给减少推动现期价格上涨;如果预期能源价格上涨幅度小于利率,厂商会增加当期的能源开采,使收益加速变现,这样一来,本期供给增加促使价格下降,这又会增加未来能源价格上涨的幅度,如此反复。在垄断市场上,由于他们可以控制价格,因此厂商会选择一个最优产出路径使自己总收益的现值最大化,由最优产出路径确定最优价格路径。根据最优化一阶条件确定出最优开采量就是使不同时期能源开采量的边际收益上涨速度等于利率。

Hotelling 的资源定价理论隐含了这样的前提条件,即资源初始存量是已知的,且开采成本固定不变,但实际上,能源资源储量总是随着世界范围内的技术进步,投资勘探活动而不断变动的,对于特定时期的定价者来说,未来储量的变动是不确定的,同时,科技进步使得开采成本不断降低,因此,Hotelling 的资源定价理论是对储量确定情形的讨论。此后,人们又进行了一些关于储量不确定条件下,资源定价理论的研究,这部分内容比较复杂,本书不做介绍。

沿着 Hotelling 的研究思路,除一部分针对储量不确定条件下能源定价理论研究外,另一部分则通过设定能源市场的不同结构或参与能源市场的行为主体的不同行为,建立各类理论模型分析能源价格的形成,并通过对各类相关参数的模拟分析,力求把握能源价格波动的规律,如后来的 Pindyck(1978)、Gately(1983,1984)等。

5.2 石油输出国组织与国际石油价格

石油输出国组织(OPEC)是国际石油市场上一个不容忽视的力量,在国际石油定价理论研究中,相当一部分都将 OPEC 视为一个卡特尔组织。比如以垄断市场结构为基础解释国际石油价格形成的研究,都把国际石油市场看作是由 OPEC 这个卡特尔组织定价的垄断市场,石油价格的波动是由 OPEC 国家的定价原则决定的。这些研究关于 OPEC 定价原则的假设主要有两种:财富最大化型和生产能力利用目标型。

财富最大化方法基本上是 Hotelling 模型中垄断部分的改进。生产能力利用目标型是从垄断者不可能拥有完全信息,进而也不可能知道最优价格路径的角度出发,假设 OPEC 通过产能利用目标来摸索隐含的最优价格路径。若实际的产能利用率高就说明生产供求紧张,从而抬高价格,反之则降低价格(Gately 和 Kyle,1977;Gately,1983)。

关于 OPEC 对国际石油价格影响的研究很多,结论不完全统一,甚至有时是完全相反的。本节不对 OPEC 生产行为进行假设,只介绍 OPEC 的产量、定价机制等基本事实,通过这些事实对其在国际石油价格形成中的地位、作用进行直观判断与分析。

5.2.1 OPEC 石油储量

根据 BP 2006 年统计数据显示,截至 2005 年年底 OPEC 已探明储量占世界石油储量的 75.2%,其中,OPEC 成员国探明石油储量位居前三位的是:沙特阿拉伯 264.2 亿桶,占世界份额的 22%;伊朗 137.5 亿桶,占世界份额的 11.5%;伊拉克 115 亿桶,占世界份额的 9.6%。其次是科威特和阿联酋分别为 101.5 亿桶和 97.8 亿桶,占世界份额的 8.5%和 8.1%,这 5 个国家的总份额接近世界总量的 60%。此外,OPEC 已探明石油储量每年还以一个较小的速度递增,而经济合作与发展组织(OECD)国家石油储量相对贫乏,且每年小幅递减。由于 OPEC 拥有丰富的石油资源储量,它的产量政策和价格政策对国际石油价格具有重要影响力。因此，国际社会一直将 OPEC 视为石油市场的一个卡特尔组织。

OPEC 与非 OPEC 石油探明储量详见表 5-1(BP,2006)。

表 5-1　OPEC 与非 OPEC 石油探明储量　　　　　　　　　　亿桶

年份	OPEC 储量	非 OPEC 储量	前苏联	OECD
2000	840.5	180.8	93.4	100.0
2001	847.9	180.9	111.7	98.3
2002	881.7	174.3	116.9	88.3
2003	890.7	176.5	120.9	84.2
2004	897.4	175.8	120.9	81.8
2005	902.4	175.4	122.9	80.6
储采比/年	73.1	13.6	28.4	11.2

注：非 OPEC 未包括前苏联。

5.2.2　OPEC 产量政策及其市场份额

目前 OPEC 的产量约占世界总产量的 40%左右，图 5-1 为 OPEC 在 1960—2002 年期间石油产量占世界石油产量的份额变化。OPEC 作为一个石油市场的卡特尔组织，主要是通过产量控制来达到影响国际石油价格的目的。OPEC 产量政策是实行内部成员产量配额制，每次 OPEC 会议都会根据市场需求和各国情况，确定各成员国今后一段时间内的石油产量。如 OPEC 在 2003 年 1 月 23 日第 123 次会议上通过的产量协议规定，今后一段时间 OPEC 总产量为 2 450 万桶/天，其中沙特阿拉伯日产量为 7.963 百万桶/天，伊朗日产量为 3.597 百万桶/天，其余详见 OPEC production agreements(OPEC,2003)。但由于 OPEC 组织各成员国本身石油资源富存条件不一样，富存条件好、人均石油储量较丰富的国家，如沙特阿拉伯、科威特、阿联酋等，它们主张温和的油价政策，不主张减产提价，而人均石油储量相对较少的国家，如委内瑞拉、尼日利亚等它们为了提高短期石油收入而极力主张减产提价(袁瑛,2007)。

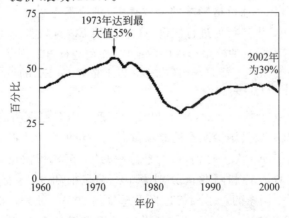

图 5-1　OPEC 石油产量份额(1960—2002)

资料来源：http://www.eia.doe.gov/emeu/aer/pdf/pages/sec11_10.pdf.

OPEC市场份额的高峰出现在1973年,占世界石油产量的55%,此后由于石油危机引起的高油价导致世界经济萧条,石油消费量锐减以及替代能源和节能技术的开发利用、能源使用效率的不断提高和墨西哥、英国北海油田、北阿拉斯加等许多大油田的相继发现,加上非OPEC国家受高油价诱使增加产量等原因的综合影响,OPEC的市场份额不断下降,20世纪80年代中期跌到最低时只有30%左右,但1986年后的低油价刺激了世界石油消费的增长,抑制了对高成本油田的投资和石油勘探投资,加上20世纪90年代初苏联解体,使得对OPEC的石油需求量增大,世界新增石油需求主要由OPEC来满足,OPEC的石油市场份额开始缓慢上升,近年来由于非OPEC,特别是俄罗斯等国不断增产,OPEC的市场份额略有下降,但基本上稳定在40%左右。虽然目前只有40%左右的产量份额,但OPEC还留有约600万桶/日(或3亿吨/年)的机动生产能力,这是其他石油生产国所无能为力的。世界上有50多个非OPEC产油国,他们以不足1/4的已探明储量,生产着占世界60%的年产量。因此,这些非OPEC石油生产大国,如俄罗斯、挪威等,基本上都已开足马力在生产。凭借巨大的剩余生产能力,OPEC可以在国际原油价格超过市场承受能力,对主要石油进口国的经济生产产生不利影响时增加产量,缓解供不应求的局面,以此阻止油价的上涨并进一步降低油价;反之当油价过低对石油出口国收入和经济生产产生不利影响时减少产量,缓解供过于求的局面,阻止油价的继续下滑,进一步促使油价回升。OPEC根据市场状况通过剩余生产能力对世界石油市场的供给进行调节,力争将世界石油价格稳定在一个合理的范围内,所以从目前阶段看,虽然有很多不确定因素限制和制约了OPEC对国际石油价格的影响和控制能力,但它对国际石油市场的影响力仍然是不容忽视的,有时甚至能够操纵国际油价的涨落。尽管非欧佩克国家的石油总产量占世界石油总产量的60%,但各国均按自己的行为方式生产,没有统一的组织和行动,所以单一非OPEC国家的产量通常无法对国际原油价格产生实质性的影响。此外,由于OPEC有大量的已探明石油储量,许多长期预测都表明将来世界对OPEC资源的依赖性会越来越大,从长期来看OPEC的石油份额有增大的趋势。因此,OPEC对国际石油价格的影响不仅不会降低,还可能会进一步增大。如果OPEC能够协调好各国的利益,做到行动一致,将油价控制在给定的范围内,应当是一件较有把握的事情(赵农,危结根,2001)。

与OPEC相比,非OPEC的石油储量不足前者的1/3,储采比仅为前者的1/5,石油勘探、开发和生产的综合成本约为前者的4~5倍,新增石油储量大幅增长的可能性较小。一些非OPEC国家,例如,美国和中国,虽然是石油生产大国但同时也是石油消费大国,总体上非OPEC的石油消费不能自给,还有1/3以上依赖OPEC的供应。非OPEC生产能力的升降,在很大程度上受制于国际油价的周期性波动,而其对国际油价的影响只是一种有限的市场效应。

5.2.3 OPEC定价机制

OPEC原油价格指的是沙特阿拉伯轻油(ArabLight)、阿尔及利亚撒哈拉混合油(SaharaBlend)、印度尼西亚米纳斯油(Minas)、尼日利亚邦尼轻油(BonnyLight)、阿联酋迪拜油(Dubai)、委内瑞拉蒂朱纳轻油(TiaJuanaLight)、墨西哥依斯莫斯轻油(Isthmus)7种原油市场监督价格的平均价格。OPEC利用这个价格监督国际石油市场的原油价格，OPEC 组织各成员国在这一价格的基础上按原油的质量和运费价进行调整。OPEC 从 1999 年 9 月以后开始研究价格带机制，并从 2000 年 3 月起开始正式实施这一机制。所谓价格带机制就是事先设定一个价格幅度，如果实际价格超过或低于这个幅度一定时间，就通过调整产量使价格回到设定的幅度内。OPEC 进行的尝试和各国货币当局为回避外汇大幅度变动而介入外汇市场的做法相似。

2000 年 10 月开始，OPEC 启用石油产量调整机制，使油价在 2001 年 9 月之前都维持在 OPEC 设定的价格机制带（22～28 美元/桶）中。2001 年 9 月美国发生"9·11"事件，油价一度大幅上涨，但随后因国际石油市场担心美国经济将受重挫，带来石油需求大幅减少，加上产油国为了维持国际稳定而暂停启用石油产量调整机制，未在需求降低时进行减产，使油价在 2001 年 10 月跌至每桶低于 20 美元，甚至到 2001 年 11 月接近 16 美元/桶。直到 2001 年 12 月底，因为冬季需求增加，且 OPEC 和非 OPEC 产油国也确定进行减产，油价才重新回到价格机制带中。2002 年年底和 2003 年年初由于美伊战争和国际投机力量的双重影响国际油价一度冲高到 33 美元/桶，但战争开始后油价迅速回落，此后的半年左右时间里油价基本上控制在 OPEC 的价格机制带中。伊拉克战争结束后，伊拉克安全形势日趋紧张，重建问题又困难重重，人们担心中东地区动荡局势将进一步加剧，从而导致石油供应紧张，加上世界经济的复苏和 OPEC 在 2003 年 9 月和 2004 年 4 月两次减产，在这些因素的综合作用下，2003 年油价不断振荡上行，2004 年 4 月以后更是一路上涨，完全脱离了 OPEC 设定的价格机制带，OPEC 价格机制带已名存实亡。实际上 OPEC 认为当前的石油价格受到越来越多供求以外因素的影响，他们已于 2005 年决定暂时终止价格带机制，并认为在市场条件比较稳定的情况下，才会重新考虑使用这一油价调控体系。图 5-2 为 2001 年 1 月至 2004 年 11 月 OPEC 一揽子油价走势。

图 5-2　OPEC 一揽子价格走势

5.2.4　OPEC 原油产量与国际原油价格

原油产量作为供给的一个主要因素对国际原油价格的形成具有重要的作用。世界原油产量由 OPEC 和非 OPEC 原油产量两大块构成,OPEC 和非 OPEC 的产量波动引起世界原油总产量的波动,进而影响国际原油价格。图 5-3 和图 5-4 分别反映了 1960—2002 年期间 OPEC、非 OPEC 和世界总的原油产量变化趋势与波动状况。

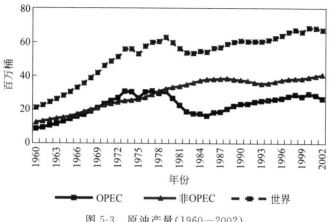

图 5-3　原油产量(1960—2002)

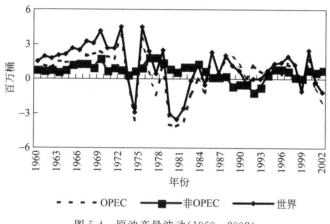

图 5-4　原油产量波动(1960—2002)

从图 5-3 和图 5-4 可以看出自 1960 年以来,除 20 世纪 90 年代初由于苏联的解体,非 OPEC 国家原油产量出现微弱的下降外,其余时间里非 OPEC 原油产量基本上呈稳步上升的趋势。从表 5-2 标准差一栏可以看出世界原油产量的波动主要来自 OPEC 原油产量的波动,OPEC 组织在第一次石油危机前的原油产量稳步上升,波动较小,但随后的十多年时间里产量波动较大,其中 20 世纪 70 年代发生了两次大的石油危机,OPEC 原油产量处于较大的变动之中,20 世纪 80 年代初 OPEC 原油产量大幅下降,从而导致世界原油产量发生相似的波动。

从图 5-4 明显地看出,20 世纪 70 年代初至 80 年代中期和 90 年代末世界原油产量的剧烈波动与 OPEC 原油产量的波动几乎完全一致,表 5-3 统计分析显示 OPEC 原油产量变化与世界原油产量变化之间的相关系数高达 0.941,在 1% 的显著性水平上是显著的,而非 OPEC 产量变化与世界原油产量变化的相关系数只有 0.278,在 5% 的显著性水平上

表 5-2　OPEC、非 OPEC 和世界原油产量波动性统计量

	均值/百万桶	标准差
OPEC	0.420 7	1.860 7
非 OPEC	0.672 9	0.654 0
世界	1.093 6	1.933 4

不显著。由于 OPEC 和非 OPEC 共同提供世界所需的原油产量,所以二者之间具有此消彼长的关系,二者的相关系数为负(−0.062)也说明了这一点,但由于世界所需的原油产量是随着供需、经济发展等情况而不断变化的,所以二者的这种反向关系很微弱,是不显著的。因此,OPEC 原油产量波动是造成世界原油产量波动的一个最主要和最直接的原因,进而也是造成国际原油价格变化的原因。

表 5-3　OPEC、非 OPEC 和世界原油产量波动之间的相关系数

	OPEC	非 OPEC	世界
OPEC	1		
非 OPEC	−0.062(0.694)	1	
世界	0.941(0.000)	0.278(0.074)	1

注:括号里为显著性概率。

　　既然 OPEC 原油产量变动是世界原油产量波动的主要原因,因此从供给影响价格的角度推测,OPEC 产量变动对国际原油价格的形成和波动起了一定的作用。图 5-5 反映了 1970—1997 年间 OPEC 原油产量与世界原油价格的变化趋势。

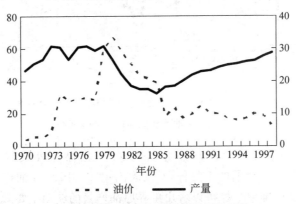

图 5-5　OPEC 原油产量与国际原油价格

　　在 OPEC 原油产量波动的同时,国际原油价格从 20 世纪 70 年代初的每桶 2～3 美元上涨到每桶 30 多美元。第一次石油危机之前原油产量稳步上升,原油价格基本上保持稳定,中东石油禁运打乱了石油产量的稳定走势,造成恐慌,使得原油价格迅速上涨,但随后 OPEC 组织进一步减产,原油价格仍然下滑,显然这就不是供给方面的原因,而主要是由于前一阶段高昂的原油价格造成世界经济的萧条,导致需求减少所造成的。所以 OPEC 原油产量与国际原油价格的变动趋势并不呈完全反向变动关系,这一方面说明,国际原油价格比较复杂,并不是简单地、主要由供需决定;另一方面说明,OPEC 组织虽然可以通过

调整产量对国际原油价格的形成产生一定的影响,但并不能完全反映或左右国际原油价格。

5.2.5　OPEC 对国际石油价格影响简评

关于 OPEC 在国际石油市场上的作用和影响力看法不完全一致。有观点认为过去的历史表明,OPEC 拥有左右国际石油市场的能力。OPEC 未来的作用如何要看该组织如何发挥其实力。同时认为,OPEC 应选择稳妥的方式寻求价格的稳定。价格能否稳定取决于 OPEC 能否更多地考虑、尊重和理解生产的其他要素,包括需求要素、非 OPEC 要素和石油期货市场金融投机的因素(单卫国,2000)。另有观点认为,OPEC 定价策略的可行性是存在的,但有效性对于仅依靠原油出口获取收益的成员未得到理论上的证明(赵农,危结根,2001);还有观点认为,OPEC 在国际石油市场上的作用被夸大了,实际上它已成为石油市场的稳定者和价格的被动适应者(梅孝峰,2001)。

总体而言,OPEC 对国际石油市场究竟能发挥多大作用,与其 3 个方面因素密切相关:(1)产量政策:是限产保价,还是增产保份额;(2)剩余产能:剩余产能是 OPEC 短期调控市场最有力的武器;(3)内部协调机制。由于各国资源储量、生产成本和经济发展状况存在差异,出于维护本国利益,一些成员国违反配额限制,超额生产。文献(卡罗·A.达哈尔,2008)整理了 1984—2003 年间 OPEC 平均产量与配额历史数据,结果显示几乎在整个 20 世纪 90 年代,OPEC 的实际产量均超出其配额,平均每天多生产 100 多万桶。

目前,欧佩克成员中主张较为温和的油价一派的储量约占欧佩克总储量的 51%;而主张减产提价一派储量约占欧佩克总储量的 30%;其余为中间派。这种成员国之间的利益矛盾极大地削弱了欧佩克的控制力。另外,沙特阿拉伯储量占欧佩克总储量的 28% 左右,具有举足轻重的地位,代表了 OPEC 的主流石油政策。OPEC 内部协调机制的运行结果成为影响 OPEC 作用发挥的重要因素。

5.3　能源价格对市场配置的调节

由于能源的重要性和特殊性,以及能源金融化属性(见第 8 章)使得能源价格,尤其是石油、电力等能源产品价格与一般实物产品价格有很大不同,价格波动剧烈频繁,表现出金融时间序列的很多特点。如波动聚积、记忆性等特点,而较少表现为完全无记忆的随机游走序列。国际石油价格由于其特有的现货与期货相联的定价方式,使得石油价格同时具有金融和期货市场时间序列的特点。关于能源价格行为的研究对我们认识能源价格的形成机制和交易主体、交易行为有重要作用。本节首先分析能源价格波动的复杂特征;然后阐述能源价格对能源资源配置的调节作用。

5.3.1　能源价格波动特征

在能源市场上,参与市场交易的各方主体,根据获取的市场信息,并结合对未来市场的预期、判断,指导他们的实际交易行为,这些实际交易行为将对最终价格的形成产生一定影响,并反映在最终形成的价格中。能源市场中参与市场交易的主体大致包括:生产方、需求方和由于能源金融化发展而加入进来的投机方。由于信息不完全和信息获取是有成本的,各方只能根据自己所获取的决定能源价格的各因素信息,通过对这些信息分析,决定自己的交易策略,各方交易策略的实施,最终决定市场价格。因此,通过能源价格波动特征分析,可以大致了解各方交易主体的交易行为特征,及对价格形成的影响。

1. Zipf 技术简介

Zipf 分析技术最早由 Zipf(1949,1968)提出,主要运用于自然语言课程,用于计算某一篇给定的文章中每个单词出现的频率 f。根据每个单词出现的频率对单词进行分类,发现可以给每个单词赋一个秩 R,令出现频率最大的那个单词的秩 $R=1$。对自然语言可以观察到下面的幂律成立:

$$f \sim R^{-\xi}$$

对任意语言,指数 ξ 接近于 1。

Zipf 分析技术的一个简单扩展是考虑严格由 n 个字母构成的单词(不包括空格)。在这种情况下,Czirok et al.(1995)和 Troll and beim(1998)提出猜想 $\xi = |2H-1|$,其中 H 是用于度量存在于符号间的长程记忆性的 Hurst 指数。

目前,Zipf 分析除主要运用于自然语言研究外,还被广泛地运用于生物遗传、化学、地理等领域的研究,近年来 Zipf 分析开始被应用于金融时间序列的分析。如 N Vandewalle,M Ausloos(1999)利用 Zipf 方法分析了股票价格指数,Ausloos(2000)还利用 Zipf 分析研究了外汇市场结构。因为一个随机波动的序列可以很容易地转换为用两个字母"u"和"d"表示的序列,其中"u"表示向上或涨(即"up"),"d"表示向下或跌(即"down")。对真正的随机游走序列,ξ 等于 0,因为任意长度为 n 的单词出现的概率都相同;但对有偏的随机序列 ξ 不会等于 0(Vandewalle and Ausloos,1999)。

2. 模型方法

实际市场交易是有成本的,因此只有当价格的涨跌超过某一个阈值时交易主体才会进行交易。将交易成本这一信息反映到 Zipf 技术里时可以设定一个阈值,当实际价格涨幅超过这个阈值时我们认为价格上涨("u"),当实际价格跌幅超过我们设定的阈值时认为价格下跌("d")了,当实际价格变动幅度不超过阈值时,我们认为价格没有发生变化,交易主体不进行交易。为便于量化分析和处理,我们将"u"记为 1,"d"记为 −1,价格变化幅度不超过阈值时记为 0,则价格序列可以转换为取值 −1,0,1 的序列,该序列反映了价格涨跌的动力学信息。具体表述如下(Jose et al.,2002):

设 $P_n = \{p_0,p_1,\cdots,p_n\}$ 是具有样本阶段为 T 的 n 维有偏价格序列;即 $p_i = p(iT)$,τ 为一给定的时间标度,假设 $\tau/T = k$ 是整数。如果数据每天采样,则 $T=1$ 天。一序列上下波动的 $(n-k)$ 维序列 $D_{n-k}(k,\varepsilon) = \{d_1(k,\varepsilon),d_2(k,\varepsilon),\cdots,d_n(k,\varepsilon)\}$ 可以用字母 $A = \{-1,0,1\}$ 按下面的形式与 P_n 建立联系:

$$d_j(k,\varepsilon) = \begin{cases} -1 & 若 \quad p_{j+k}-p_j \leqslant -\varepsilon, \\ 0 & 若 \quad -\varepsilon < p_{j+k}-p_j < +\varepsilon, \\ +1 & 若 \quad p_{j+k}-p_j \geqslant +\varepsilon, \end{cases} \tag{5-1}$$

这里 $\varepsilon \geqslant 0$ 是价格变化的阈值。注意到 $p_{j+k}-p_j = p(jT+\tau)-p(jT)$ 是在时间标度 τ 内的价格变化(收益)。按这种方式 $d_j(k,\varepsilon) = -1$(相应地 $d_j(k,\varepsilon) = +1$)表示从 $t=jT$ 到

$t=jT+\tau$ 价格至少下降(相应地上升)了 ε。$d_j(k,\varepsilon)=0$ 表示价格的绝对变化量不大于 ε。如果 $d_j(k,\varepsilon)=0$,我们就说相应于门槛 ε 价格未发生变化。

$D_{n-k}(k,\varepsilon)$ 序列包含了价格动力学最基本的涨跌信息。事实上 $D_{n-k}(k,\varepsilon)$ 只包含了关于时间标度 $\tau=kT$ 的方向性(向上与向下的)信息。参数 ε 表示考虑交易成本后交易主体可以交易所获得的最小收益。

设 $n_-(k,\varepsilon)$、$n_0(k,\varepsilon)$、$n_+(k,\varepsilon)$ 表示在给定的序列 $D_{n-k}(k,\varepsilon)$ 中向下(负的)、不变(0)和向上(正的)变化出现的次数。$n_-(k,\varepsilon)+n_0(k,\varepsilon)+n_+(k,\varepsilon)=n-k$,定义下面的绝对变化频率:

$$f_-(k,\varepsilon)=n_-(k,\varepsilon)/(n-k),$$
$$f_0(k,\varepsilon)=n_0(k,\varepsilon)/(n-k), \tag{5-2}$$
$$f_+(k,\varepsilon)=n_+(k,\varepsilon)/(n-k)$$

它们分别表示 $-1,0,1$ 出现的频率,也就是价格下跌、不变和上涨的绝对变化频率。类似地,引进下面的相对变化频率:

$$\phi_-(k,\varepsilon)=n_-(k,\varepsilon)/n_\pm(k,\varepsilon),$$
$$\phi_+(k,\varepsilon)=n_+(k,\varepsilon)/n_\pm(k,\varepsilon) \tag{5-3}$$

这里,$n_\pm(k,\varepsilon)=n_-(k,\varepsilon)+n_+(k,\varepsilon)$,所以,$\phi_-(k,\varepsilon)(\phi_+(k,\varepsilon))$ 是价格向下(上)运动变化次数相对于价格变化总次数的频率。

如果价格上涨与下跌变化是随机的,则上涨与下跌的概率都约为 0.5,如果涨跌不均衡,则上涨(或下跌)的概率将明显大于(或小于)0.5。用 $\phi_-(k,\varepsilon)$ 和 $\phi_+(k,\varepsilon)$ 表示,即如果观察到 $\phi_-(k,\varepsilon)$ 和 $\phi_+(k,\varepsilon)$ 之间有一个明显大于(或小于)0.5,我们就称它相应的状态是不对称的,在这个意义上不对称状态是指对市场价格向上和向下变化的不同预期。

3. 案例分析:利用 Zipf 技术分析国际汽油价格波动的动力学行为

图 5-6 为根据 1986 年 1 月 2 日至 2003 年 11 月 4 日纽约期货交易所汽油 1 个月期货日价格,利用式(5-3)计算的汽油价格涨跌的相对变化频率。

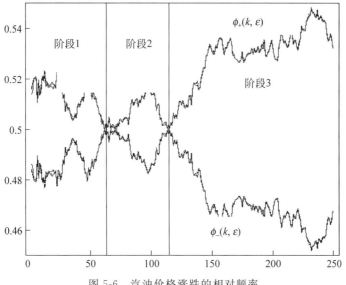

图 5-6　汽油价格涨跌的相对频率

从图 5-6 可以明显看出存在两个关键点 $k_{c,1} \approx 60$ 和 $k_{c,2} \approx 116$ 工作日，按一周 5 个工作日，一个月 22～23 个工作日，一年 250 个工作日算，$k_{c,1}$、$k_{c,2}$ 近似相应为一个季度和半年。这两个关键点决定了汽油价格行为转换大致经历了以下 3 个阶段：

（1）阶段 1（$1 \leqslant k \leqslant k_{c,1}$）是投机者阶段。这个不对称阶段的关键特性是在短期获得正收益的可能比获得负收益大（在 $\phi_-(k) < \phi_+(k)$ 意义上）。我们认为，阶段 1 的价格动力学行为模式是由汽油市场投机者的行为所造成的。他们利用价格期望的不对称性买入今天和卖出 $k \in [1, k_{c,1}]$ 个工作日后的期货合同，即投机者将汽油视为一种商品，可以独立于季节、政治事件等进行买卖。此外，汽油贸易与另一些（高频）商品和股票市场紧密联系，如石化、电（热力发电）等。这样，汽油市场日价格波动有一个反馈作用，投机者在一个投资组合框架内交易汽油，导致高噪声且有偏的价格动力学行为。

（2）阶段 2（$k_{c,1} < k \leqslant k_{c,2}$）是消费者阶段。阶段 2 与中等时间标度的价格动力学行为相联系，时间标度为 60～116 个工作日，这个阶段的市场行为有助于消费者，因为价格趋向于下降（在 $\phi_-(k) > \phi_+(k)$ 意义上），汽油市场的这种不对称行为活动似乎是由消费者所导致的。消费者发出交割时间在 $[k_{c,1}, k_{c,2}]$ 的期货交易合同，在这个时间标度内价格下跌的可能性大。

（3）阶段 3（$k > k_{c,2}$）是生产者阶段。阶段 3 与时间标度超过半年的长程价格动力行为相联，由于生产者从生产到销售需要一个过程，因此生产者行为应该产生比金融投机者行为更低频上的价格模式。这个阶段的市场行为有利于生产者，因为价格趋于上涨（在 $\phi_-(k) < \phi_+(k)$ 意义上）。这样，生产者发出交割时间超过 $k_{c,2}$ 的远期合同，价格上涨的可能性较大。

总的来说，汽油市场价格波动短期行为主要由投机者的行为支配，而中期和长期价格行为分别由消费者和生产者行为控制。

根据上面的讨论，我们能够勾画出如下总的汽油价格形成机制：政治和社会事件产生中等时间标度的价格动力学，它受消费者消费行为的强烈影响。生产者生产活动受几个主体（例如，消费者和投机者）的行为和季节性的商业周期的影响，它产生长时间标度价格行为。与这种行为共存的是一个由投机者产生的（高频）动力学行为，投机者利用汽油市场的不对称结构，通过买入今天和卖出期限不长于 60 个工作日的期货赚钱。

5.3.2　能源价格波动对能源市场均衡的影响

1. 影响能源价格形成的主要因素

能源价格波动表现出复杂性特征，其主要原因在于能源产品的价格并不是简单地由能源供需决定的。由于能源产品的特殊性，能源价格的影响因素很多，除供需基本面因素外，经济的、政治的、军事的、自然的、现实的与预期的，各种各样的因素错综复杂地交织在一起，综合地影响能源价格的形成。例如，大量实证研究发现，国际投资基金已对国际能源价格的形成产生实质性的影响。其中，Jose et al. (2002)用分形理论发现世界三大基准原油现货月价格表现为非高斯白噪声过程，他认为主要由市场投机者的投机行为造成，以及价格波动的一些非对称特点似乎也与投机行为有某种程度的契合。2006 年年初，前高盛石油生产策略分析师麦克·罗斯曼估计，当时每桶 60 美元油价中，大约有 1/3 是由投机造成的,即每桶原油有 18～20 美元的溢价由投机因素造成。国际油价是按美元定价的,因此美元贬值,导致石油出口国石油收益大大缩水。一些 OPEC 国家认为,美元贬值已经导致以美元计价的石油的实际价格下降。

地缘政治。恐怖活动频繁发生及对能源生产设施的可能破坏引起全球市场对能否保证正常的能源供给的担忧,从而有可能在国际市场能源价格中形成所谓的"恐怖溢价",并通过投机活动而进一步放大。有分析认为,目前世界市场每桶石油价格中大约 10 美元是对恐怖袭击的担忧等因素造成的"风险溢价"。能源生产国的政治局势是影响国际能源市场价格的另一个重要因素。

天气因素。化石能源的生产大多属于野外作业,恶劣的气候条件不仅会影响开采,最严重的是像飓风这类自然灾害对能源生产设备的损毁,导致产量在短期内遭受重大损失。能源的需求则呈现明显的季节性。夏季是用电的高峰时期,在西方国家,夏季是驾车出游的高峰时期,也是汽油需求量最旺盛的时期,冬天是取暖用油的高峰时期,因此,需求量受到气温的显著影响。我国春季农忙是柴油需求量高峰时期。

除上述因素外,经济周期、运力、市场竞争的规范程度等因素也都会显著影响能源价格。

2. 能源价格对市场的调节作用

从长期来看,决定能源价格的主要因素仍然是能源的供需,能源价格特殊的地方表现在影响能源价格的因素较一般商品复杂得多,加之能源金融化发展趋势,导致能源价格波动甚至出现混沌等复杂动力学特征。但无论其变化多么复杂,能源价格作为市场最主要的调节机制,其价格变动仍然是实现能源资源优化配置最主要的市场调节者。

此外,能源价格的市场调节效应还表现为促进能源消费结构,产业结构转化,进而降低行业能源强度。例如,实证研究发现,能源价格上涨通过优化经济产业结构,进而降低了能源强度(胡宗义等,2008),即能源价格成为提高能源效率的一个驱动力,成为市场体制中调节能源强度的重要因素和手段。

但正如前文所述,由于决定能源价格形成的因素太复杂,很多时候,特别是在短期,受某些突发事件影响,形成的能源价格根本没有合理地反映市场供需状况,甚至完全脱离了供需基本面,这样的能源价格失去了调节市场的能力和作用。

如我国煤炭行业集中度低,进入门槛低,小煤窑泛滥,市场过度竞争,形成的价格偏低。偏低的价格(低于边际机会成本)进一步刺激过度开发利用,恶化环境,并造成资源的大量浪费。有数据显示,我国煤矿资源平均回收率仅为 30％ 左右,而美国,澳大利亚,德国等发达国家的资源回收率能高达 80％ 左右。价格偏高(高于边际机会成本)则抑制合理消费,影响经济发展和居民福利。能源资源的稀缺性决定了必须将能源视作一种生产要素,并力求使能源的价格真正、充分地反映市场供求和它们的稀缺程度,让资源开发和使用者承担能源资源耗竭的真实成本,以便充分发挥能源价格的市场调节作用(刘明慧,2009)。

5.4　能源价格与一般价格水平

能源价格一方面作为能源市场的调节机制,发挥能源资源配置作用;另一方面能源作为一种基本生产要素,能源价格的变动意味着企业原材料成本的变动,尤其是当能源价格大幅上涨时,追逐利润最大化的企业就会尽可能将产品成本上涨的压力通过产品价格或其他方式向其下游使用者转移，如果这种转移比较顺畅，最终将发生大面积产品价格上涨的现象，即一般价格水平的上涨。

5.4.1 能源价格波动的传导

根据价格学理论，市场经济条件下各种商品价格的有机联系构成统一的价格体系，表现出价格链条的系列衔接性。在价格链条上任何一个环节商品价格的变动，都会通过成本推动或需求拉动向其他环节传导，这是价格运行的一般规律。

能源是一种生产要素，处于价格链的最前端，因此，其对其他产品价格水平的影响，主要通过成本推动形式进行传导。

能源价格上涨首先会对耗能密集型原材料行业产生影响。如油价上涨会使钢铁企业的运输成本增加；钢铁企业的生产离不开电力，平均而言，我国钢铁企业吨钢耗电在450千瓦时/吨左右，因此，电价上涨将导致钢铁企业的生产成本增加。这些耗能密集型产品又被作为原材料广泛地投入到下游产品的生产中。例如，汽车业是钢材消费的主要行业之一，在汽车生产过程中，钢材消耗占原材料消耗的60%～70%。最后，交通工具成本的上涨将使运输成本面临上涨的压力，进而使购买运输服务的消费者面临涨价的压力。能源价格上涨通过产业链逐级传导，并最终到达消费领域，影响一般价格水平。

5.4.2 能源价格上涨对一般价格水平影响的测算

能源价格上涨最直接的影响是推高产品生产成本，产生成本推动型的通货膨胀。能源价格波动通过产业链以投入成本变化的方式影响与其直接相连的部门，这些部门又根据自己投入成本的变化以不同形式影响与其相关联的部门，各部门投入成本的变化必然影响这些部门最终产品的价格，进而影响总体价格水平。如原油价格上升，石油炼制部门原材料将大幅上涨；炼制部门投入成本的上涨，使其利润减少，对利润最大化的追求，迫使其尽可能将投入成本的上涨，以各种方式、通过各种渠道转嫁给其下游化工部门，或终端消费部门，下游化工部门依照上游炼制部门做法，也会将炼制部门转嫁给它的成本上涨压力，进一步向下游释放，最终传导到消费领域，引起物价水平的普遍上涨。

研究能源价格波动对通货膨胀影响用的方法主要是时间序列中的向量自回归(VAR)模型和向量误差修正模型(VECM)方法，如 Fabio 和 Claudio(2003)利用 VAR 分析了美国 1960—2000 年间油价、工业指数、名义货币变化量与总消费价格指数（通货膨胀率）之间的关系。Chang 和 Wong(2003)建立了一个误差修正模型研究油价波动与新加坡宏观经济变量 GDP、通货膨胀和失业率之间的关系。类似的还有 Quah 和 Vahey(1995)，Cunado 和 Fernando(2003)，他们的研究都显示油价波动会对通货膨胀率产生一定的影响。首先，与利用时间序列的方法相比，利用投入产出法研究能源价格与通货膨胀之间的关系不需要较长的历史数据，只要一张详细的投入产出表，数据比较容易获得；其次，利用时间序列方法需要各研究变量是协整的，这个条件不是任意变量组都能满足的；最后，利用本节的投入产出表法可以考虑不同情景下能源价格与通货膨胀率之间的关系，模拟不同情景下通货膨胀率的变化轨迹，这是用时间序列方法以及 CGE 模型不容易实现的。

表 5-4 是根据我国 1997 年投入产出表通过行业合并与分拆后得到的直接消耗系数

表 5-4　直接消耗系数矩阵

	石油开采	煤炭采选	天然气开采	石油加工	化工	农业	交通运输	建筑	其他工业	非物质生产部门	总消费
石油开采	0.004	0	0.005	0.503	0.011	4.00E-04	0.000 5	0	0.001 4	4.00E-05	0.000 9
煤炭采选	0.006	0.028	0.001	0.040	0.015	9.00E-04	0.003 8	0.000 6	0.016 3	0.003 7	0.010 7
天然气开采	2.00E-05①	2.00E-05	0.028	7.00E-04	0.003	0	2.00E-06	0	0.000 2	3.00E-05	0.000 2
石油加工	0.019	0.014	0.042	0.040	0.018	0.008	0.079 3	0.028 5	0.012 7	0.012 3	0.016 7
化工	0.028	0.034	0.057	0.021	0.365	0.074	0.015 4	0.020 9	0.055 6	0.037 2	0.072 8
农业	9.00E-07	0.011	2.00E-06	9.00E-06	0.046	0.161	0.001 6	0.004 1	0.084 7	0.020 9	0.067 1
交通运输	0.011	0.028	0.013	0.027	0.023	0.012	0.044 4	0.036 7	0.024 4	0.043 3	0.027 8
建筑	0.002	0.002	0.002	0.001	9.00E-04	0.002	0.019 4	0.000 6	0.001 0	0.020 2	0.005 1
其他工业	0.145	0.299	0.270	0.089	0.181	0.103	0.202 8	0.536 5	0.439 5	0.209 4	0.337 0
非物质生产部门	0.034	0.071	0.038	0.057	0.067	0.041	0.074 3	0.084 6	0.069 1	0.160 8	0.082 8
劳动者报酬	0.138	0.350	0.173	0.047	0.101	0.526	0.219 0	0.198 9	0.122 9	0.266 1	0.207 9
折旧与盈余	0.545	0.143	0.295	0.081	0.106	0.054	0.293 7	0.023 4	0.124 7	0.154 1	0.119 7
税收	0.069	0.021	0.076	0.093	0.062	0.018	0.045 8	0.065 1	0.047 5	0.072 0	0.051 3
总投入	1	1	1	1	1	1	1	1	1	1	1

注: ①表示一种科学计数法。

矩阵，下面使用迭代方法而不是 Leontief 的逆方法来计算当能源价格上涨时一般价格水平的变化情况。使用迭代方法有两个主要原因：一方面，在当我们允许对工资、利润等增加值因素进行调整时，可能会导致投入产出表不再是正定的，因此单位矩阵减投入产出表可能不可逆；另一方面，在考虑多次累积连锁反应时要反复计算逆矩阵，运算量比这种在投入产出表上直接迭代要烦琐得多（Berument and Tasc，2002）。本节中间部门的投入、工资和其他收入因素都是按名义价格计算的。表 5-4 的最后一列是每个部门总的最终消费，最后一行代表各部门的总产出。计算总产出中各部门所有投入所占的份额。

第一次迭代，考虑能源价格上涨，如原油价格上涨 20%。这意味着各产品中原油投入部分的成本上涨 20%，反映在表 5-4 上即石油开采部门对各产品部门投入这一行的所有数都乘以 1.2，可观察到各部门投入成本和总体价格水平的上涨幅度，各部门成本增长最大的是石油加工部门，达 10.6%。第二次迭代时假设每个部门都通过提高其投入价格来调整由于油价上涨所导致的投入成本上涨的压力。反映在表上即将第一次迭代后最后一行的数字分别乘以对应的各行数字。第二次迭代后总消费价格水平上涨 0.87%。第三次迭代时所有部门都受到了油价的影响。这可以在投入产出表（表 5-4）的最后一行看到，三次迭代后总消费价格水平上涨了 1.1%，如此反复共迭代 10 次。除上述考虑的各部门每次都将自己成本变化的部分全部转嫁出去这种情景外，依据中国投入产出表增加值部分的构成（劳动者报酬、生产税净额、营业盈余＋固定资产即利润）以及企业、社会和政府对原材料价格上涨可能的反应，还可考虑其他情形，例如，表 5-5 给出另外 4 种可能的情景。它们分别反映：油价上涨，代之以向外全部转嫁，各部门通过减少利润来吸收成本上涨的压力；成本上涨的压力部分转嫁出去，部分以利润吸收；各部门在将自己成本上涨的压力全部转嫁出去的同时，劳动工资也按前一次总消费价格水平上涨的幅度调整以及国家为稳定经济发展根据油价波动后各部门成本上涨的幅度适当降低各部门的税收。表 5-5 所述情景经 10 次迭代后各部门价格水平如表 5-6 所示。

表 5-5　情景设定描述

情景	特征描述
情景 1	以涨价的形式将成本上涨的压力全部向外转嫁
情景 2	以压缩利润空间的方式吸收成本上涨的压力
情景 3	同时运用涨价和压缩利润空间的方式消化成本上涨的压力
情景 4	成本上涨的压力全部以涨价的形式转嫁的同时，工资按上次总价格水平上涨幅度调整
情景 5	同时运用涨价、压缩利润空间和减少税收的方式吸收成本上涨的压力

表 5-6　各情景 10 次迭代后的投入成本

情景	石油开采	煤炭采选	天然气开采	石油加工	化工	农业	交通运输	建筑	其他工业	非物质生产部门	一般价格水平
情景 1	118.66	130.12	136.75	152.66	152.08	121.60	145.16	146.28	140.56	130.97	156.63
情景 2	99.92	99.98	99.94	109.21	100.16	100.00	99.77	99.99	100.00	99.98	100.02
情景 3	100.12	100.28	100.37	102.91	100.57	100.25	100.56	100.61	100.36	100.28	101.62
情景 4	147.51	144.90	159.65	182.86	170.10	129.53	169.73	160.34	156.96	146.61	172.25
情景 5	100.17	100.33	100.47	102.74	100.62	100.27	100.73	100.60	100.40	100.32	101.67

注：情景 2 只迭代一次。

根据上述结果知情景 2 的结果最好,一次迭代后基本上完全吸收了油价波动所产生的影响,达到了新的平衡,且对一般价格水平没有产生影响。情景 3 和情景 5 的结果也是可以接受的,经过 10 次迭代后的累积效应:一般价格水平上升了约 1.6 个百分点,各部门的投入成本上涨幅度都较小,只有石油加工部门的涨幅稍高,但也都没有超过 3 个百分点,其余部门的投入成本上涨幅度都没有超过 1 个百分点。情景 1 和情景 4 是我们应尽量避免的,这种毫无限制的原材料和劳动投入成本的转嫁会引起各部门投入成本的大幅上涨,引起奔腾式的价格水平上涨,将对中国经济生产和居民生活造成极为严重的危害。

上述模拟分析一个重要的假设前提是,价格传导机制是完全畅通的。实际情况可能不完全如此,如我国对成品油价格实行政府管理,这就将原油经成品油的传导机制人为掐断了,即使不实行政府管制,市场也不是完全畅通的,如有些产品,需求价格弹性大,一旦涨价,产品需求量将大幅度减少,这就大大限制了企业向外转移成本上涨压力的能力。所以实际中能源价格对一般价格水平的影响要比上述分析小得多。

5.5　能源价格与经济增长

高昂的能源价格,经常和经济恶化联系在一起。图 5-7 展示了国际原油价格走势与第二次世界大战后的 9 次经济萧条之间的关系,其中 8 次经济萧条前曾出现了油价上涨。20 世纪 60 年代的萧条是个例外,在 1970 年发生经济萧条之前油价一直处于较平稳的状态,只出现过较少的几次且涨幅不大的油价上涨。

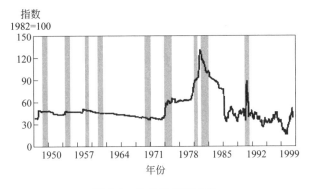

图 5-7　油价和经济萧条

资料来源:http://www.dallasfed.org/research/indepth/2000/id0005.pdf.

5.5.1　能源价格对经济生产的直接影响

虽然除能源价格变化外,还有很多因素影响国内生产总值(GDP)的变化,如过去几年的发展情况,世界经济趋势,制度与结构改革的成效和金融次序等,但估计油价上涨对我国的直接影响可以让我们清醒地认识我国今后几年将面临的宏观经济发展的困难。

除能源价格上涨对经济的直接影响外,其间接影响也是非常重要的,但是估计能源价格上涨对一国经济的间接影响非常困难,目前从世界范围来看,只有一般均衡模型能比较准确地刻画。我们在下一节将建立一个反映我国多部门一般均衡模型,用于模拟国际原油价格变化对我国经济的影响。这里我们利用一个简单的净进口模型（Davis et al., 2005），反映油价高企对一国经济的直接影响，模型如下：

$$\%\Delta GDP = \%\Delta PI \cdot (1 - E) \cdot (- NI/GDP) \tag{5-4}$$

其中，%ΔGDP 表示 GDP 变化的百分比；

$\%\Delta PI$ 表示原油进口价格变化程度；

NI 表示原油净进口量；

E 表示原油进口需求价格弹性（绝对值）。

下面我们利用该模型，估计 2003—2005 年间由于原油进口价格上涨对我国 GDP 产生的直接影响。其中，原油进口价格 PI 根据同期原油进口外汇支出和原油进口量折算而得，原油进口需求价格弹性采用文献（范英等，2008）中的估计值 0.66，估计结果见表 5-7。2003 年我国进口原油价格平均上涨了 19.08%，2005 年平均上涨 32.34%，虽然 2005 年较 2004 年进口原油增幅明显减小，但由于进口原油价格涨幅较大，导致 GDP 受损从 2004 年的 1.15% 增大到 1.80%。在我们的估计中没有考虑油价上涨对煤炭等其他能源价格的影响，没有考虑经济对油价变动的自动调整，因此正常情况下，估计值应该比实际值偏大。

表 5-7　2003—2005 年进口原油价格上涨对实际 GDP 直接影响

	%ΔPI	NI	GDP	%ΔGDP
2003	19.08	8 289	65 033	−0.68
2004	26.52	11 723	71 591	−1.15
2005	32.34	11 875	78 678	−1.80

5.5.2　能源价格对经济生产的综合影响

经济系统中各部门之间具有密切联系，构成一个复杂系统。如果将国际能源价格作为一国经济系统的一个外生变量，该外生变量的变化将对一国经济系统产生一个冲击，这个冲击首先影响与能源密切相关部门的生产，然后通过产业链影响能源产业的下游产品部门的生产，最后对经济系统的各项宏观经济指标产生影响。这种综合影响可以利用第 4 章介绍的可计算一般均衡（CGE）模型进行分析。CGE 模型不仅可以在总量水平上模拟能源价格不同程度的冲击对一国各项经济指标的影响，还可对产业层次进出口、增加值变化和相关部门生产技术进步对一国抵抗能源价格风险的作用进行模拟分析。

1. 能源价格冲击影响的 CGE 模型结构

国内利用 CGE 模型研究能源价格冲击对宏观经济影响的研究很多，比如国务院发展研究中心侯永志，宣晓伟（2003）建立了一个单一部门的 CGE 模型模拟分析油价波动对我国宏观经济的影响，魏涛远（2002）运用开发的 CNAGE 模型对国际原油价格不同程度的上涨进行了模拟。本节介绍的 CGE 模型源自文献（范英等，2008），稍加改动。该模型由价格模块、生产模块、收入与消费模块、贸易模块、投资模块和模型闭合 6 个子模块组成。

1）价格模块

价格模块是 CGE 模型关于各种价格的定义，其中包含了 Armington（1969）的"小国假设"。即假设我国经济对于世界经济而言只是很小的一部分,我国国内产品的市场价格不影响国际市场价格,在进出口贸易中只能是国际市场价格的接受者。反映 Armington "小国假设"的方程为

$$P_{m,i} = P_{wm,i} \cdot (1 + t_{m,i}) \cdot E \tag{5-5}$$

$$P_{x,i}(1 - e_i) = P_{wx,i} \cdot E \tag{5-6}$$

其中,$P_{m,i}$ 为第 i 种进口品的国内价格;

$\qquad P_{x,i}$ 为第 i 种出口品的国内价格;

$\qquad E$ 为汇率;

$\qquad P_{wm,i}$ 为第 i 种进口品的国际价格;

$\qquad P_{wx,i}$ 为第 i 种出口品的国际价格;

$\qquad t_{m,i}$ 为第 i 种产品进口关税税率;

$\qquad e_i$ 为第 i 种产品出口补贴率。

式(5-5)表示进口产品国内价格 $P_{m,i}$ 是由国际市场的进口价格 $P_{wm,i}$ 加进口税($P_{wm,i} \cdot t_{m,i}$),再通过汇率换算为国内价格。式(5-6)表示出口产品的国内价格 $P_{x,i}$ 由国际市场的出口价格 $P_{wx,i}$ 通过汇率换算后加上出口补贴($P_{x,i} \cdot e_i$)而成。

复合商品价格表示进口商品价格与国内所提供的商品价格的复合,假设二者满足常替代弹性函数(CES)关系,则复合商品价格 $P_{z,i}$ 由进口品国内价格 $P_{m,i}$ 与国产品且在国内销售的价格 $P_{d,i}$,分别以进口量和国产内销量占复合商品总供给的比例加权平均而得;国内产品产出价格表示用于出口的商品价格与用于国内消费的商品价格之间的复合,假设它们满足常转换弹性函数(CET)关系。这表明消费者在进口商品与国内生产的商品所组成的复合商品之间最小化其支出,而生产者则在国内与国外两个市场上最大化其利润。即

$$P_{z,i} = \frac{P_{m,i} \cdot M_i + P_{d,i} \cdot D_i}{Z_i} \tag{5-7}$$

$$P_{q,i} = \frac{P_{x,i} \cdot X_i + P_{d,i} \cdot D_i}{Q_i} \tag{5-8}$$

其中,$P_{z,i}$ 为第 i 种复合商品价格;

$\qquad Z_i$ 为第 i 种复合商品总供给;

$\qquad M_i$ 为第 i 种商品进口额;

$\qquad P_{d,i}$ 为由国内生产并在国内销售的第 i 种商品价格;

$\qquad D_i$ 为由国内生产并在国内销售的第 i 种商品的总需求;

$\qquad P_{q,i}$ 为第 i 种商品的国内产出价格;

$\qquad Q_i$ 为第 i 种商品总产出;

$\qquad X_i$ 为第 i 种商品出口额。

各部门产品增加值价格是指其产品的产出价格扣除间接税后,再扣除其他部门中间投入的复合商品价格,即

$$P_{va,i} = P_{q,i} \cdot (1 - i_{tax,i}) - \sum_j (a_{ji} \cdot P_{z,j}) \tag{5-9}$$

其中,$P_{va,i}$ 为第 i 部门产品增加值价格;

$i_{\text{tax},i}$ 为第 i 部门的间接税费率；

a_{ji} 为投入产出系数（第 i 部门生产单位产品所需第 j 种商品的数量）。

2）生产模块

在模型中我们考虑两层嵌套的生产函数关系，模型结构如图 5-8 所示。

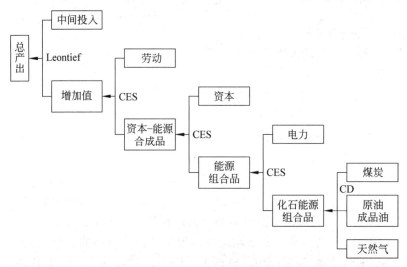

图 5-8　模型的生产结构

化石能源合成品由煤炭、原油、成品油、天然气 4 种化石能源按 Cobb-Douglas 函数
(Cobb and Douglas,1929)形式组合得到,如式(5-10)和式(5-11)所示。

$$\text{Fossil}_i = A_{\text{Fossil},i} \cdot \prod_{\text{fe}} \text{FoF}_{\text{fe},i}^{\beta_{\text{FoF},\text{fe},i}} \tag{5-10}$$

$$\text{FoF}_{\text{fe},i} = \beta_{\text{FoF},\text{fe},i} \cdot \frac{P\_\text{Fossil}_i}{PQ_{\text{fe}}} \cdot \text{Fossil}_i \tag{5-11}$$

其中,$\text{FoF}_{\text{fe},i}$ 为第 i 部门对第 fe 种化石能源的需求量；

PQ_{fe} 为第 fe 种化石能源的国内销售价格；

$A_{\text{Fossil},i}$ 为第 i 部门化石能源合成品下的转移参数；

$\beta_{\text{FoF},\text{fe},i}$ 为第 i 部门化石能源合成品下第 fe 种化石能源的份额参数。

这里的一个特例是石油加工业的生产函数。参照 MIT-EPPA 模型（Paltsev et al.，
2005）的假设,由于原油是石油加工业的重要原材料,因此在该部门的生产函数中,将原油
从化石能源合成品中提出来,放在生产函数的第 1 层,作为一种原材料与其他中间投入品
及资本-能源-劳动合成品进行组合。

在能源合成品中,由于电力的生产通常要消耗化石能源,电力与化石能源之间的替代
弹性应小于化石能源内部的替代弹性（武亚军、宣晓伟,2002）。因此,能源合成品由电力
投入和化石能源合成品投入组合得到,见式(5-12)～式(5-14)。

$$\text{Energy}_i = A_{\text{Energy},i} \cdot \left(\alpha_{\text{Fossil},i} \cdot \text{Fossil}_i^{\rho_{\text{Energy},i}} + (1 - \alpha_{\text{Fossil},i}) \cdot \text{Electric}_i^{\rho_{\text{Energy},i}} \right)^{\frac{1}{\rho_{\text{Energy},i}}} \tag{5-12}$$

$$\text{Fossil}_i = \left(\frac{1}{A_{\text{Energy},i}} \right)^{1-\sigma_{\text{Energy},i}} \cdot \alpha_{\text{Fossil}}^{i\,\sigma_{\text{Energy},i}} \cdot \left(\frac{P\_\text{energy}_i}{P\_\text{fossil}_i} \right)^{\sigma_{\text{energy},i}} \cdot \text{Energy}_i \tag{5-13}$$

$$\text{Electric}_i = \left(\frac{1}{A_{\text{Energy},i}}\right)^{1-\sigma_{\text{Energy},i}} \cdot (1-\alpha_{\text{Fossil},i})^{\sigma_{\text{Energy},i}} \cdot \left(\frac{P\_\text{Energy}_i}{PQ_{\text{Electric}}}\right)^{\sigma_{\text{Energy},i}} \cdot \text{Energy}_i$$

$$(5\text{-}14)$$

其中,Fossil_i 为第 i 部门对化石能源合成品的需求量;

$\quad\quad$ Electric_i 为第 i 部门对电力的需求量;

$\quad\quad$ P_fossil_i 为第 i 部门所用的化石能源合成品的价格;

$\quad\quad$ PQ_{Electric} 为电力的国内销售价格;

$\quad\quad$ $A_{\text{Energy},i}$ 为第 i 部门能源合成品下的转移参数;

$\quad\quad$ $\alpha_{\text{Fossil},i}$ 为第 i 部门能源合成品下化石能源合成品的份额参数;

$\quad\quad$ $\rho_{\text{Energy},i}$ 为第 i 部门化石能源合成品与电力之间的替代参数;

$\quad\quad$ $\sigma_{\text{Energy},i}$ 为第 i 部门化石能源合成品与电力间的替代弹性系数。

$\quad\quad$资本-能源合成品由资本投入和能源合成品投入组合得到,见式(5-15)~式(5-17)。

$$KE_i = A_{KE,i} \cdot (\alpha_{K,i} \cdot K_i^{\rho_{KE,i}} + (1-\alpha_{K,i}) \cdot \text{Energy}_i^{\rho_{KE,i}})^{\frac{1}{\rho_{KE,i}}} \quad\quad (5\text{-}15)$$

$$K_i = \left(\frac{1}{A_{KE,i}}\right)^{1-\sigma_{KE,i}} \cdot \alpha_{K,i}^{\sigma_{KE,i}} \cdot \left(\frac{P\_KE_i}{R_i}\right)^{\sigma_{KE,i}} \cdot KE_i \quad\quad (5\text{-}16)$$

$$\text{Energy}_i = \left(\frac{1}{A_{KE,i}}\right)^{1-\sigma_{KE,i}} \cdot (1-\alpha_{K,i})^{\sigma_{KE,i}} \cdot \left(\frac{P\_KE_i}{P\_\text{Energy}_i}\right)^{\sigma_{KE,i}} \cdot KE_i \quad (5\text{-}17)$$

其中,K_i 为第 i 部门对资本的需求量;

$\quad\quad$ Energy_i 为第 i 部门对能源合成品的需求量;

$\quad\quad$ R_i 为第 i 部门的资本回报率;

$\quad\quad$ P_Energy_i 为第 i 部门所用的能源总合成品的价格;

$\quad\quad$ $A_{KE,i}$ 为第 i 部门资本-能源合成品下的转移参数;

$\quad\quad$ $\alpha_{K,i}$ 为第 i 部门资本-能源合成品下资本的份额参数;

$\quad\quad$ $\rho_{KE,i}$ 为第 i 部门资本与能源合成品之间的替代参数;

$\quad\quad$ $\sigma_{KE,i}$ 为第 i 部门资本与能源合成品之间的替代弹性系数。

$\quad\quad$各部门利用资本-能源合成品 KE_i 与劳动要素 L_i 按照常替代弹性函数(CES)关系进行生产,产品为各部门的增加值 V_i,即

$$V_i = A_i\left[g_i KE_i^{(\sigma_i-1)/\sigma_i} + h_i L_i^{(\sigma_i-1)/\sigma_i}\right]^{\sigma_i/(\sigma_i-1)} \quad\quad (5\text{-}18)$$

其中,V_i 为第 i 种产品的增加值产出;

$\quad\quad$ KE_i 为第 i 部门资本-能源合成品需求(投入)量;

$\quad\quad$ L_i 为第 i 部门劳动要素需求(投入)量;

$\quad\quad$ A_i 为第 i 部门生产技术参数;

$\quad\quad$ g_i 为第 i 部门资本-能源合成品需求的份额参数;

$\quad\quad$ h_i 为第 i 部门劳动需求的份额参数;

$\quad\quad$ σ_i 为第 i 种产品劳动与资本-能源合成品之间的替代弹性参数。

$$KE_i = A_i^{\sigma_i-1} g_i^{\sigma_i} \cdot \left(\frac{P_{\text{va},i}}{P_{KE,i}}\right)^{\sigma_i} \cdot V_i \quad\quad (5\text{-}19)$$

$$L_i = A_i^{\sigma_i-1} h_i^{\sigma_i} \cdot \left(\frac{P_{\text{va},i}}{W_i}\right)^{\sigma_i} \cdot V_i \quad\quad (5\text{-}20)$$

其中，$P_{KE,i}$ 为第 i 部门资本-能源合成品价格；

W_i 为第 i 部门工资率。

各部门资本-能源合成品价格与工资率是在社会平均资本-能源合成品回报率和社会平均相对工资率的基础上通过各部门资本回报率与工资扭曲系数调整所得，即

$$P_{KE,i} = k_{\text{dist},i} \cdot R \tag{5-21}$$

$$W_i = l_{\text{dist},i} \cdot W \tag{5-22}$$

其中，R 为社会平均资本-能源合成品价格回报率；

W 为社会平均相对工资率；

$k_{\text{dist},i}$ 为第 i 部门资本-能源合成品价格回报率扭曲系数；

$l_{\text{dist},i}$ 为第 i 部门工资扭曲系数。

各部门利用自己的增加值和其他部门对它的中间投入按照 Leontief 函数生产出自己的总产出，即

$$Q_i = \sum_j (a_{ji} \cdot Q_i) + V_i \tag{5-23}$$

$$V_{d,i} = \sum_j (a_{ji} \cdot Q_i) \tag{5-24}$$

其中，$V_{d,i}$ 为生产部门对第 i 种商品的中间需求量。

3）收入与消费模块

表示居民（农村与城镇）、政府、企业的收入及他们对商品和劳务的需求。居民收入来自劳动的要素收入、资本收入、政府、企业和世界其他地区的转移支付，即

$$Y_h = l_h \sum_i W_i \cdot L_i + k_h \cdot k_H \sum_i P_{k,i} \cdot K_i + e_h \cdot T_{E,H} + g_h \cdot T_{G,H} + w_h \cdot T_{W,H} \tag{5-25}$$

其中，Y_h 为第 h 类居民总收入；

$T_{E,H}$ 为企业对居民的转移支付；

$T_{G,H}$ 为政府对居民的转移支付；

$T_{W,H}$ 为世界其他地区对居民的转移支付；

l_h 为第 h 类居民在劳动报酬上的分配参数；

k_h 为第 h 类居民在资本报酬上的分配参数；

k_H 为资本收入对居民的分配系数；

e_h 为第 h 类居民在企业对居民的转移支付上的分配参数；

g_h 为第 h 类居民在政府对居民的转移支付上的分配参数；

w_h 为第 h 类居民在世界其他地区对居民的转移支付上的分配参数。

$$T_{E,H} = e_H \cdot k_E \cdot \sum_i P_{k,i} \cdot K_i \tag{5-26}$$

$$T_{G,H} = g_H \cdot G \tag{5-27}$$

$$T_{W,H} = \delta_h \left(\sum_i P_{wx,i} \cdot X_i - \sum_i P_{wm,i} \cdot M_i \right) \tag{5-28}$$

其中，G 为政府总收入；

k_E 为资本收入对企业的分配系数；

e_H 为企业对居民的转移支付参数；

g_H 为政府对居民的转移支付；

δ_h 为世界其他地区对居民的转移支付参数。

居民总收入扣除个人所得税后为居民可支配收入，即

$$Y_{d,h} = Y_h - H_{tax,h} \tag{5-29}$$

$$H_{tax,h} = h_{tax,h} \cdot Y_h \tag{5-30}$$

其中，$Y_{d,h}$ 为第 h 类居民可支配收入；

$H_{tax,h}$ 为第 h 类居民向政府缴纳的税费；

$h_{tax,h}$ 为第 h 类居民向政府缴纳的税费率。

居民储蓄为居民可支配收入乘以边际储蓄倾向，即

$$H_{sav} = \sum_h S_h \cdot Y_{d,h} \tag{5-31}$$

其中，H_{sav} 为居民总储蓄；

S_h 为第 h 类居民储蓄率。

居民对各种商品的消费函数用扩展线性支出系统（Extended Linear Expenditure System，ELES）来刻画，即

$$C_{ih} = \frac{c_{ih} \cdot (1 - S_h) \cdot Y_{d,h}}{P_{z,i}} \tag{5-32}$$

$$C_{d,i} = \sum_h C_{ih} \tag{5-33}$$

其中，C_{ih} 为第 h 类居民对第 i 种商品的消费；

c_{ih} 为第 h 类居民对第 i 种商品的消费份额参数；

$C_{d,i}$ 为两类居民对第 i 种商品的总消费需求。

企业的资本收入加上政府对企业的转移支付扣除企业向政府缴纳的税费和企业对居民的转移支付，剩余部分构成企业的储蓄，即

$$E_{sav} = k_E \cdot \sum_i P_{k,i} \cdot K_i + G_E - E_{tax} - T_{E,H} \tag{5-34}$$

其中，E_{sav} 为企业储蓄；

G_E 为政府对企业的转移支付；

E_{tax} 为企业向政府缴纳的税费（直接税）。

$$G_E = g_E \cdot G \tag{5-35}$$

$$E_{tax} = e_{tax} \cdot k_E \cdot \sum_i P_{k,i} \cdot K_i \tag{5-36}$$

其中，g_E 为政府对企业的转移支付率；

e_{tax} 为企业向政府缴纳的税费率。

政府收入来自企业的直接税与间接税、居民收入所得税、关税和世界其他地区对政府的转移支付。即

$$G = A_G + I_{tax} + \sum_k H_{tax,k} + E_{tax} + W_G \tag{5-37}$$

其中，A_G 为政府的关税收入；

I_{tax} 为政府的生产间接税费收入；

W_G 为世界其他地区对政府的转移支付。

$$A_G = \sum_i (t_{m,i} \cdot P_{wm,i} \cdot M_i \cdot E) \tag{5-38}$$

$$I_{tax} = \sum_i (i_{tax,i} \cdot P_{q,i} \cdot Q_i) \tag{5-39}$$

$$W_G = \delta_g \left(\sum_i P_{wx,i} \cdot X_i - \sum_i P_{wm,i} \cdot M_i \right) \tag{5-40}$$

其中，δ_g 为世界其他地区对政府的转移支付参数。

政府收入扣除政府对企业、居民的转移支付、对出口的补贴和政府对商品的消费支出后剩余部分为政府储蓄，即

$$G_{sav} = G - G_E - T_{G,H} - E_{sub} - G_{total} \tag{5-41}$$

其中，G_{sav} 为政府总储蓄；

E_{sub} 为政府对出口的补贴；

G_{total} 为政府对各种商品的消费支出总和。

$$E_{sub} = \sum_i e_i \cdot P_{x,i} \cdot X_i \tag{5-42}$$

$$G_{total} = G_c \cdot G \tag{5-43}$$

$$P_{z,i} \cdot G_i = G_{c,i} \cdot G_{total} \tag{5-44}$$

其中，G_i 为政府对第 i 种商品的消费支出；

G_c 为政府消费支出占政府总收入的份额参数；

$G_{c,i}$ 为政府对第 i 种商品消费的份额参数。

居民储蓄、政府储蓄、企业储蓄和国外净储蓄 4 部分构成社会总储蓄，即

$$T_{sav} = H_{sav} + G_{sav} + E_{sav} + F_{sav} \tag{5-45}$$

价格指数用 GDP 的平减指数定义，即由名义 GDP 除以实际 GDP 获得，即

$$GDP = \sum_i (P_{k,i} \cdot K_i + W_i \cdot L_i) + A_G + I_{tax} - E_{sub} \tag{5-46}$$

$$G_{rGDP} = \sum_i (C_{d,i} + G_i + X_{v,i}) + \sum_i (1 - e_i) \cdot X_i - \sum_i (1 - t_{m,i}) \cdot M_i \tag{5-47}$$

$$P_{index} = \frac{GDP}{G_{rGDP}} \tag{5-48}$$

其中，GDP 为名义国内总产值；

G_{rGDP} 为实际国内总产值；

P_{index} 为 GDP 平减指数。

4）贸易模块

根据 Armington 假设国内消费者将选择一组进口品与国产品按照常替代弹性（CES）函数所组成的复合商品，生产者选择一组出口品与国产品按照常转换弹性（CET）函数所组成的复合商品。进口需求函数通过对 CES 形式的成本函数最小化推导而来，出口供给函数通过对 CET 形式的收入最大化推导而来。式（5-49）和式（5-50）反映了上面描述的

进口贸易关系。

$$Z_i = \phi_i \cdot [\mu_i \cdot M_i^{\zeta_i} + (1 - \mu_i) \cdot D_i^{\zeta_i}]^{\frac{1}{\zeta_i}} \tag{5-49}$$

$$M_i = \left(\frac{\mu_i}{1 - \mu_i}\right)^{\phi_i} \cdot \left(\frac{P_{d,i}}{P_{m,i}}\right)^{\phi_i} \cdot D_i \tag{5-50}$$

其中,ϕ_i 为进口需求函数中的复合商品转移参数;

μ_i 为进口需求函数中复合商品的进口份额参数;

$\zeta_i = \dfrac{\phi_i - 1}{\phi_i}$ 为进口与国内生产之间的价格替代弹性参数。

式(5-51)和式(5-52)反映了出口贸易关系为

$$Q_i = \phi_i \cdot [\nu_i \cdot X_i^{\varphi_i} + (1 - \nu_i) \cdot D_i^{\varphi_i}]^{\frac{1}{\varphi_i}} \tag{5-51}$$

$$X_i = \left(\frac{1 - \nu_i}{\nu_i}\right)^{\eta_i} \cdot \left(\frac{P_{x,i}}{P_{d,i}}\right)^{\eta_i} \cdot D_i \tag{5-52}$$

其中,ϕ_i 为出口供给函数中复合商品的转移参数;

ν_i 为出口供给函数中复合商品的出口份额参数;

$\varphi_i = \dfrac{\eta_i - 1}{\eta_i}$ 为出口与国内消费之间的价格替代弹性参数。

5) 投资模块

总投资等于总储蓄,各部门投资假设为总投资的一个固定比例,即

$$X_{v,i} = \lambda_i \cdot \frac{H_{sav} + G_{sav} + E_{sav} + E \cdot F_{sav}}{P_{z,i}} \tag{5-53}$$

其中,$X_{v,i}$ 为第 i 部门的总投资;

F_{sav} 为国外总储蓄;

λ_i 为各部门投资需求份额参数。

6) 模型闭合模块

模型闭合模块包含 4 个市场均衡:商品市场、要素市场、资本市场和外汇市场。

商品市场均衡指各部门的复合商品总供给等于各部门的国内总需求。各部门国内总供给来自国内厂家的生产和进口的复合。国内总需求分为 4 块:作为各部门对该部门产品的中间投入需求、政府和居民的最终消费及投资。即

$$Z_i = V_i + C_{d,i} + G_i + X_{v,i} \tag{5-54}$$

要素市场均衡意味着各部门对劳动和资本两种要素的总需求等于这两种要素的总供给。本模型假设要素市场在外来冲击下可以通过要素的相对价格进行充分的调整。比如劳动力市场,劳动总供给外生给定,各部门相对工资内生决定,劳动供给在部门间的配置由相对工资率决定。即

$$\sum L_i = L_s \tag{5-55}$$

$$\sum K_i = K_s \tag{5-56}$$

其中,L_s 为劳动的总供给量;

K_s 为资本的总供给量。

资本市场均衡指总储蓄等于总投资,即

$$I = T_{\text{sav}} \tag{5-57}$$

其中,I 为总投资。

外汇市场均衡意味着外汇总收支平衡。外汇支出由各部门进口支出和资本收入对世界其他地区的转移两部分构成,外汇收入由各部门出口收入、世界其他地区对居民、政府的转移支付和国外净储蓄三部分构成。即

$$\sum_i P_{\text{wm},i} \cdot M_i + k_{\text{W}} \cdot \sum_i P_{\text{k},i} \cdot K_i = \sum_i P_{\text{wx},i} \cdot X_i + T_{\text{W,H}} + W_G + F_{\text{sav}} \tag{5-58}$$

在瓦尔拉斯的一般均衡中,如果存在 n 种市场,当 $n-1$ 种市场达到均衡时,最后的第 n 种市场也会达到平衡。故在表达 n 种市场一般均衡的方程组中,只有 $n-1$ 个方程是独立的,只能求解出 $n-1$ 个独立的内生变量(即求解出的是 n 种商品的相对价格)。所以在 CGE 模型的方程组中,需要去掉一个方程(通常是去掉总投资等于总储蓄的方程)。

根据上述对模型的描述,可画出如下各部门的商品流向,如图 5-9 所示。

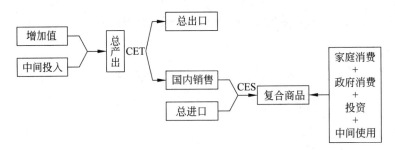

图 5-9　CGE 模型的商品流向

7）福利模块

为考虑国际原油价格上涨对两类居民福利的影响,可以采用希克斯等价变动（Hicksian equivalent variation）来测算油价变化前后居民福利的变化。希克斯等价变动是以实施某项政策前的各种商品价格为基础,以支出函数测算该项政策实施前后的效用变化(Varian,1992)。在本模型中就是以国际原油价格变化前各部门商品价格为基础,以支出函数测算油价变化前后居民福利的变化情况。即

$$E_{\text{v},h} = E(U^s(h), P_z^b) - E(U^b(h), P_z^b) = \sum_i P_{z,i}^b \cdot C_{ih}^s - \sum_i P_{z,i}^b \cdot C_{ih}^b \tag{5-59}$$

其中,$E_{\text{v},h}$ 为第 h 类居民的福利变动;

C_{ih}^b 为油价变动前第 h 类居民对第 i 种商品的消费;

C_{ih}^s 为油价变动后第 h 类居民对第 i 种商品的消费。

2. 模型数据与参数确定

1）SAM 表

CGE 模型的数据基础是社会核算矩阵（Social Accounting Matrix，SAM）。运用 SAM 表中资金流概念,可以清楚地呈现模型中各变量数值的来源与去向,以便于了解在

一般均衡理论下,所有市场同时达到均衡的互动连带关系,并借此分析经济体系中所有的交易行为,以及各部门之间的关联程度。

社会核算矩阵是以矩阵形式反映的国民核算体系(System of National Accounts, SNA),是一定时期内(通常为一年)对一国(或一个地区)经济的全面描述。它是投入产出表和国民收入账户的一个综合(Robison et al.,1999)。投入产出表描述了国民经济各部门生产的投入来源和使用去向,揭示了各部门间经济技术的相互依存、相互制约的数量关系,侧重于对生产活动的刻画。国民收入账户描述各部门(政府、居民、企业、世界其他地区)的收入来源和支出,侧重于对经济中收入分配的刻画。SAM表把两者结合起来整合到一张表上,全面反映整个经济系统内部生产和收入分配之间的关系。

SAM的基本结构包括以下6个部分:活动账户、商品账户、要素账户、机构账户、资本账户和国外账户。其中要素账户包括原始要素投入,如本模型有两种基本投入要素:劳动与资本;机构账户一般包括居民、企业和政府3个部分。

(1)活动账户用于描述经济体系中各部门的生产活动,以及各部门生产活动之间的相互联系。如表5-8所示,横行表示各部门总产出以及总产出的流向,其流向可分解为两个部分:一部分用于出口;另一部分用于国内销售。纵行反映各部门为进行生产活动所需要的投入构成,包括中间投入、劳动报酬、营业盈余、生产的间接税费和资本折旧。

活动账户中的每种商品都满足"总产出"="总投入"。

表 5-8　2002 年中国宏观 SAM 表 亿元

总控制表	活动	商品	劳动	资本	居民	企业	政府	投资	国外	汇总
活动		281 884					1 150		30 943	313 976
商品	191 572				52 571		19 120	45 565		308 828
劳动	58 950									58 950
资本	45 446									45 446
居民			58 950	3 388		12 552	1 147		1 058	77 095
企业				40 845			389			41 235
政府	18 008	704			4 957	5 747			−6	29 410
投资					19 567	22 936	7 604		−4 542	45 565
国外		26 240		1 213						27 453
汇总	313 976	308 828	58 950	45 446	77 095	41 235	29 410	45 565	27 453	

资料来源:梁巧梅(2007)。

(2)商品账户描述国内市场商品的供需状况。如表5-8所示,横行表示组成国内市场商品总需求的各个部分:中间投入需求和最终消费需求,最终消费需求由居民消费、政府消费和投资品形成；纵行表示国内市场商品总供给的构成，一部分为国内自己生产且用于国内消费的商品，另一部分为进口商品。

商品账户中的每种商品都满足"总需求"＝"总供给"。

（3）要素账户描述生产要素的收支状况。要素部分横行表示要素的各项收入，纵行表示要素的各项支出。也可将横行理解为要素的需求，纵行理解为要素的供给。

要素账户中的每种要素都满足"总需求"＝"总供给"。

（4）机构账户描述居民、企业和政府的收支状况。机构账户横行表示机构各项收入，纵行为各项支出。比如居民账户收入主要来源为劳动收入、资本收入以及各项转移支付，支出主要是对商品的消费支出和应交的各项税费，收入与支出之差为居民储蓄。

机构账户中的每个机构都满足"总收入"＝"总支出"。

（5）资本账户描述社会总投资的形成与去向。横行表示总投资的形成，主要由居民、企业、政府及国外储蓄构成，纵行表示总投资去向，主要是对国内商品的需求。

资本账户满足"社会总投资"＝"社会总储蓄"。

（6）国外账户描述外汇市场的均衡状况。横行表示世界其他地区各项收入的来源，纵行表示其各项支出，收入与支出之间的差值为世界其他地区在我国的储蓄。

梁巧梅(2007)给出了一个可以作为上述模型数据基础的 SAM 表(宏观表，详见表 5-8)，在这个总控制表的基础上进一步详细区分不同的生产部门和居民类型，就可以得到分解的 SAM 表。分解的 SAM 表包括了除外生参数外的所有数据。其中，SAM 表中的中间需求、居民消费、投资及劳动与资本(要素)收益等数据可以直接从投入产出表中获取。其余数据均可通过一些正规出版的渠道，如历年《中国统计年鉴》、《中国金融年鉴》等，通过简单计算获取。

2）参数估计

模型的参数分两类：一类参数的值可以利用社会核算矩阵，通过校准的方法求得；另一类参数的值需要外生给定。

（1）参数的校准。所谓模型参数的校准是指利用已经构造好的社会核算矩阵中的数值，代入模型方程，求得方程中未知参数的数值，使 CGE 模型确实反映 SAM 表所代表的基准年的实际经济运行状况。上述所建立的 CGE 模型参数中，投入产出系数、劳动和资本要素的份额、各种税率、各种消费比例、投资比例等参数可通过校准的方式求得。如生产模块中的劳动与资本-能源合成品份额参数、生产规模参数，可利用式(5-18)～式(5-20)通过运算求得：

$$h_i = 1/[1 + (KE_{i0}/L_{i0})^{\frac{1}{\sigma_i}}], \quad g_i = 1/[1 + (L_{i0}/KE_{i0})^{\frac{1}{\sigma_i}}] \tag{5-60}$$

$$A_i = VA_{i0} \Big/ \left(g_i KE_{i0}^{\frac{(\sigma_i-1)}{\sigma_i}} + h_i L_{i0}^{\frac{(\sigma_i-1)}{\sigma_i}} \right)^{\frac{\sigma_i}{(\sigma_i-1)}} \tag{5-61}$$

其中，KE_{i0} 为基年(1997 年)第 i 部门资本-能源合成品投入量；

L_{i0} 为基年(1997 年)第 i 部门劳动投入量；

V_{i0} 为基年(1997 年)第 i 种商品的增加值；

σ_i 为第 i 部门劳动与资本-能源合成品的替代弹性(外生给定)。

由于在一般均衡条件下,求解而得的商品和要素的价格只是相对价格,所以在基年可以调整商品和要素的单位,将所有商品和要素的价格都假定为 1,这样就可以利用 SAM 表中基年相应的数据求解上述 3 个参数了。完全类似地,利用 SAM 表中的数据可以求得贸易模块的有关参数 ψ_i、μ_i、Φ_i、υ_i 等。

其余参数可以利用基年数据和相应的方程直接求出,如 k_E = 基年企业的资本收入/社会总的资本收入,e_H = 基年企业对居民的转移支付/基年企业的资本收入。

(2)外生参数。在外生给定的参数中最重要的是各种弹性参数。虽然有不少模型给出了弹性估计的各种方法,但这些模型并没有给出一个统一的甚至是大致相似的范围。且由于数据的缺乏,大多数 CGE 模型中弹性的取值是主观估计的,即在参考以前各种模型所作估计的基础上,结合当前模型的结构特点和实际经验加以调整。这也是 CGE 模型在实际应用中受诟病的一个主要原因。

3. 模型求解

CGE 模型中因为含有大量非线性联立方程式,使得模型的求解过程变得比较复杂,有一定难度。国际上主要利用 GAMS 软件,其中的一些解法器(solver)适用于解 CGE 模型,如 MINOS,是对 CGE 模型进行非线性规划法的求解运算。利用校准后的参数值和给定的外生参数值,对模型求解,求得的均衡解与基年实际数据相吻合,则表明模型中方程式的设定确实可以反映当年经济的实际运行状况。此时,便可以利用建立的 CGE 模型进行各种相关的外生冲击和政策效应的模拟分析,以观察外生冲击和政策变动对整个经济体系以及各产业部门所产生的影响。

在对基准情景下的模型求解后,给模型一个外生冲击,如国际原油价格发生不同程度的上涨,比较该冲击下我国各项经济指标与基准情景下的相关指标值,判断国际油价冲击产生的影响大小,还可以利用模型对产业层次进出口、增加值变化和相关部门生产技术进步对我国抵抗油价风险的作用进行模拟分析,具体模拟分析可参阅文献(范英,焦建玲,2008)。

5.5.3 能源价格对相关部门生产影响

能源波动除影响本行业的利润走向外,还对其他相关行业产生重要影响,其影响大小受各工业行业的主要原材料在产业链上距能源的远近、相互间的关联性等因素制约,影响程度上存在差异。相比较其他几种能源品种而言,石油价格波动相对剧烈频繁,所以下面主要分析石油价格波动对相关部门的影响。受油价影响的行业,主要集中在石油、炼化类中,其中大致可分为上游原油开采企业、中游炼油企业和石化企业,在石油的下游产业中,农业、交通运输和汽车行业也会受到一定程度的波及。

1. 石油开采行业

石油开采行业是国际油价上涨最直接的受益者,因为 1998 年后我国原油价格与国际原油价格接轨,国际国内价格实现了联动。因此当国际油价上涨时,石油开采类企业在生产经营过程中处于较为主动的地位,行业盈利能力及资金收益达到历史最好水平。2005 年

1 月至 6 月,中国石油开采业共实现利润 1 327.4 亿元,同比增长高达 73.7％,占全部工业利润总额的 21.2％,新增利润 563.2 亿元,占全部工业新增利润的 56.1％。2006 年上半年,我国石油和天然气开采行业实现销售收入 3 316 亿元,同比增长 40.9％,实现利润总额 1 981 亿元,同比增长 48.8％(黄美龙,2006)。

但我国目前内陆多数油田已进入开发中后期,产量下降,成本增加,油田产量递减和生产成本上升是很难逆转的趋势,随着国际原油价格逐渐回落,石油开采行业中长期存在一定的风险。

2. 炼油行业

原油成本通常占炼油企业主营业务成本的 80％以上,该行业消耗了原油消费总量的 72％左右,原油价格上涨,将直接增加炼油企业的成本;而且根据目前我国石油定价机制以及第 7 章的实证研究结果,成品油价格涨幅滞后并小于原油价格涨幅,因此石油加工及炼焦业的利润空间应该明显缩小,近几年原油价格大幅上涨,我国炼油行业总体处于亏损状态。

但是,我国石油行业主要由少数几家企业垄断经营,他们大都是上下游一体化经营企业,企业内部上下游之间结算价格通常低于市场原油价格。另外近几年政府根据国际成品油价格上涨幅度对国内成品油价格进行过几次上调,因此,炼油企业利润虽然受到一些影响,但作为上下游一体的石油企业利润却处于历史高位。这也是为什么 2005 年政府专门拿出 100 亿元对中石化因炼油企业亏损进行补贴引起非议的原因所在。对于那些单纯经营炼油业务而并非上下游一体化的公司,影响非常严重,因为对他们来说,在当前国内市场上不仅面临原油高成本压力,而且还存在没油可炼的风险。

3. 石油化工行业

虽然国际原油价格上涨对石化行业成本影响较大,但由于石化产品,石化行业产品的特性决定了石化行业主要受经济形势的影响,而不是国际原油价格的影响。正如这几年国际原油价格大幅波动和上涨,由于世界经济形势良好,对石化产品需求旺盛,使得石化产品很容易将原油价格上涨的成本压力较为"通畅"地转嫁至石化产品价格,事实也说明近几年石化类产品价格一直处于高位。如聚乙烯 2006 年平均价格与上年相比上涨 5.25％,聚丙烯平均价格与上年相比上涨 11.25％,聚氯乙烯平均价格与上年相比下降 8.09％,聚酯切片平均价格与上年相比上涨 1.80％,天然橡胶平均价格与上年相比上涨 48.28％,顺丁橡胶平均价格与上年相比上涨 12.20％,乙醇平均价格与上年相比上涨 4.18％。化学纤维制造业、橡胶制品业和塑料制品业 2006 年前 11 个月利润总额分别为 63.69 亿元、95.67 亿元和 234.99 亿元,比上年同期分别增长 44.78％、4.69％和 32.34％ (中国电力企业联合会,2007)。

4. 农业

石油价格的上涨给农业带来较大的负面影响,加重了农业生产和农民生活负担。石油价格上涨导致农用生产资料,诸如化肥、农药、塑料薄膜等涨价,增加灌溉、耕田、运输等农机具用油的成本。尽管政府为减轻油价上涨对农业的影响,采取了一系列措施控制农资涨价,延缓或小幅调高柴油价格,但这些行政手段执行、监督都比较困难,实施效果不是很好,将来政府应更多地借助经济手段进行调控,世界不少国家政府通过对农用柴油实行减税或补贴的方式,降低农机作业成本,减轻农民使用农业机械的负担。

5. 交通运输业

交通运输业是耗能大户,其能源消费量仅次于工业。油价上涨对航空、铁路、公路、水路运输影响程度不一,影响最大的是公路,航空其次,铁路和水路影响较小。

航空燃料油消费占我国民航运营总成本的 20% 左右,是民航运输成本中最大的一块。航油的涨价明显加大民航运输成本,而目前各航空公司竞争异常激烈,机票竞相打折,航油价格上升的成本难以转嫁出去。

公路运输因为进入门槛低,竞争最为激烈,成本上涨的压力难以转嫁,因此公路运输大多以超载、利润吸收方式化解,油价冲击最为严重。城市公交和出租车行业的票价由政府确定,因此大部分影响自行消化,所以受油价冲击的影响也很大。

油价上涨直接造成铁路和水路运输利润下滑,但由于铁路和水路运输具有规模效益,进入门槛较公路运输高,竞争没有公路和航空运输激烈,这两方面因素使得铁路和水路运输受油价冲击比公路和航空业要小。

虽然交通运输业受到油价上涨的冲击较大,但是机场、港口和高速公路子行业,带有政府垄断色彩,具有资源垄断性质,他们短期内受油价的影响较小,另外由于中国目前处于快速增长时期,这些行业能够充分享受需求快速增长带来的产业机会,只有当原油价格持续或永久性上涨,对这类企业的影响才会慢慢体现,但受影响的程度仍然远远小于民航、水运、市内公共交通等子行业。

6. 汽车行业

1)对汽车制造业的影响

能源价格上涨不仅造成汽车制造业本身的成本增加,同时拉动了汽车制造业上游如钢铁、有色冶金、零部件等部门成本上升。由于产能增长远远高于实际需要,导致汽车行业竞争异常激烈,汽车公司竞相降价争夺客户,因此难以将成本上涨压力向消费者转移,利润率大幅下滑,由 2003 年的 9.11% 急剧下降到 2004 年的 6.85% 和 2005 年的 4%,低于整个制造业 4.46% 的平均水平。

2)对汽车销售市场的影响

能源价格的持续上涨会加剧市场对未来汽车消费环境恶化的担忧,从而产生抑制消费的负面作用。使用汽车将消耗大量的石油、天然气等,由于目前我国经济稳步快速发展,汽油价格上涨对家用轿车销售不会产生太大的影响,但调查显示,不少即将买车的人士都表示,由于汽油涨价,因此会更加青睐节油型汽车。高油价通过对消费者的购车选择产生影响,进而对汽车制造业产生较大影响,节油型汽车将成为未来汽车市场上的新宠(程军,赵娟,2006)。

能源价格波动对宏观经济以及相关产业的影响是一个非常复杂的问题。上述讨论只是就问题一个角度,一种方法所进行的分析,关于该问题国际国内均存在大量研究。不同时期、不同国家,甚至采用不同的研究方法,最终的研究结果可能差别很大,比如 Bjrnland

(2000)研究发现,油价波动对当时同为石油净出口国的挪威和英国的经济产生了完全相反的影响。一般认为,发达国家由于能源强度较发展中国家小,经济增长对能源的依赖程度相对较低,因此抗能源价格波动风险的能力较发展中国家强。总之,对该问题的研究探讨仍将会是能源经济学的一个重点问题,且对像我国这样正处于快速发展中的国家而言,意义更加巨大。

本 章 小 结

能源价格是调节能源资源配置最主要的市场机制,但由于能源的基础性,决定能源价格的因素,除供需外,还存在大量的经济的、社会的以及政治的、军事的,甚至自然的,一系列错综复杂的因素。尤其是能源金融化发展、能源价格的波动越来越表现出金融时间序列复杂的特征,有时甚至完全脱离供需基本面,这也使得能源价格对能源市场的调节作用大大减弱。

能源价格除了作为能源市场的调节机制外,能源作为一种基本生产要素,能源价格波动通过价格链,极易产生成本推动型通货膨胀,进而对宏观经济各个方面产生影响。本章分别通过投入产出方法,分析能源价格波动对一般价格水平的影响,以及利用可计算一般均衡(CGE)模型分析,能源价格波动对宏观经济各方面影响。

能源价格对通货膨胀以及宏观经济的影响机制非常复杂,不同时期、不同国家,其影响是不一样的。一般来说,发展中国家,经济增长以能源的大量投入的粗放式增长为主,比较容易受到能源价格波动的影响,抗能源价格波动风险的能力相对较弱,而发达国家抵御能源价格波动风险的能力则相对较强。因此,研究能源价格波动对通货膨胀以及其他宏观经济指标的影响对我国发展具有重要意义。

由于能源价格对能源市场运作效率以及宏观经济两方面的重要作用,因此必须规范能源价格形成机制,使能源价格更加充分地反映能源资源价值,更好地调节能源供需,减少能源价格的不合理波动,避免能源价格频繁剧烈波动对经济增长和居民生活产生的不利影响。

思 考 题

1. 能源价格波动的主要特征是什么?
2. OPEC 的主要行为特征是什么? 你如何看待 OPEC 在国际石油市场中的作用?
3. 能源价格波动是如何传导的?
4. 能源价格大幅下跌可能会造成什么不利影响?
5. 你如何分析能源价格对经济增长的影响? 简述你的研究思路。

拓展阅读

世界石油交易价格

国际市场常用的石油交易价格主要有 7 种,分别是 OPEC(欧佩克)官方价格、非 OPEC 官方价格、现货市场价格、期货市场价格、以货易货价格、净回值价格和价格指数。

OPEC 官方价格。20 世纪 60 年代 OPEC 为了与西方跨国公司降低"标价"的行为作斗争,从 20 世纪 60 年代后期特别是 70 年代初以来,在历次部长级会议上都公布标准原油价格,这种标准原油价格是以沙特阿拉伯 API 度为 34 的轻油为基准,公布的价格就是当时统一的官价。

20 世纪 80 年代,受高油价刺激,非 OPEC 石油产量迅速增长。到 1986 年年底,石油输出国组织看到"官价"已不起多大作用,又改成以世界上 7 种原油(沙特阿拉伯的 ArabLight、阿尔及利亚的 SaharaBlend、印度尼西亚的 Minas、尼日利亚的 BonnyLight、阿联酋的 Dubai、委内瑞拉的 TiaJuanaLight 和墨西哥的 Isthmus)的平均价格(7 种原油一揽子价格),来决定该组织成员国各自的原油价格,其中 7 种原油的平均价格为参考价,然后按原油的质量和运费价进行调整。

非 OPEC 官方价格是非 OPEC 石油生产国自己制定的石油价格体系,一般参照 OPEC 油价体系,结合本国实际情况上下浮动。

现货市场价格,目前世界主要有四个大的石油交易市场,它们是美国的纽约、英国的伦敦、荷兰的鹿特丹和新加坡。20 世纪 70 年代石油危机前,石油现货贸易只占世界石油总贸易量的 5% 以下,石油危机后,石油现货交易量在世界石油总交易量中的比重有所增加,但国际市场石油交易量仍然以期货交易为主。虽然如此,由于现货价格比期货市场价格更加准确地反映原油的生产、炼制成本和利润加成。因此,现货价格也逐渐成为石油公司,石油消费国政府制定石油政策的重要依据。一些长期贸易合同也开始采用不同方式与现货市场价格挂起钩来,如按周、按月或按季度通过谈判商定价格,或通过计算现货价格平均数(按月、双周、周)来确定合同油价。石油现货市场有两种价格:一种是实际现货交易价格;另一种是一些机构通过对市场的研究和跟踪而对一些市场价格水平所做的估价。

期货交易价格,买卖双方通过在石油期货市场上的公开竞价,对未来时间的"石油标准合约"在价格、数量和交货地点上,优先取得认同而成交的油价为石油期货价。石油期货交易所的公开竞价交易方式形成了市场对未来供需关系的信号,交易所向世界各地实时公布交易行情,石油贸易商可以随时得到价格资料,这些因素都促使石油期货价格成为石油市场的基准价。

净回值价格,又称倒算净价格,是以消费市场上成品油的现货价格乘以各自的收益率为基数,扣除运费、炼油厂的加工费和炼油商的利润后,计算出来的原油离岸价格。这种定价体系由于事先锁定炼油商的利润,而把价格下降的风险全部转移给原油销售一方,因

而适合于原油市场相对过剩的情况。

价格指数，一些著名的资讯机构利用自己的信息优势，即时采集世界各地石油成交价格，形成自己对于某种油品的权威报价。目前国际上广泛采用的报价系统和价格指数有：普氏报价 Platt's、阿各斯报价 PetroleumArgus、路透社报价 ReutersEnergy、美联社 Telerate、亚洲石油价格指数 APPI、印尼原油价格指数 ICP、远东石油价格指数 FEOP、瑞木 RIM。原油现货市场的报价大多采用离岸价 FOB，有些油种采用到岸价 CIF。

资料来源：世界石油价格体系简介.油气世界，2006(1)：44-46.

第 6 章

能 源 效 率

能源效率与节能是能源经济学的一项重要内容。能源效率问题不仅仅是科学技术问题,还是经济、社会、环境和发展问题,是高度复杂性、综合性和系统性的能源经济问题。我国正处在工业化、城镇化的快速发展进程中,人均能源资源储量相对不足,能源消耗规模巨大、增速较高且不确定性较多,能源开发和利用造成的环境污染和二氧化碳排放问题日益突出。在保持经济快速发展、居民生活质量不断提升的条件下,大幅度改善能源效率、减缓能源需求增速是我国当前和未来能源发展中一个非常重要的努力方向。

本章主要介绍以下内容:

(1) 能源效率的内涵是什么?

(2) 在测度能源效率时需要注意什么?

(3) 能源效率有哪些测度指标? 其理论基础或假设条件及适用范围是什么?

(4) 如何对能源宏观效率进行分解?

6.1　能源效率的内涵

所谓效率,通常是指产出量与投入量的比值。世界能源理事会(WEC,2006)认为,能源效率是能源的服务产出量与能源使用量(或投入量)的比值。在实际工作中,有时采用相对效率概念,评价对象之间进行横向比较,或者评价对象自身进行历史比较;有时也可采用目标能源消费量与实际能源消费量的比值,该比值越接近于1,则表明效率越大。改善能源效率就是要以尽可能少的能源投入来获得尽可能多的服务产出量。目前,各界对能源效率概念的认识基本上是一致的。但是,能源效率的内涵,仍然是值得深入讨论的问题。

能源效率不是一个孤立的度量结果,它与经济、社会、环境、技术等密切相关。有时简单地把"减少能源消耗"或"降低单位产出能耗"作为追求目标,由此可能导致从静态和局部上看,能源消耗减少了;而从长远、全局或系统的角度看,能源效率并未得到实质性改善,还可能造成经济社会其他方面的损失,出现"得不偿失"的局面。由于对能源效率内涵的理解和认识不一致,导致了回弹效应、Jevons悖论等一系列讨论和争议,有关这方面的论文发表在 *Science* 等著名期刊上(Cherfas,1991;Madlener 和 Alcott,2009;Sorrell et al. ,2004)。

能源是一种必需的生产资料和生活资料,也是一种战略物资,化石能源还是不可再生的;能源开发和利用可能带来环境污染、生态破坏、气候变化等公共问题。因此,需要从不同层次分别依据成本或利润原则、支出或效用原则、供应保障原则、可持续利用原则等来看待能源效率。能源效率的内涵在于所消耗的能源量对于维持或促进整个经济、社会和环境系统可持续发展的贡献量。在不同的发展阶段，对"贡献量"的理解和度量也会有所不同。

（1）在宏观层面上，能源效率的含义不仅在于它的工程技术或热力学方面的效率含义，更在于它的经济、社会和环境系统可持续发展含义。生产者主要从成本或利润视角来看待能源效率，利润是目的、能源效率是手段；消费者主要是从支付能力、用能开支和效用视角看待能源效率，尽管生活习惯、认识水平也相当重要；政府则需要依据能源的各类功能及其相互关系，制定相适应的能源效率政策。能源利用带来了日益严重的全球气候变化问题，这赋予了能源效率更多的含义。

（2）改善能源效率，不仅可以体现在用能设备的改进方面，还可以体现在其他诸多方面，即便在一些常用的能源效率统计指标中未能体现出来。有些能源活动，尽管多消耗了能源，但为人们提供了更多的有用的服务，也有可能改善了能源效率。例如，对于同样距离的运输，航空运输通常要比水运消耗更多的能源，但并不意味着航空运输不利于改善能源效率，因为航空运输提供了更快捷的服务。交通道路或交通网络的改善，即使汽车燃油经济性不变也可能减少燃油消耗量；使用新型材料降低飞机机身重量，从而减少航空煤油消耗量；居民住房窗户由一层玻璃改为两层隔温玻璃，减少了空调耗电量；物流企业应用信息和通信技术降低汽车、轮船的空载率，减少能源浪费；用低能耗、低成本、轻便的塑料代替部分高能耗的钢材产品；降低产品的废品率，可以减少生产这些废品整个生产生命周期的能源。上述行为，从广义上来讲，都可以视为改善了能源效率，即便在一些常用的能源效率统计指标中未能体现出来。

（3）有些能源活动，尽管直接带来的服务产出量没有变化、消耗的能源量（物理量）也没有变化，但是对于维持或促进可持续发展做出了更多贡献，也可以视为改善了能源效率。改善能源效率的重要原因之一在于能源资源的稀缺性。目前，人类所使用的能源大多数是化石能源，储量有限。如果科学技术发展到可以非常轻易地获取太阳能，虽然人类还需要消耗大量能源，但能源效率问题可能就不存在了，至少没那么严重了。因此，如果能以较低的成本大规模开发可再生能源或新能源，用来代替化石能源，而且不对生态环境带来负面影响，也是改善了能源效率，即便在一些常用能源效率统计指标中也未能体现出来。

6.2　能源效率的测度

能源效率指标在能源效率政策制定和评估中扮演着重要角色。当前的或历史的能源效率水平是一个客观存在，但通常不可能用一个指标或数值把能源效率各方面信息完全涵盖。在实践中，为了研究或分析的方便，通常力图采用一个一维指标来刻画能源效率。这个指标尽管不能涵盖所有的能源效率信息，但如果能涵盖大部分信息，不会出现较大的偏误，且能满足通常的应用需要，则是可以接受的。但是，在有的情况下是不可接受的。由于站在不同的视角，采用了不同的测度方法或指标，对能源效率的度量值可能会有所不同，特别是在进行国际或区域比较时。在很多情况下，采用单位产值能耗或单位增加值能耗等指标，只是从统计核算上得到能耗水平结果，所获取的信息量也很有限，并不具有决策支持的功能。采用不恰当的测度指标,还可能会导致不同的用能行为,在 *Science* 等刊物也有较多讨论(Larrick 和 Soll,2008)。

(1) 每种能源效率测度指标都是隐含了一定的假设条件,都有其优缺点和适应范围。简单地从算术定义上看,能源效率的度量就是服务产出量除以投入量。但是,无论是产出量,还是投入量,往往是多维向量,其各项元素是不同质的。有的时候,服务产出还无法用货币度量,例如,居民生活。向量是不能直接做除法运算的。如果要进行除法运算,就需要采用一定的处理方法来核算能源的服务产出量和投入量。比较简单且常见的方法是对各元素加权求和,而这个处理过程必然会造成信息损失。例如,有 n 种能源投入,在核算能源投入总量 E 时,通常隐含假设依据热力学第一定律,依据各类能源 i 的含能量作为权重系数 λ_i 进行加总。如果不只是依据热力学第一定律,还依据了热力学第二定律,则权重系数 λ_i 会有所不同,这就是通常的"火用分析"。

$$E = \sum_{i=1}^{n} \lambda_i e_i \qquad (6\text{-}1)$$

不同的应用领域会有不同的核算方法,由此会有不同的能源效率测度指标。每种指标都是基于一定的假设条件,都有其优点,也有其局限性。如果这些假设条件远未满足,则可能对能源效率测度造成较大偏差,形成错误或者有偏误的判断,从而可能造成决策失误。在实践中,具体采用什么方法,还依赖于数据的可获得性。目前,常用的能源效率指标有单位 GDP 能耗、单位总产值能耗、单位增加值能耗、单位产品能耗、工序能耗等,这些指标也都基于了一定的假设。

(2) 能源的服务产出包括有益成分(+),也可能包括有害成分(-)。从能源效率的内涵来看,服务产出不仅要核算有用量(+),也要核算有害量(-),关键是看对于维持或促进整个经济、社会和环境系统可持续发展的贡献量。理论上讲,可以核算"净服务产出量"。产出或服务的内容很多,而且各部分内容是异质的,它是一个多维向量,即存在产业结构、产品结构或服务结构。在可用货币度量的情况下,通常采用价格作为权重进行加总。在一国或地区的宏观测度中,服务产出一般用国内(地区)生产总值指标;对于一个行业或部门,一般采用总产值或增加值指标;对于一个具体的产品,一般采用产量指标。由于各国的服务产出结构不同,即使总产值或增加值数值相同(暂不考虑货币换算问题)、技术发展水平相同,对能源的消耗量也会大不相同。在很多情况下,由于客观条件的制约,也可能导致服务产出量差别较大。

(3) 能源投入是异质的,各类能源还是不完全替代的。从能源投入的角度来看,能源效率的大小或者优劣,取决于如何度量能源投入量。要提供同样能源服务量,可以有不同的能源投入结构。同样一个单位的能源服务量,如果分别使用煤炭和天然气,消耗的能源量可能也会有所不同(按热当量计算)。在处理水电等可再生能源发电量时,有时采用热当量法作为换算系数,有时采用发电煤耗法。更为重要的是,各类能源是不完全替代的。在市场经济环境下,各类能源的差异在一定程度上可以通过相对价格来体现,优质能源边际产出量较高,因此其单位能量的价格通常要比劣质能源的高;各类能源存在一定的替代弹性,这种替代弹性往往也不是恒定的,随着时间的推移或者技术的进步,替代弹性也会发生变化。在核算能源投入量时,更加科学的方法是不仅要考虑各类能源所蕴含的"能量"，还要考虑它们的相对价格、成本和不完全替代性。否则，得到的能源投入量数据有时候存在较大偏误，这将影响到有关能源经济系统研究的结论。

（4）各国的资源禀赋、基础条件和发展阶段不同，很难准确地、定量地判断我国的单位 GDP 能耗是发达国家的多少倍。目前，在单位产出能耗的国际比较方面，结论存在较多差异。按照世界银行（WorldBank，2009）和国际能源署（IEA，2009）的数据，依据汇率法，2007 年我国的单位 GDP 能耗是美国的 4 倍多；而依据购买力平价法（PPP）则仅比美国高出 70%（采用新调整的购买力平价系数）。现有研究结论的差异有基础数据质量、统计口径、能源及原材料质量、数据可获得性等方面的原因，也有研究方法不尽科学合理的原因。耶鲁大学的 Nordhaus（2007）对 3E 建模中的货币转换问题提出了 Superlative-PPP 法。

6.3　能源效率的测度指标与方法

能源效率的内涵在于所消耗的能源量对于维持或促进整个经济、社会与环境系统可持续发展的贡献量。能源效率通常用能源服务产出量与能源投入量的比值来度量，但是如何确定或核算能源投入量、服务产出量，不同的应用领域会有不同的方法，由此会有不同的能源效率测度指标。

这里对目前较常见的能源效率测度指标做了全面的总结和系统剖析，讨论这些指标的理论基础或假设条件、相互关系、优缺点或适应范围，以及在使用时需要注意的方面。这里所要讨论的指标包括：能源宏观效率、能源实物效率、能源物理效率、能源价值效率。

6.3.1　能源宏观效率

在测度一个国家、地区或行业的总体能源效率水平时，目前最常用的是单位 GDP 能耗（或者单位增加值能耗、单位总产出能耗、单位总产值能耗）这一宏观指标，通常也定义为能源强度，这里将其倒数定义为能源宏观效率 e_m（energy macro-efficiency）。单位增加值能耗越低，能源宏观效率就越高。能源产出（或者能源服务）用经济活动产出量表示（例如，增加值或总产出），能源投入用各类一次能源消耗量表示（采用热值法或者发电煤耗法）。单位增加值能耗的高低与发展阶段、经济结构、技术水平、能源价格、社会文化、地理位置、气候条件、资源禀赋等多种因素有关。过去 200 年来，英美等发达国家在工业化进程中单位 GDP 能耗出现了一个上升的过程，直到一个峰值后再下降；越晚进入工业化进程的国家，其单位 GDP 能耗峰值就越低甚至不存在，这主要得益于技术进步和后发优势。

在有些文献中，有时把单位 GDP 能耗的倒数定义为能源生产率。严格来讲，二者是略有区别的（口径不同）。在计算单位 GDP 能耗时，包含了居民生活直接用能；在计算能源生产率时，从生产法 GDP 核算的角度来看，不包括居民生活直接用能（如同人均 GDP 与劳动生产率的区别一样，前者是指全部人口，后者的计算只包括劳动从业人员数量）。在我国，由于居民生活直接用能所占比重较小，能源生产率与单位 GDP 能耗倒数的差别很小，在地区的横向或纵向比较中，通常不会造成较大偏误。

在能源投入结构不发生较大变化时，用单位 GDP 能耗来测度能源效率，比较简单易行，而且受人为干扰的可能性相对较小。当能源投入结构发生较大变化时，则需要注意各类能源之间的不完全替代性导致一些结果偏差,有关这方面的讨论详见廖华(2008),Liao和Wei(2010)。另外,能源宏观效率隐含假设经济增长主要是依靠能源消耗和技术进步来推动的。而实际上,经济增长还需要其他要素,而且各类要素之间存在不同程度的替代性。因此,能源宏观效率是一个有偏的(partial)测度指标,没有考虑能源与其他要素的替代弹性,有关这方面的讨论见廖华(2008)。为了克服或减少上述局限性,有时需要采用其他能源效率指标。从微观经济学的视角来看,有的文献把能源宏观效率(或单位 GDP 能耗)称为"能源经济效率"有些不恰当(后面将给出能源经济效率的概念及测度方法)。

从生产法 GDP 的核算视角来看,GDP 是各行业增加值的累计值,能源消耗总量也是各行业能耗的累计值(暂不考虑生活用能),而且各行业还可以进一步分解,直至到产品层次。因此,只要数据可获得,能源宏观效率的变化必然可以分解为产业结构(或行业结构)的变化和各行业内部宏观能源效率的变化,即通常所指的结构份额和效率份额。Divisia方法是迄今为止最好的一种指数分解方法。Törnqvist 指数法是其离散化的处理形式之一。Diewert(1976)在研究指数理论时已严格证明,对于线性齐次超对数生产函数和单位成本函数,Törnqvist 数量指数和价格指数均是准确的(exact)。根据定义,在只考虑生产用能时,能源宏观效率满足线性齐次性假设。尽管 Divisia 方法可以对能源宏观效率进行逐层分解,但在很大限度上只是对由下而上的汇总数据再次由上而下的分解,得到的信息量有限、决策支持功能较弱,获得的节能降耗启示无非是众所周知的两个方面:降低能源密集型行业比重(或能源密集型产品比重),以及加快技术进步。然而,产业结构和技术水平在很大限度上都是内生的,它们是结果、不是原因。

在国际比较中,由于国际货币体系的原因,经济产出量要换算成同一货币单位进行度量。通常的转换方法有市场汇率法(MER)和购买力平价系数法(PPP)等。理想地讲,PPP 法更合适,但是其测算比较困难(当然,还存在方法本身的问题)。简单地直接把国内外数据放在一起进行比较,得到的结论有时并不科学或者全面。例如,依据汇率法,2007 年我国的单位 GDP 能耗为 5.78 吨标准油/千美元(当年价格),是 OECD 国家的3.8 倍;而如果依据世界银行的 PPP 数据,则为 2.75 吨标准油/万美元,是 OECD 国家的1.7 倍。图 6-1 是两种不同货币转换方法下的金砖四国和部分 OECD 国家单位 GDP 能耗,发达国家多数是在 45°对角线附近,但中国、印度等发展中国家离对角线距离较远。

耶鲁大学的 Nordhaus(2007)针对汇率法和基于世界价格(world price)的 PPP 法存在的问题,提出了一种介于二者之间的 Superlative-PPP 法,用于全球能源-经济-环境建模。2007 年 12 月,世界银行发布了 2005 年全球国际比较项目(ICP)的研究结果,对之前的 PPP 系数进行了修订。尽管此次修订后的数据相对早期的更准确,但受理论方法、基础数据条件等因素的制约,有关中国 PPP 仍然存在较多问题,在使用时需要谨慎。发达国家市场的一体化程度较高、统计体系相对完善,使用 PPP 系数对发达国家的单位 GDP 能耗进行比较,结果相对可靠。但在使用世界银行的 PPP 数据对中国与发达国家的单位 GDP 能耗进行比较时,得到的序数值相对有意义,而基数值的意义相对较小。

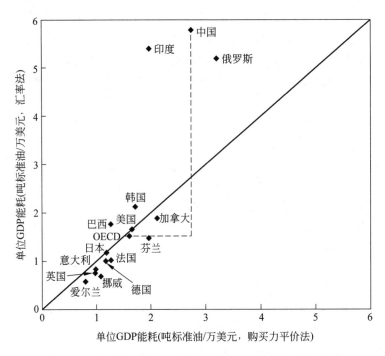

图 6-1　金砖四国和部分 OECD 国家 2007 年单位 GDP 能耗

资料来源：魏一鸣等(2010)。

我国各地区单位国内生产总值能耗降低率详见表 6-1。

表 6-1　各地区单位国内生产总值能耗降低率　　　　　　　　　　　　%

地区	"十一五"时期实际值	"十二五"时期指标值	2006—2015 年累计指标值	地区	"十一五"时期实际值	"十二五"时期指标值	2006—2015 年累计指标值
全国	19.06	16	32.01	河南	20.12	16	32.9
北京	26.59	17	39.07	湖北	21.67	16	34.2
天津	21.00	18	35.22	湖南	20.43	16	33.16
河北	20.11	17	33.69	广东	16.42	18	31.46
山西	22.66	16	35.03	广西	15.22	15	27.94
内蒙古	22.62	15	34.23	海南	12.14	10	20.93
辽宁	20.01	17	33.61	重庆	20.95	16	33.6
吉林	22.04	16	34.51	四川	20.31	16	33.06
黑龙江	20.79	16	33.46	贵州	20.06	15	32.05
上海	20.00	18	34.40	云南	17.41	15	29.8
江苏	20.45	18	34.77	西藏	12.00	10	20.8
浙江	20.01	18	34.41	陕西	20.25	16	33.01
安徽	20.36	16	33.10	甘肃	20.26	15	32.22
福建	16.45	16	29.82	青海	17.04	10	25.34
江西	20.04	16	32.83	宁夏	20.09	15	32.08
山东	22.09	17	35.33	新疆	8.91	10	18.02

6.3.2 能源实物效率

这里把通常所采用的单位产品能耗、工序能耗定义为能源实物效率 e_p (energy physical efficiency)，例如，吨钢综合能耗、吨钢可比能耗、吨炼铁能耗、发电煤耗、吨水泥能耗等。这是比较常见的一类技术指标，该指标不含价值量，有关这方面的介绍已有较多，这里不作深入讨论。能源实物效率比较适合用于具有相同生产结构的企业间进行比较，反映微观经济组织的技术装备和管理水平。目前，我国很多企业或行业协会推广的"标杆能效法"即以单位产品能耗为基础。在"十五"期间，我国能源宏观效率出现了下降局面(发电煤耗法)，但主要耗能产品的能源实物效率仍然在下降，特别是钢铁、铜、水泥、平板玻璃等产品(表 6-2)。

表 6-2 "十二五"能源规划中的能源实物效率改进目标

指　　　标	单　　　位	2010 年	2015 年
火电供电煤耗	克标准煤/千瓦时	333	325
火电厂用电率	%	6.33	6.2
电网综合线损率	%	6.53	6.3
吨钢综合能耗	千克标准煤	605	580
铝锭综合交流电耗	千瓦时/吨	14 013	13 300
铜冶炼综合能耗	千克标准煤/吨	350	300
原油加工综合能耗	千克标准煤/吨	99	86
乙烯综合能耗	千克标准煤/吨	886	857
合成氨综合能耗	千克标准煤/吨	1 402	1 350
烧碱(离子膜)综合能耗	千克标准煤/吨	351	330
水泥熟料综合能耗	千克标准煤/吨	115	112
平板玻璃综合能耗	千克标准煤/重量箱	17	15
纸及纸板综合能耗	千克标准煤/吨	680	530
纸浆综合能耗	千克标准煤/吨	450	370
日用陶瓷综合能耗	千克标准煤/吨	1 190	1 110
铁路单位运输工作量综合能耗	吨标准煤/百万换算吨公里	5.01	4.76
营运车辆单位运输周转量能耗	千克标准煤/百吨公里	7.9	7.5
营运船舶单位运输周转量能耗	千克标准煤/千吨公里	6.99	6.29
民航业单位运输周转量能耗	千克标准煤/吨公里	0.450	0.428
公共机构单位建筑面积能耗	千克标准煤/平方米	23.9	21
公共机构人均能耗	千克标准煤/人	447.4	380
汽车(乘用车)平均油耗	升/百公里	8	6.9

资料来源:《节能减排"十二五"规划》。

在进行单位产品能耗、工序能耗的国际或企业比较时，仍然需要统一口径。例如，我国与发达国家的工序吨钢能耗计算口径就存在较大差别，日本炼铁消耗项只计有固体燃料、气体燃料、电、氧、蒸汽，而我国还计有压缩空气、氮气、水等能源介质；如果高炉采用汽动鼓风机,其风量也要计算到工序能耗中。按照热当量法,我国主要耗能产品单耗较高,除了技术装备水平的原因以外,原材料质量、能源消费结构也是重要原因。如果不考虑到这些因素,可能会高估我国的节能潜力。例如,在热当量法下,我国钢铁行业的单产能耗比发达国家高,其中铁矿石质量较差、用煤比重较高是重要原因。

6.3.3　能源物理效率

能源物理效率是指能源的热效率 e_d (energy thermodynamics efficiency),其计算的理论基础是热力学定律。根据能源流的不同环节,通常可以分解为能源开采、加工转换、贮运、终端利用效率。能源物理效率还可划分为热力学第一定律效率、热力学第二定律效率。依据热力学第一定律(能量转换和守恒定律),过去 20 多年来我国的能源物理效率有了显著提高,2005 年能源开采效率、中间环节利用效率、终端利用效率分别为 33.2%、68.4% 和 52.9%,总的物理效率为 13.0%。2007 年我国发电及电站供热效率为 40.24%,炼焦效率为 97.78%,炼油效率为 97.17%。

热力学第二定律指出,能量转换是有方向的。根据卡诺定理,由两个等温过程和两个绝热过程所构成的循环称为卡诺循环效率 $\eta_c = (T_1 - T_2)/T_1$,由于现实中高温热源的绝对温度为 T_1 不可能无穷大,低温热源的绝对温度为 T_2 不可能为 0,因此 $\eta_c < 1$,热能不可能全部转换为机械功,依据第二定律计算的热效率要更低(通常用“有效能”来计算)。能源物理效率的计算比较复杂,也涉及较多热力学知识,已有较多文献进行了介绍,这里对此不作深入讨论。

6.3.4　能源价值效率

由于各类能源的异质性或品质差异,即使是相同热当量的能源,其功效也会不同。有的地区或企业,虽然耗能量较低,但消耗的大多为优质能源(如天然气、净调入的电力),其能源成本并不低。为了对各类能源进行加总,除了可以采用热当量系数作为权重,还可以采用价格作为权重,由此可以计算能源的价值效率 e_v (energy value efficiency)。如果能源服务产出量也用价值量测度,那么把能源价格效率 e_v 与其他效率指标(例如,宏观效率 e_m、实物效率 e_p)结合起来进行国际比较,可以发现各国能源宏观效率或实物效率存在差异的部分原因(例如,能源价格偏低、能源结构不同等)。在计算不同国家或地区的能源消费价值量时,需要统一价格口径(例如,是否含增值税销项税额、运输成本等)。在对能源价值效率进行纵向比较时,由于能源价格变化,有时效率值变化会很大。因此,能源价值效率更适用于横向比较。能源价值效率的优势还在于其国际比较不受各国汇率或 PPP 的影响。

从动态性来看,能源价值效率有时也可以定义为设备全生命周期内的服务产出与能源成本比值。例如,购置节能灯,虽然在短期内需要一次性支付较多成本,但在灯泡的长期使用中节约了更多能源,实际上也提高了能源价值效率(相当于部分是通过资本对能源的替代来实现的)。

除了上述 4 类能源效率指标以外,还有能源要素利用效率、能源要素配置效率、能源经济效率等测度指标。这 3 类指标是依据微观经济学理论得到,感兴趣的读者可以阅读文献廖华(2008)。

6.4 能源强度的分解

近年来,有关能源宏观效率(能源强度)的研究文献中,相当一部分是能源强度的分解研究,即把能源强度的变化分解为部门结构的变化和各部门能源强度的变化。在各类分解方法中,Divisia方法最符合经济学含义。

假设国民经济划分为 n 个部门,t 表示时期,Y_t,E_t,I_t 分别表示整个国民经济的增加值(即国内生产总值)、能源消费量和单位 GDP 能耗,$I_t = E_t/Y_t$;Y_{it},E_{it},I_{it} 分别表示部门 i ($i = 1, \cdots, n$)的增加值、能源消费量和部门强度(为了区别表述,这里使用"部门强度"一词,实际上是该部门单位增加值能源消耗),$I_{it} = E_{it}/Y_{it}$;S_{it} 表示部门 i 的增加值占 GDP 的比重,$S_{it} = Y_{it}/Y$。I_{it} 主要反映了技术水平,S_{it} 反映了部门结构或产业结构。

单位 GDP 能耗 I_t 等于各部门能源强度 I_{it} 的加权平均值,权重就是各部门增加值占GDP 的比重:

$$I_t = \frac{E_t}{Y_t} = \frac{\sum_i E_{it}}{Y_t} = \frac{\sum_i Y_{it} \cdot I_{it}}{Y_t} = \sum_i \frac{Y_{it}}{Y_t} \cdot I_{it} = \sum_i S_{it} \cdot I_{it} \tag{6-2}$$

式(6-2)两边对时间 t 求微分:

$$\dot{I}_t = \sum_i \dot{S}_{it} \cdot I_{it} + \sum_i S_{it} \cdot \dot{I}_{it} = \sum_i S_{it} \cdot I_{it} \cdot \frac{\dot{S}_{it}}{S_{it}} + \sum_i S_{it} \cdot I_{it} \frac{\dot{I}_{it}}{I_{it}}$$

$$= \sum_i \frac{E_{it}}{Y_t} \cdot \frac{\dot{S}_{it}}{S_{it}} + \sum_i \frac{E_{it}}{Y_t} \cdot \frac{\dot{I}_{it}}{I_{it}} = \sum_i I_t \cdot \frac{E_{it}}{E_t} \cdot \frac{\dot{S}_{it}}{S_{it}} + \sum_i I_t \cdot \frac{E_{it}}{E_t} \cdot \frac{\dot{I}_{it}}{I_{it}} \tag{6-3}$$

由式(6-3)求线积分,得到

$$\int_\Gamma \dot{I}_t = \int_\Gamma \sum_i \frac{E_{it}}{Y_t} \cdot \frac{\dot{S}_{it}}{S_{it}} + \int_\Gamma \sum_i \frac{E_{it}}{Y_t} \cdot \frac{\dot{I}_{it}}{I_{it}} \tag{6-4}$$

Γ 为积分路径,表示在时间区间 $(0, T)$ 内的曲线段 (S_t, I_t)。根据 Hulten(1973),在线性齐次条件下(依据单位 GDP 能耗的计算方法,这里满足这个条件),式(6-4)的线积分与积分路径无关。

$$I_T - I_0 = \underbrace{\int_0^T \sum_i \frac{E_{it}}{Y_t} \cdot \mathrm{dln} S_{it}}_{\text{结构效应} \Delta I_{str}} \underbrace{\int_0^T \sum_i \frac{E_{it}}{Y_t} \cdot \mathrm{dln} I_{it}}_{\text{强度效应} \Delta I_{imc}} \tag{6-5}$$

式(6-5)是连续形式下的指数分解,在实际应用中,数据一般是离散的,为此,由积分中值定理,可以近似写成离散形式,可以采用 Törnqvist(1936)指数法或 Sato(1976)-Vartia(1976)指数法近似方法。这里采用更精确的 Sato-Vartia 指数法。单位 GDP 能耗的绝对变化 ΔI 可以分解为结构效应 ΔI_{str} 和强度效应 Δe_{int}:

$$\Delta I = I_T - I_0 = \Delta I_{str} + \Delta I_{int} + \Delta I_{rsd} \tag{6-6}$$

其中,$\Delta I_{str} = \sum_i \omega_i$,$\Delta I_{int} = \sum_i \varphi_i$,$\Delta I_{rsd}$ 是余值部分,一般情况下接近于零。其中,

$$\omega_i = \frac{\dfrac{E_{iT}}{Y_T} - \dfrac{E_{i0}}{Y_0}}{\ln\dfrac{E_{iT}}{Y_T} - \ln\dfrac{E_{i0}}{Y_0}} \cdot (\ln S_{iT} - \ln S_{i0}) \tag{6-7}$$

$$\varphi_i = \frac{\dfrac{E_{iT}}{Y_T} - \dfrac{E_{i0}}{Y_0}}{\ln\dfrac{E_{iT}}{Y_T} - \ln\dfrac{E_{i0}}{Y_0}} \cdot (\ln I_{iT} - \ln I_{i0}) \tag{6-8}$$

部门划分的细化程度会对结果造成影响,按行业门类、大类、中类、小类划分,结果均有所不同,这也是当前大多数文献的研究结果存在较大差异的重要原因之一。一般而言,划分得越细,各部门的单位增加值能耗就越可以反映技术水平,得到结果也越精确,但是所需要的数据量也越大。

从产业结构视角分析能源宏观效率或能源强度变化的原因,在一定程度上只是对统计数据的另一种表述,仅仅回答了"是什么",未能回答"为什么",得到改善能效的政策启示自然是优化产业结构和加强技术进步。但是,这对于宏观决策的支持作用并不是很大,因为产业结构变化、技术进步在很大程度上是内生的,仍然需要研究引导产业结构变化的内在原因。关于这方面的进一步介绍,可参考文献廖华(2008)。

本 章 小 结

有关能源效率问题的研究仍在不断推进,为力求研究成果更具科学性和实用性,还可从多个方面进一步深化:(1)在能源经济总量关系研究方面,需要注意结构异质性问题,特别是能源结构变化造成的影响。(2)能源结构不仅仅可以采用物理量(热当量)来测度,还可以采用经济量(成本)来测度。如果采用后者,则我国的能源消费是以石油为主的,而非煤炭。(3)针对不同的具体问题和基础数据,采用多类能源效率测度指标进行比较测算,以避免单一指标带来的信息显示偏误。

能源效率的内涵在于所消耗的能源量对于维持或促进整个经济、社会和环境系统可持续发展的贡献量。因此,促进经济社会可持续发展与改善能源效率,前者是目的,后者是手段,不能本末倒置。能源是重要的生产要素,能源与经济系统其他部分相互关联。在宏观经济工作中,不能单纯地把"单位 GDP 能耗"或"单位增加值能耗"下降多少作为唯一评判指标,要把能源纳入整个经济系统中综合考量,综合考虑各地区的发展阶段、自然资源禀赋、劳动力基础等客观条件差异,把节约能源与降低成本或提高收益统一起来,避免采用"一刀切"的评价方式。

能源宏观效率、能源实物效率、能源物理效率、能源价值效率等各类描述能源效率的指标,具有各自的理论基础或假设条件、相互关系、优缺点或适应范围。任何单一指标都不可能完整地反映能源效率水平。

不同的指标,其应用领域不同,具体测度方法和所需要的数据也不同,能源宏观效率和能源实物效率是用得最普遍的。但是,有的时候,由于混淆了能源工作的目的与手段、内生变量与外生变量、原因与结果,简单地把"减少能源消耗"或"降低单位产值能耗"作为追求的目标。由此导致从静态和局部上看,能源消耗减少了;而从长远和全局的角度看,能源效率并未得到改善,甚至还造成经济社会领域的其他方面出现损失,出现节能工作"得不偿失"的局面。因此,在应用能源效率指标时,应根据实际需要进行遴选,并对所采用的指标或数据可能造成的偏误有较为充分的估计。在使用能源效率指标时,还需特别注意各类能源的异质性和不完全替代性对计算结果的影响(廖华,2008)。

　　不论何种指标,在进行横向或纵向比较时,都需要尽可能统一数据口径。尽管能源宏观效率是有偏的,但进行中长期研究仍然是比较合适的。在多数研究中,对能源效率指标绝对值的关注较少;更关注的是能源效率横向或纵向比较,以及不同主体能源效率的差距、能源效率的变化方向和速度。

<h1 style="text-align:center">思　考　题</h1>

1. 如何理解能源效率的内涵?
2. 为什么发达国家的单位 GDP 能耗比中国的低?
3. 单位 GDP 能耗下降越快是否就越好?
4. 在能源强度进行分解时需要注意哪些问题?

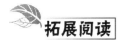 **拓展阅读**

<h3 style="text-align:center">日本的企业能源经理系统</h3>

　　日本的《节能法》规定所有重点耗能企业都应聘用具有合适资质的能源管理控制官员(能源管理士)。相关的要求及配套体系已实施了近 30 年。能源经理岗位需由企业管理层的人员担任,且需持有由政府指定审查机构颁发的资质认证。这一要求适用于日本几乎所有的"一类"企业,约 7 800 家,其中包括了绝大多数年消耗 3 000 千升油当量(kloe)能源(约 4 300 吨标煤)的企业。此外,有 6 800 多家年消耗 1 500 千升油当量(约 2 150 吨标煤)的"二类"企业,也要求其任命能源管理官员,但要求相对宽松。

　　法律规定能源经理应监督和管理企业耗能设备的维护,完善和监督企业用能方式以及政府要求的其他节能事务。由于能源管理士是所有节能事项的关键环节,其资料需在政府备案。能源管理士负责监督和提交所需的能源利用报告,以及中长期节能方案,包括对于完成目标进度的评估。根据现有法律,企业还应指派其他部门员工协助能源管理士完成节能任务。对于大型企业,法律对协助能源管理士开展节能工作的人员数量也有相关规定。

　　工业企业中的能源管理士及其助理利用"评判标准"、《日本节能手册》及一系列特定技术指南和资料指导其工作。这些资料包括日本重点设备的特定能源利用标准以及各种针对性强的管理手册。能源管理士需要针对具体情况编写并完善管理手册,并在企业中加以运用,保证一些特殊设备或流程的高效运行。

　　所有能源管理士都应获得资质,证明具有担任此岗位的能力。日本《节能法》规定了成立指定审查机构的详细要求,该机构举行能源经理的资质考试以及政府分配的其他任务。法律亦规定了指定培训机构的要求。自 1983 年以来，日本节能中心（ECCJ）具体负责这些事务的执行。

ECCJ 每年举行一次全国能源经理认证考试。考试包括 4 门专业。每年约有 9 000 人参加考试，但只有约 2 300 人能通过考试（23%）。此外，ECCJ 每年举行为期 6 天的能源经理培训课程。每年参与人数约为 2 700 人，最终约有 1 700 人通过考试（65%）。ECCJ 每年还为能源管理官员开设两门课程，每年约有 5 000 人参与此课程。

资料来源：日本节能中心.日本《能源合理利用法案》.日本的企业能源经理系统.世界银行,2010.

第 7 章

能源要素替代

能源与资本、劳动、原材料等其他要素的替代弹性是开展能源-经济-环境（3E）系统研究的关键内容。不同的国家和地区、不同的经济发展阶段、不同的经济体制、不同的行业，要素间的替代弹性会有所不同，技术进步有偏性也可能不同；要素间的替代弹性还会随时间发生变化。本章主要从全要素生产率核算的视角介绍要素替代与能源需求的关系、能源与其他要素替代弹性的计算方法。

7.1　要素替代与能源需求

要素替代与能源需求的关系可以从全要素生产率的核算过程来分析。在相当长的一段时期内，生产部门是主要的能源直接消耗部门。能源是重要的生产要素，经济增长离不开能源投入。经济增长的源泉主要包括要素投入增长（资本、劳动和自然资源等）和全要素生产率增长（包括人力资本积累）等。为此，这里从全要素生产率核算的视角给出经济系统的分析框架，用于分析要素替代、能源需求、经济增长、经济结构、技术进步的关系。

在有关经济增长质量的理论讨论或者经济增长源泉的核算实践中，大多应用产出-资本-劳动的研究范式，即全要素生产率增速（广义的技术进步速度）等于经济增速减去资本（或者资本服务量）和劳动力（或者劳动服务量）投入增速的加权和。这类核算方法一般较少考虑产业结构，投入要素中只包括资本和劳动，并隐含假设自然资源或能源对经济增长没有影响。经济增长的过程也是部门结构演进的过程，它植根于现代技术所提供的生产函数的积累扩散中；这些发生在技术和组织中的变化只能从部门角度加以研究；离开了部门分析，就无法解释增长为什么会发生（Rostow，1959）。研究能源需求，离不开经济总量，更离不开经济结构；总量是形式，结构是内容。

为便于同时从技术进步和产业结构变化来讨论经济增长与对能源需求的关系，与总和生产率核算方法不同，这里采用部门生产率核算方法（Jorgenson et al.，1987；Jorgenson 和 Stiroh，2000）：Y-KLEM（产出-资本、劳动、能源、原材料[①]）。对于一定时期的某生产部门 i，总产出为 Y_i，需要投入四大类生产要素：资本（K_i）、劳动（L_i）、各类能源 $\{e_{i1},e_{i2},\cdots,e_{is}\}$、原材料（$M_i$），该部门的生产函数可以表示为

$$Y_i = A_i \cdot f_i(K_i,L_i,M_i,e_{i1},e_{i2},\cdots,e_{is}) \tag{7-1}$$

其中，A_i 表示部门 i 的技术水平，这里认为技术进步是希克斯中性的（对于其他有偏型的技术进步，可以做类似地推导）。函数 f_i 满足正则条件（正的、有限的、二次连续可微、严格单调、严格拟凹）和一次齐次条件。可以认为能源与其他生产要素是弱可分离的。

[①]　这里的"原材料"是指除能源以外的中间投入，包括中间产品和服务。

$\exists X_i \in \{K_i, L_i, M_i\}$，有

$$\frac{(\partial f_i/\partial e_{iu})/(\partial f_i/\partial e_{iv})}{\partial X_i} = 0 \quad (u \neq v) \tag{7-2}$$

于是生产函数可以表述为

$$Y_i = A_i \cdot f_i(K_i, L_i, E_i, M_i) \tag{7-3}$$

$$其中，E_i = g_i(e_{i1}, e_{i2}, \cdots, e_{is}) \tag{7-4}$$

$$设 Q_i = f_i(K_i, L_i, E_i, M_i) \tag{7-5}$$

函数 g_i 也满足正则条件。对式(7-5)求全微分，

$$\mathrm{d}Q_i = \sum_{X_i = K_i, L_i, E_i, M_i} \frac{\partial f_i}{\partial X_i} \mathrm{d}X_i = \sum_{X_i = K_i, L_i, E_i, M_i} \lambda p_i \cdot \mathrm{d}X_i \tag{7-6}$$

其中，p_i 为要素 X_i 的价格，λ 为拉格朗日乘子。

$$\lambda = \frac{\partial f_i/\partial X_i}{p_i} = \frac{Q_i}{\sum_{X_i = K_i, L_i, E_i, M_i} p_i X_i} \tag{7-7}$$

式(7-6)可以变换为

$$Q_i \cdot \mathrm{dln}Q_i = \sum_{X_i = K_i, L_i, E_i, M_i} \lambda p_i X_i \cdot \mathrm{dln}X_i \tag{7-8}$$

根据式(7-7)和式(7-8)，

$$\mathrm{dln}Q_i = \sum_{X_i = K_i, L_i, E_i, M_i} \frac{p_i X_i}{\sum_{X_i = K_i, L_i, E_i, M_i} p_i X_i} \cdot \mathrm{dln}X_i \tag{7-9}$$

令 $\alpha_{K_i} = \dfrac{p_i K_i}{\sum\limits_{X_i = K_i, L_i, E_i, M_i} p_i X_i}$，$\alpha_{L_i} = \dfrac{p_i L_i}{\sum\limits_{X_i = K_i, L_i, E_i, M_i} p_i X_i}$，$\alpha_{E_i} = \dfrac{p_i E_i}{\sum\limits_{X_i = K_i, L_i, E_i, M_i} p_i X_i}$，$\alpha_{M_i} = \dfrac{p_i K_i}{\sum\limits_{X_i = K_i, L_i, E_i, M_i} p_i X_i}$。显然，这 4 个权系数为各类要素的成本份额。

根据式(7-3)和式(7-9)，可以得到该生产部门 i 的增长核算方程：

$$\mathrm{dln}Y_i = \mathrm{dln}A_i + \mathrm{dln}Q_i$$
$$= \mathrm{dln}A_i + \alpha_{K_i}\mathrm{dln}K_i + \alpha_{L_i}\mathrm{dln}L_i + \alpha_{E_i}\mathrm{dln}E_i + \alpha_{M_i}\mathrm{dln}M_i \tag{7-10}$$

$\alpha_{K_i}\mathrm{dln}K_i$，$\alpha_{L_i}\mathrm{dln}L_i$，$\alpha_{E_i}\mathrm{dln}E_i$，$\alpha_{M_i}\mathrm{dln}M_i$ 分别表示资本、劳动、能源、原材料投入对该部门总产出增长的贡献，$\mathrm{dln}A_i$ 表示部门 i 全要素生产率增长对该部门总产出增长的贡献。整个国民经济全要素生产率的增长率 $\mathrm{dln}A$ 等于各部门全要素生产率增长率的加权总和：

$$\mathrm{dln}A = \sum_i w_i \cdot \mathrm{dln}A_i \tag{7-11}$$

其中，权重 $w_i = \dfrac{P_i Y_i}{PV}$[①]。$P_i Y_i$ 为部门 i 的总产出价值量（P_i 表示价格），PV 是全部增加值（即国内生产总值）。实现经济增长由粗放型向集约型转变，改善经济增长质量，就是

---

① 该权重之和一般大于 1（因为各部门总产出之和要大于全部增加值）。

要提高全要素生产率增长（dlnA）对经济增长的贡献。由式(7-10)可以看出，dlnA既包括各部门全要素生产率增长（dlnA_i），也包括产业结构（w_i）调整。

对于一个具体的生产部门 i，能否降低单位产出能耗，取决于在实现一定产出增长的同时（dlnY_i），能否尽可能多地用全要素生产率增长（dlnA_i）、资本增长（dlnK_i）、劳动增长（dlnL_i）和原材料增长（dlnM_i）去替代能源增长（dlnE_i）。而能否实现这种替代以及替代量有多大，除了该部门本身的技术约束以外（边际技术替代率），还取决于能源与其他要素的相对价格水平变化和替代弹性。如果能源价格上涨，其他要素价格相对下降，则有利于降低单位产出能耗，即节约能源优先于节约资本、劳动和原材料。

例如，在生铁生产中，需要同时消耗铁矿石和能源两类要素，这两类要素存在一定的替代关系（替代弹性大于零）。生产相同的一吨生铁，分别使用高品位和低品位的铁矿石作原料所消耗的能源是不同的。如果铁矿石的价格偏高，钢铁企业可能倾向于多消耗能源，少消耗铁矿石；如果铁矿石价格偏低，则可能倾向于少消耗能源，多消耗铁矿石。不仅能源与其他要素存在替代弹性，各类能源之间也存在一定的替代弹性，不同能源的产出弹性也是不同的。从能源效率的内涵看，我们并不能简单地判断哪一种生产方案孰优孰劣。

在一定的发展阶段内，由于各部门客观的技术经济约束，能源与资本、原材料等生产要素替代性比较弱。对于一些部门，能源与资本甚至可能是互补关系，资本深化的过程就是能源消费迅速增长的过程（例如，工业化初期或中期阶段）。因此，对于一个具体的生产部门 i，要实现该部门单位产出能源消耗量（E_i/Y_i）下降，则应该更多地依靠全要素生产率增长对产出增长的贡献，更多地依靠 dlnA_i 去代替 dlnE_i，这也体现了经济增长质量的转变。各部门全要素生产率增长速度（dlnA_i）既包括具体的科技进步速度，也包括资源配置效率改善情况、政府职能定位情况等软因素。

需要指出的是，在不同的发展阶段，对于不同的部门，全要素生产率增长可能具有不同的有偏性。例如，生产同样数量和质量的产品，企业通过引进一项新的生产工艺，可以节约大量劳动力和原材料，但节约能源较少，甚至不节约能源。在这种情况下，可以通过相关的政策激励措施鼓励企业加强节能方面的技术引进或者研发力度。在工业化进程中，技术进步往往是能源消耗型的（廖华，2008）。

7.2　能源与其他要素的替代性

能源与资本、劳动等要素的替代弹性、能源价格弹性对能源效率有重要影响。在不同的发展阶段、经济体制环境下，其弹性值也有所不同；甚至基于不同的假设，采用不同的模型与方法，得到的具体结果也有所不同。

假设总产出为 Y，有 3 种生产要素（通常还有原材料 M，这里不详细讨论）：资本 K、有效劳动 L 和一次能源 E，其价格分别为 $P_i (i=K,L,E)$；T 为时间趋势变量，表示技术进步，可以是有偏的。成本是产量、价格和技术水平的函数：$C=f(P_K,P_L,P_E,Y,T)$。

Translog 成本函数可以表示为

$$\ln C = \alpha_0 + \left[\sum_i \alpha_i \ln P_i + \frac{1}{2} \sum_i \sum_j \alpha_{ij} \ln P_i \ln P_j \right] + \varphi(Y)$$

$$+[\phi(T)+\lambda_3 T\ln Y+\sum_i\lambda_i T\ln P_i] \quad (i,j=K,L,E) \tag{7-12}$$

其中，$\varphi(Y)$ 表示规模效益情况，可以表示不同产出规模情况下有不同的规模效益特征，可以是非线性的，通常 $\varphi(Y)=\gamma_1\ln Y+\frac{1}{2}\gamma_2(\ln Y)^2$；$\phi(T)$ 表示技术进步（无偏部分），可以是非线性的，通常 $\phi(T)=\lambda_1 T+\frac{1}{2}\lambda_2 T^2$；$\sum_i\lambda_i T\ln P_i$ 可以反映技术进步的有偏性。

成本函数则满足以下条件：

（1）对价格线性齐次，即 $\forall\mu>0$，有

$$f(\mu P_K,\mu P_L,\mu P_E,Y,T)=\mu f(P_K,P_L,P_E,Y,T) \tag{7-13}$$

于是，对于所有 i，$j(=K,L,E)$，有

$$\sum_i a_i=1,\quad \sum_i a_{ij}=\sum_j a_{ij}=\sum_i\lambda_i=0 \tag{7-14}$$

（2）海赛矩阵 $[\partial^2 C/\partial P_i\partial P_j]_{i,j=K,L,E}$ 是对称的，即 $\alpha_{ij}=\alpha_{ji}$。

Translog 函数可以视为任意函数的二次对数近似。显然，如果 $\phi(T)=\varphi(Y)=0$，且 $\alpha_{ij}=\lambda_3=\lambda_i=0(i=K,L,E)$，则该 Translog 成本函数就是 Cobb-Douglas 函数形式。

假设 X_K，X_L，X_E 分别为资本、有效劳动、能源的投入量；S_K，S_L，S_E 分别为资本、有效劳动、能源在总成本中所占的份额。由 Shephard 引理 $X_i=\partial C/\partial P_i(i=K,L,E)$，可以得到各种要素的成本份额方程：

$$S_K=\frac{P_K X_K}{C}=\alpha_K+\alpha_{KK}\ln P_K+\alpha_{KL}\ln P_L+\alpha_{KE}\ln P_E+\lambda_K T \tag{7-15}$$

$$S_L=\frac{P_L X_L}{C}=\alpha_L+\alpha_{LK}\ln P_K+\alpha_{LL}\ln P_L+\alpha_{LE}\ln P_E+\lambda_L T \tag{7-16}$$

$$S_E=\frac{P_E X_E}{C}=\alpha_E+\alpha_{EK}\ln P_K+\alpha_{EL}\ln P_L+\alpha_{EE}\ln P_E+\lambda_E T \tag{7-17}$$

由于 $\sum_i\alpha_{ij}=\sum_j\alpha_{ij}=0$，式（7-15）～式（7-17）变换为：

$$S_K=\alpha_K+\alpha_{KK}\ln\frac{P_K}{P_E}+\alpha_{KL}\ln\frac{P_L}{P_E}+\lambda_K T \tag{7-18}$$

$$S_L=\alpha_L+\alpha_{LK}\ln\frac{P_K}{P_E}+\alpha_{LL}\ln\frac{P_L}{P_E}+\lambda_L T \tag{7-19}$$

$$S_E=\alpha_E+\alpha_{EK}\ln\frac{P_K}{P_E}+\alpha_{EL}\ln\frac{P_L}{P_E}+\lambda_E T \tag{7-20}$$

由于 $S_K+S_L+S_E\equiv1$，所以联立式（7-18）～式（7-20）的自由度为 2，有一个是冗余的。给定资本、有效劳动、能源的价格和成本份额，以及技术水平，就可以根据任意两个方程组成的联立方程组估计出所有参数。

在计算两种要素间的替代弹性时，通常采用 Allen 偏替代弹性（Allen Partial Elasticity of Substitution，AES）。

$$\text{AES}_{ij}=\frac{\partial\ln(X_j/X_i)}{\partial\ln(P_i/P_j)}=\frac{CC_{ij}}{C_iC_j}=\begin{cases}(\alpha_{ij}+S_iS_j)/(S_iS_j) & (i\neq j)\\(\alpha_{ii}-S_i+S_i^2)/(S_i^2) & (i=j)\end{cases} \tag{7-21}$$

其中，C_i 和 C_{ij} 分别为成本对价格的一阶和二阶偏导数。AES_{ij} 替代弹性是对称的，

即 $AES_{ij} = AES_{ji}$。如果 $AES_{ij} > 0$ 则表示要素 i 和 j 是 AES 替代的,如果 $AES_{ijt} < 0$ 则表示要素 i 和 j 是 AES 互补的。除了 Allen 偏替代弹性以外,还有 Morishima 替代弹性。

在研究要素替代弹性时,成本函数要比生产函数更具优势(Binswanger,1974):(1)对于生产者而言,要素价格是外生的,而要素投入量是可以决策的;(2)使用生产函数法求替代弹性时需要求解逆矩阵,成本函数法则不需;(3)使用生产函数时,要素投入量往往有较强的共线性,而成本函数以价格为自变量,一般不会出现严重的共线性问题;(4)生产函数中的线性齐次假设(对要素投入量)过于严格,而成本函数中的线性齐次假设(对价格)比较贴近实际;(5)Translog 成本函数还可以很好的处理技术进步的有偏性。Humphrey 和 Moroney(1975)还指出,采用生产函数得到的替代弹性值一般是有偏估计(虽然是一致的),而成本函数得到的替代弹性值是无偏的。此外,采用成本函数比较容易求替代弹性的标准差(廖华,2008)。

除了能源与资本、劳动、原材料等其他生产要素存在替代性以外,各类能源品种之间也存在替代性。其替代弹性的推导与上述类似。

近年来,国际能源价格巨幅波动,但与 20 世纪 70 年代底相比,它对宏观经济的负面冲击较小。其主要原因之一在于能源与其他要素间的替代弹性增大了,整个经济系统的自适应能力或者灵活性增强了。要素替代弹性和价格弹性(代数值)上升,表明经济系统的灵活性和自由度增强,能源价格上涨(相对于其他要素)更有助于减少能源消耗。有关中国能源与其他要素替代弹性及其变化的实证研究,详见廖华(2008)。

本 章 小 结

能源与其他要素的替代性研究,是现代能源经济研究与能源行业技术经济分析的一个重要区别。在传统的能源经济研究中,往往隐含假设能源与其他要素是不可替代的、各类能源之间是可完全替代的。本章主要从全要素生产率核算的视角介绍了要素替代与能源需求的关系、能源与其他要素替代弹性的计算方法。

需要指出的是,不同的国家和地区、不同的经济发展阶段,不同的经济体制,不同的行业,得到的结果可能会有所不同,技术进步有偏性也可能不同,更需要关注的是要素替代弹性的变化趋势。此外,在 *Energy Economics* 等能源类期刊中,较多文献研究能源与其他要素替代弹性时,在生产函数(或成本函数)中既把能源当投入,也把能源当产出,没有对二者进行区分,混淆了总产出(总产值)与增加值的区别。绝大部分相关文献忽视了劳动力质量的变化,即忽视了不同时期下劳动力的异质性(直接采用劳动人口数),而这对研究结果和结论将有重要影响。能源价格弹性(能源价格对能源需求的影响)是能源经济研究中的一个重要问题,也是能源政策制定与权衡的重要依据。大多数文献采用时间序列分析方法研究能源价格弹性,没有考虑能源与其他要素的替代性,以及各类能源之间的替代性。

思 考 题

1. 如何测算能源与其他要素的替代弹性？
2. 能源与其他要素是否存在互补的情况（即能源弹性小于零），请举例说明？
3. 在开展能源需求总量预测时，通常要考虑能源替代的影响，为什么？

要素替代弹性实证研究及其争议

自从 Hudson 和 Jorgenson(1974)，Berndt 和 Wood(1975) 应用 Translog 成本函数研究能源(E)、资本(K)、劳动(L)、原材料(M)替代弹性以来，出现了大量的实证研究，具体的研究方法、数据来源与处理方式、研究结论也不尽相同。Berndt 和 Wood(1975) 的研究发现，1947—1971 年美国制造业的资本与能源是互补关系（即替代弹性小于零），劳动与能源是替代关系，如果提高能源价格，有利于减少能源和投资需求，从而增加就业。而 Griffin 和 Gregory(1976) 根据 9 个工业化国家（含美国）的数据研究发现，资本、劳动、能源之间均是替代关系，由此引发了涉及替代弹性测度方法、数据选取（截面或时序）、估计方法等方面的争议和讨论(Berndt 和 Wood，1979，1981；Griffin，1981；Hisnanick 和 Kyer，1995；Olson 和 Jonish，1985；Pindyck，1979；Solow，1987)。替代弹性也不是一成不变的，Debertin 等人(1990)的研究表明，1970—1979 年美国农业部门 K-E 的替代弹性有增大的趋势，由 20 世纪 50 年代的互补变为 70 年代的替代。

20 世纪 90 年代以来，越来越多的能源与其他要素替代弹性研究针对美国以外的其他国家。Cho 等人(2004)分别从动态和静态的角度研究了韩国的情况，发现要素间的替代/互补关系在 1989 年前后有明显的变化，能源的短期自价格弹性为正。Welsch 和 Ochsen(2005) 研究了 1976—1994 年联邦德国的情况，并考虑了技术进步因素，发现资本与能源是互补的，技术进步有偏，且是能源节约型的，对外贸易则是能源消耗型。此外，还有对加拿大(Jaccard 和 Bataille，2000)、韩国(Cho 等人，2004)、意大利、葡萄牙、西班牙(Medina 和 Vega-Cervera，2001)等其他国家的研究。Roy 等人(2006)用 Panel 数据联合计算了美国和几个发展中大国的替代弹性，结果显示弹性值要普遍小于采用各国单独数据的回归结果。大多数研究采用宏观统计数据，鉴于这些数据可能造成的核算误差，Woodland(1993)，Arnberg 和 Bjorner(2007) 采用微观企业调研数据分别进行了研究。受数据获取、经济体制等条件的约束，目前对于发展中国家和地区能源、资本、劳动替代弹性的实证研究相对较少。Burki 和 Khan(2004)，Christopoulos 和 Tsionas(2002)，Roy 等人(1999)，Saicheua(1987)，Shankar 等人(2003)分别对泰国、印度、匈牙利、巴基斯坦、希腊做了研究。

在替代弹性理论探讨方面，Frondel 和 Schmidt(2004，2001，2002)研究发现，K-L-E-M 的替代弹性大小受到要素成本份额绝对值的影响，并认为替代弹性指标值的意义不大。Apostolakis(1990),Chung(1987),Frondel(2004) 等人对各国 K-L-E 替代弹性实证研究结果做了比较,大部分研究结论为 K-L 是替代的,但是 K-E、L-E 是替代关系,还是互补关系,则存在较多争议。早期的研究文献大多假设技术进步是希克斯中性的,且只估算 Allen 偏替代弹性。

不同学者的研究结论不尽相同,但绝大多数采用了参数计量模型,Serletis 等人(2008)首次采用半参数计量方法中的傅立叶模型和渐进理想模型来计算各类能源替代弹性。Koetse 等人(2008)对 34 篇文献所计算的 317 个交叉价格弹性和 314 个 Morshiam 替代弹性结果进行了回归分析,发现这些结果差异大部分可以被模型设定、技术进步有偏性、规模报酬、基础数据、投入要素选取、时期、地区等因素所解释。

我们认为,不同的国家和地区、不同的经济发展阶段、不同的经济体制、不同的行业,得到的结果可能会有所不同,技术进步有偏性也可能不同,更需要关注的是要素替代弹性、价格弹性的变化趋势。

资料来源:廖华. 能源效率的计量经济模型及其应用研究. 中国科学院研究生院博士学位论文,2008.

第 8 章

国际能源贸易与能源金融

能源分布的高度地缘性和能源供需在空间上的分离,使得国际能源贸易的蓬勃发展成为必然。能源贸易由最初固定价格的长期供货合同,逐步发展为现货贸易,随着能源贸易规模的进一步扩大,能源价格决定因素日益复杂,能源价格波动变得越来越剧烈和频繁,为规避价格风险,现货价格与期货价格挂钩,期货价格在能源价格发现中的作用和地位逐步得到加强,能源期货市场得到迅速发展。能源产业发展的另一显著特点是,能源与金融的日益融合,二者的融合为能源产业的发展注入了新的活力。能源金融的发展,一方面使得能源价格风险管理越发显得重要;另一方面也为能源价格风险管理提供了更加有效的管理工具。本章分为 4 节,8.1 节介绍了国际能源贸易特征和能源贸易对经济发展的促进作用;8.2 节介绍了能源的金融化发展趋势及能源期货市场的发展;8.3 节讨论了能源期货市场的有效性问题;8.4 节介绍了能源价格风险的度量,以及如何利用能源期货市场进行能源价格风险的管理。

8.1 国际能源贸易

8.1.1 国际能源贸易特征

由前面的章节已经知道,一次能源,尤其是化石能源具有高度的地缘性,世界主要能源消费地与能源资源拥有者存在严重的失衡现象。如北美、西欧、亚太三个地区的石油探明储量不超过世界总量的 22%,而其石油需求却占世界石油需求总量的近 80%,这使得国际能源贸易在各国发展中具有特殊的战略意义。

1. 世界石油贸易

1) 世界主要石油出口国的出口贸易特征

世界石油贸易主要交易品种是原油,原油贸易占石油贸易的 70% 以上。自 20 世纪 60 年代世界石油中心由墨西哥湾转向中东以来,中东一直是国际市场最主要的石油出口来源,据 BP(2011)数据显示,2010 年全球原油出口贸易为 18.76 亿吨,中东为 8.29 亿吨,占当年全球原油贸易的 44.2%,其次是前苏联地区[①],占 17%,西非占 11.8%,这三大地区占比超过 70%。图 8-1 给出了七大原油出口国/地区 2008 年和 2010 年贸易份额。总体而言受资源禀赋制约,世界石油出口贸易格局相对比较稳定。

2008 年,由次贷危机引发的金融危机全面爆发,由于石油市场与金融市场联动关系,

---

① BP 中石油是将苏联地区作为一个整体统计,天然气则是按俄罗斯联邦统计。

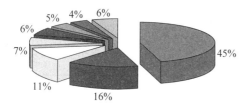
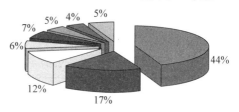

2008年主要出口国/地区份额   2010年主要石油出口国/地区份额

图 8-1 世界石油贸易分布

石油市场也受到巨大冲击,WTI(West Texas Intermediate,美国西得克萨斯轻质油)原油1月合同从 2008 年 7 月 3 日收盘最高价 145.29 美元/桶掉头向下,一路狂跌,2009 年 2 月即跌去 70%多。受油价下跌影响,前苏联地区 2009 年增产 3 000 万吨弥补石油收入的减少,OPEC 则减产保价,从近几年的出口行为看,OPEC 更像是一个油价稳定器的角色。

2) 世界主要石油进口国的进口贸易特征

原油进口主要集中在美国、欧洲、日本、中国和印度(图 8-2),2010 年这五大国家/地区原油进口量占世界总进口量的 80%,美国和欧洲占总进口量的近 50%。欧盟近年来大力发展可再生能源,原油进口量呈稳步下降态势,2008 年占全球进口总量的 28%,2009 年下降到 27%,2010 年进一步降到了 25%。2009 年受金融危机影响,美国、欧洲、日本石油进口均较 2008 年有所下降,降幅最大的是日本,由上年的 2.03 亿吨降到 2009 年的 1.77 亿吨,下降了 13%,但 2010 年,除欧洲地区外,美国和日本进口量又有所回升。作为新兴经济体的中国和印度伴随着经济的高速增长,石油进口也呈现出强劲增长势头,2008 年中国与印度原油进口占全球原油进口贸易份额分别为 9.1% 和 6.5%,2010 年分别增长到12.5% 和 8.6%,年均增幅均超过 10%,中国 2009 年、2010 年分别以 14% 和 15% 的速度递增。

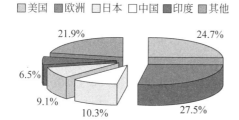
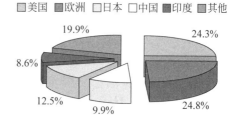

2008年主要进口国/地区   2010年主要石油进口国/地区

图 8-2 世界石油进口贸易分布

中国主要原油进口来源地为中东、西非、前苏联地区以及亚太,近两年加强了与前苏联地区的石油贸易,减少了对中东地区的依赖,2010 年从中东进口石油 1.18 亿吨,占总进口量的 40%,较 2008 年下降了约 2 个百分点,从前苏联地区进口 3 300 万吨,占进口量的

11％。从西非进口 4 370 万吨，占总进口量的 15％，从印度尼西亚等亚太国家进口 2 880 万吨，约占 10％（表 8-1）。进口来源地更加合理化，今后若干年中国的石油需求将仍然增长强劲，新增石油需求主要都将通过国际石油贸易来满足，开拓新的、安全的进口贸易渠道仍将是一项艰巨的任务。

表 8-1　2008—2010 年中国原油进口来源构成　　　　　　　　　　％

年份	中东	西非	前苏联地区	其他亚太地区	中南美洲	其他
2008	42.24	17.95	10.3	9.82	7.58	12.11
2009	40.76	16.45	10.52	10.84	6.99	14.44
2010	40.22	14.85	11.32	9.77	8.18	15.66

资料来源：根据 BP（2011）整理。

2. 全球天然气贸易特点

1）世界主要天然气出口国的出口贸易特征

与石油贸易相比，全球天然气贸易量小得多，但由于近年来石油价格在高位剧烈波动，天然气贸易呈显著增加的趋势。2010 年全球天然气贸易量为 9.75 千亿立方米，较 2009 年增长 13.5％，2009 年较 2008 年增长 7.7％。天然气贸易国际化程度不高，区域性特点非常显著，无论进口还是出口贸易集中度较石油都小得多。世界主要的天然气出口国为俄罗斯、挪威、卡塔尔和加拿大，它们的出口贸易占全球天然气贸易的一半左右，其中 2010 年俄罗斯天然气出口占全球总量的 20.5％（BP，2011）。

2）世界主要天然气进口国的进口贸易特征

天然气进口主要集中在美国、德国、日本和意大利等国，2010 年四国天然气进口贸易量占全球贸易量的 37.6％，美国最多，占比为 10.8％。从来源看，美国主要集中在加拿大，占其进口贸易量的 88％；德国主要集中在俄罗斯、挪威、荷兰，三大来源占其总进口贸易量的 95.7％；意大利主要集中在北非的阿尔及利亚、利比亚，俄罗斯以及欧洲的荷兰、挪威和亚洲的卡塔尔，其中阿尔及利亚占比 36.6％，俄罗斯占比 18.8％；日本主要集中在亚太地区的印度尼西亚、马来西亚、卡塔尔和澳大利亚以及俄罗斯，五大来源占其进口贸易量的 77％。

中国 2008 年进口天然气为 44.4 亿立方米，2009 年增加到 76.3 亿立方米，增幅超过 70％，2010 年进口量进一步增加到 163.5 亿立方米，较上年增幅超过了 100％。中国天然气进口来源主要为澳大利亚、土库曼斯坦、印度尼西亚、马来西亚和卡塔尔，其中 2010 年从澳大利亚进口 52.1 亿立方米，占比 31.88％，从土库曼斯坦进口 35.5 亿立方米，占比 21.71％。过去十年中国天然气消费量年均增长约 16％，与此同时，中国的天然气产量也呈快速增长的趋势，但增速低于消费，受制于资源禀赋和开发利用水平限制，未来中国会越来越依赖国际天然气市场，为此中国应尽早着手，开拓周边贸易资源。

3. 全球煤炭贸易特点

1）世界主要煤炭出口国的出口贸易特征

与天然气贸易类似，煤炭贸易的国际化程度也不高，区域性特色比较显著，目前国际主要有两大煤炭贸易圈：大西洋贸易圈和太平洋贸易圈(吴丽壹,2009)。太平洋贸易圈是世界煤炭贸易最活跃的地区,该地区主要煤炭出口国为澳大利亚、俄罗斯、印度尼西亚,其中澳大利亚是全球最大出口国,其出口量约占全球贸易的 30%左右(王书伟,2010);大西洋贸易圈主要煤炭出口国为哥伦比亚和南非。

2)世界主要煤炭进口国的进口贸易特征

2003 年前中国一度是除澳大利亚外的全球第二大煤炭出口国,此后由于强劲的国内需求,净出口量逐年减少,并于 2009 年转变为净进口国。2009 年中国累计进口煤炭 1.26 亿吨,比上年增长 211.9%;出口 2 240 万吨,下降 50.7%;全年净进口 1.03 亿吨,2010 年我国出口煤炭 1 903 万吨,比上年下降 15%,进口煤炭 1.65 亿吨,比上年增长 30.9%,净进口 1.46 亿吨,比上年增长 40.9%。目前,印度尼西亚是我国最大的煤炭进口贸易国,澳大利亚、越南、蒙古和俄罗斯紧随其后,上述五国进口煤炭占我国全部进口量的 84%(海关总署,2011)。

日本、韩国和中国台湾由于资源短缺,一直是最主要的煤炭进口国及地区。中国和印度近年来煤炭进口需求不断增加,随着人们对煤炭资源战略重要性认识不断加深、跨国企业重组对国际煤炭市场格局的影响,主要煤炭进口国都加紧了海外煤炭资源的开发,未来国际煤炭市场的进口贸易竞争将趋于激烈,中国应从能源安全战略高度出发,尽早布局,争取主动。

8.1.2 国际能源贸易与经济发展

能源贸易不仅是国家对外贸易的有机组成部分,更是一国参与国际能源流通与再生产的重要形式,也是各国参与世界范围内能源再分配的主要方式。面对全球能源短缺危机和在可持续发展方面遇到的问题,能源的输入与流出活动将关系到国家的能源安全乃至经济安全。

现代经济学理论认为,进口对一个国家的国民经济来说是一种"漏出"行为,进口增加,国民收入减少。但能源是一种特殊产品,它作为一种产出物,计入国民经济账户;同时还作为一种基本生产要素,是其他产品和劳务得以形成的基础和动力源泉。一般认为,能源产品的进口对一国经济来说也是一种"注入",有助于国民收入的增加。

能源贸易对经济增长的影响机理如图 8-3 所示(张生玲,2007)。

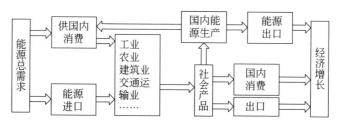

图 8-3 能源贸易对经济增长的影响机理

首先,国内生产的能源一部分用于国内消费,一部分用于出口。用于国内消费的能源一部分用于能源行业的再生产,即能源行业的自耗能;另一部分用于国民经济其他部门生产和服务需求。用于出口的能源,根据现代经济学观点,出口是一种"注入"行为,出口增加,国民收入增加。若考虑乘数的作用,国民收入会成倍增加。由于一定时期内,国内生产的能源产品总量是一定的,因而用于出口与用于国内消费两部分之间具有此消彼长的关系。

其次,国内总的能源需求量一部分来源于国内,一部分来源于进口,二者之间也存在着此消彼长的关系。根据前述分析可知,能源进口通过满足各部门必要的投入要素需求,增加了这些部门产品的增加值,从而增加了国民收入。

最后,能源进口和出口对于国民经济都有促进作用,但相比较而言,能源进口的作用更大。原因在于,能源是一种基本生产要素,处于产业链最前端,属于初级产品,附加值不大,而进口则通过产业链,大大增加了中间产品和最终产品的附加值,乘数效应明显,对经济增长的拉动作用大大增强(张生玲,2007)。

8.2　能源金融化与能源期货市场

20 世纪 80 年代以来,国际能源市场发展迅速,能源期货及衍生品层出不穷。以美国纽约商品交易所和英国伦敦国际石油交易所原油期货为主导的国际能源定价体系确立以后,能源工业的定价权逐步让渡给投资基金。金融行业开始大规模介入国际能源市场的投资活动,能源与其他商品一样成为投资基金追逐利润的对象,使能源由一种单纯的套期保值工具发展成为新兴的金融投资载体,能源与金融一体化发展的时代已来临。

8.2.1　能源金融化

1. 能源金融的内涵

当今能源产业发展的一个显著特点是能源市场与金融市场的日益融合,由此产生了一个新的名词——能源金融。能源金融可以简单地概括为能源与金融相互融合而形成的一种新的金融形态(贺永强等,2007)。金融市场的发展,给世界能源工业带来了动力,能源工业的发展则促进了世界经济的繁荣。金融资本向能源领域的渗透,使得能源已不再是一种纯粹的资源型商品,其金融属性日渐加强。能源金融的一体化给世界各国的能源、金融战略带来了新的挑战。

美元作为最主要的国际性货币,一直以来是世界各国主要的外汇储备币种,也是外汇市场主要的交易品种。国际石油贸易以美元计价和结算的体制决定了石油的准金融属性。20 世纪 70 年代以后,能源定价机制与能源投融资决策以及能源供应引起的汇率变化及其风险等问题越来越引起国际社会的普遍关注。西方国家开始将金融理论的成果应用在能源领域,并且在更深更广的范围内深化和发展了能源与金融各自的内涵,形成了能源金融自身固有的含义。

从形态上看,可以将能源金融分为能源虚拟金融与能源实体金融。能源虚拟金融一般指交易者在能源商品期货、期权市场、国际货币市场以及与能源相关的资本市场上进行能源实物、期货、期权等衍生工具、债券、汇率、利率和股票等的套期保值或投机操作,规避现货市场的风险,或获取投机利润。能源实体金融一般指能源产权与效率市场和资本市场的有机联络,利用资本市场的融资、监督、退出机制,培育、发展和壮大能源产业资本。能源金融一体化,对于能源资源的获取与开发、能源价格信号的产生与传递、能源市场风险规避与管理有着重要的意义(王漫雪,2009)。

随着能源与金融纵深发展,目前已逐渐形成能源市场和货币市场、外汇市场、期货市场包括大宗的衍生品市场,相互联动,形成一个庞大的复合金融体系。

2. 能源金融化发展趋势

虽然早在 1886 年,在威尔士的卡迪夫就出现了世界上最早的能源交易所——煤炭交易所,它运用金融交易的管理模式对当时的煤炭交易商的交易进行管理与运作。但能源与金融在真正意义上的融合,并获得前所未有的发展是在 20 世纪 70 年代石油危机后。随着能源金融化的进一步发展,能源金融一体化在能源与金融市场实践中有了更多的表现,具体反映在以下几方面。

1) 金融支持在能源工业发展上发挥了重要的作用

能源行业资金需求量巨大,勘探开发活动中不确定性因素很多,导致资金投资风险很高,能源行业投资高风险高回报的特点要求,能源项目融资规模大、融资渠道广、融资机制灵活。传统的融资方式主要通过证券市场和银行信贷,这些融资方式已经不能完全满足能源行业的投资需求。政府或金融机构建立能源产业基金越来越成为国际上的通行做法。在欧洲,挪威每年从国家财政收益以及税收中提取一定比例的资金存入石油基金。阿塞拜疆和墨西哥等产油国也都建立了石油基金。建立石油产业基金,一方面支持企业在国内外的资源勘探开发;另一方面支持企业参与国际石油风险市场运作,以及为推动能源结构转型和能源的可持续发展建立的各类能源基金。

2) 大型金融机构日益成为能源领域举足轻重的投资者

一方面是能源行业存在巨大的资金缺口;另一方面,能源行业蕴藏的巨大机遇吸引金融投资机构进入。他们的投资领域既包括能源产权市场,以享有能源资源的稀缺性、战争、突发事件带来的溢价,也包括能源期货市场。由于能源实物资产有限,且大部分优良资源已被瓜分,因而越来越多的资金被投向能源虚拟金融资产,如石油天然气期货。在全球流动性过剩的背景下,大量热钱在国际金融市场间快速流动。据《对冲基金情报》2006 年公布的调查显示,当时全球对冲基金总资产超过 1.5 万亿美元,而 1994 年全球对冲基金的总资产不过 1 900 亿美元。大约有 200 只基金控制着 400 亿~500 亿美元资产。参与国际能源,特别是石油期货交易的对冲基金主要有两类:宏观对冲基金(Macro-Hedge Fund)和能源对冲基金(Energy-Specific Hedge Fund)。前者不仅在不同的商品期货市场(如金属、能源、农产品等)之间套利,还在商品期货市场和金融证券市场之间跨市套利。能源对冲基金则专注于能源市场投资。然而,能源实物资产及虚拟金融资产只是这些金融机构投资组合的一部分,资本的逐利性决定了巨额资金在不同的市场间流动,对冲风险或寻求投机利润,使得能源与金融加速融合。

3）能源效率市场是新出现的能源金融模式

20 世纪 70 年代中期以来,一种基于市场的全新节能新机制——"合同能源管理"在市场经济国家中逐步发展起来,而基于这种节能新机制运作的专业化"节能服务公司"的发展十分迅速,尤其是在美国、加拿大,合同能源管理已发展成为一种新兴的节能产业。合同能源管理机制的实质是一种以减少的能源费用来支付节能项目全部成本的节能投资方式。节能服务公司（ESCO）是一种基于合同能源管理机制运作的、以盈利为直接目的的专业化公司。在传统的节能投资方式下,节能项目的所有风险和所有盈利都由实施节能投资的企业承担;在合同能源管理机制下,ESCO 与愿意进行节能改造的用户签订节能服务合同,为用户的节能项目进行投资或融资,向用户提供能源效率审计、节能项目设计、施工、监测、管理等一条龙服务,并通过与实施节能企业分享项目实施后产生的节能效益来盈利和滚动发展。这种风险共担,盈利共享的运营模式有助于推动节能项目的开展（贺永强等,2007）。

4）碳金融是未来极具发展潜力的能源金融创新模式

碳金融（carbon finance）是随着低碳经济的兴起而出现的一个全新的金融概念,它是指与碳,特别是与限制温室气体（GHG）排放有关的金融活动,包括银行贷款、直接投融资和碳指标交易等。服务于限制温室气体排放等技术和项目的直接投融资、碳权交易和银行贷款等金融活动,是温室气体排放权交易以及与之相关的各种金融活动和交易的总称。

2005 年后,在清洁发展机制（CDM）、联合履行机制（JI）及国际排放交易（IET）三种碳交易机制推动下,全球碳交易的配额市场和项目市场逐步形成,并出现了爆炸性增长。当时联合国和世界银行预测,2012 年全球碳交易市场容量将超过石油,成为世界第一大交易市场,而碳排放额度也将取代石油成为世界第一大商品。在碳交易机制下,碳排放权具有商品属性,其价格信号功能引导经济主体把碳排放成本作为投资决策的一个重要因素,促使环境外部成本内部化。随着碳市场交易规模的扩大和碳货币化程度的提高,碳排放权进一步衍生为具有流动性的金融资产（段冶,2010）。

在目前的各个碳交易市场中,排放权以及与排放权相关的远期、期权是最主要的交易工具。随着金融机构越来越多的介入,各种金融衍生产品也有了相当的发展。这些衍生工具,为碳排放权的供求双方提供了新的风险管理和套利手段。目前,主要的碳金融衍生产品包括:应收碳排放权的货币化,碳排放权交付保证,套利交易工具,与碳排放权挂钩的债券等。

国际上对节能减排的高度关注,加速了金融市场上碳配额交易的发展,利用金融市场的重要媒介作用,从完成碳配额到减排投资,可见金融业在新能源开发、能源升级换代、支持节能减排等方面将发挥越来越重要的作用（李忠民,邹明东,2009）。

能源工业是高投入、高风险行业,投资风险涵盖了能源资源勘探开发的风险、能源市场及能源金融工具的交易风险。目前,全世界 80% 的石油天然气的勘探、开发、生产、加工、销售主要由不超过 20 家国际大型能源企业控制,这些跨国巨头无不与金融市场保持密切联系,背后拥有强大的金融支持。他们在金融市场获得资本支持,然后在全球范围内占有与开发资源,以能源实物的生产和消费为基础进行金融工具的交易。这种多形式、多方位的整体运作,既保证了对资源的占有,获得利润,又控制了风险,保证了所在国家的能源安全。

如何满足能源工业发展亟须的大量资金,是世界各国面临的紧迫问题。能源金融化有利于社会资本向能源部门流动,借助金融的支持,能源企业可以实现产业资本和金融资本的融通。我国能源产业的发展急需大量资金,能源工业多年来一直受政府管制、企业管理和控制市场风险的能力很低,在能源金融一体化的国际化潮流下,应逐步建立起我国能源企业与银行、金融、外汇储备机构、投资基金等各方面的联动机制,建立起以借贷市场、期货市场、股票市场为核心的能源金融体系,为我国能源工业的发展保驾护航。同时必须注意到,能源与金融的联接产生了新的风险,必须掌握并运用新的手段来防范这些风险(贺永强等,2007)。

3. 能源金融化发展蕴含的风险

能源金融化发展可以极大地完善能源市场,促使市场主体多元化,为能源产业投融资带来新的机遇。但任何事物都有利有弊,能源金融化发展也是一把"双刃剑",在推动能源产业发展的同时,也给能源市场带来了新的更大的风险。

1) 能源价格波动性加大,不确定性增强

能源金融化发展,使能源价格决定因素复杂化,供需因素对能源价格形成作用减弱,虽然在国际能源市场以及全球经济、资本、金融、商品市场运行平稳时,金融化发展有利于价格发现,有利于生产者和消费者进行有效避险,但在任何一个市场出现异常时,由于资本的逐利性,金融化发展会使得波动性人为放大,并迅速波及其他市场。风险溢出效应检验显示,存在 WTI 原油期货市场到现货市场的单向的显著风险溢出效应(Fan 等,2008),股市风险对石油市场的冲击呈现明显的时变特征,且波动显著(Zhang 和 Wei,2011)。

流动性过剩是近年来全球资本市场的一个重要问题,流动性过剩加大了金融风险。2008 年金融危机爆发后,各国政府通过联手注入流动性制止经济下滑,为危机后暴跌的能源价格快速上涨起了推动作用。流动性过剩,国际投机资本规模迅速扩大,其中对冲基金发展速度最快,规模最大,2000—2006 年间每年以 20% 的复合增长率增长,2007 年达到 2.15 亿美元,2008 年金融危机后规模有所减小。在全球流动性过剩的背景下,能源市场成为流动性的重要出口(管清友,2007),据不完全统计,2008 年年中进入国际大宗商品市场的投机资金达到 2 600 亿美元,为 2003 年的 20 倍,其中约一半在石油市场(Cho,2008)。与共同基金不同的是,对冲基金较多地使用杠杆借贷,交易活跃,交易风格多元化,较少受到监管约束。在正常的市场条件下,对冲基金增加了交易的流动性,有利于金融创新,但在动荡的市场条件下,对冲基金可能使广泛的金融市场发生波动(麦肯锡全球研究院,2007)。

2）能源产业实体投资潜在风险加大

在流动性过剩背景下，资本的逐利性使然，如果再加上缺乏有效监管，过度投机，造成石油市场不稳定，也会影响到石油产业实体投资，使产业持续健康发展受到不良影响。美国安然公司创立初期是一家典型的电力和天然气配送企业，同时它也是能源金融交易的开拓者和践行者，但由于资本的逐利性，很快就从风险规避者转变为投机者。为逃避监管，安然公司联合其他大型能源企业为争取和扩大豁免商品期货贸易范围奔走游说，最终以法律形式将包括贸易合同和场外交易等能源期货方式置于联邦监管之外，还允许能源交易商成立自己的交易所并在其中履行上述合同交易时也无须受到政府监管。安然公司利用自己一手促成的"漏洞"导演了令人震惊的"安然风暴"。在 2000—2002 年，安然的能源交易商通过操纵能源期货市场，制造了加利福尼亚电力恐慌。在没有监管的情况下，仅仅 2000 年一年，安然公司的投机炒作就造成了整个加利福尼亚对电力的开支上涨了277%。贪婪的欲望最终葬送了安然公司（王晓薇，2009）。

3）金融体系风险增加

能源金融化发展趋势迫使各国积极参与石油期货及其衍生品市场运作，对于我国这样的石油消费和进口大国而言，为了保障本国石油安全，争取石油定价权，开展以本币交易的石油期货及衍生品交易就显得非常迫切。但是如果交易设置不合理，或者监管不力，尤其是在我国金融体系本身不完善的前提下，如果贸然行动，极易使整个金融体系受到游资的攻击，造成难以想象的后果。

4. 能源期货市场投机与价格波动

能源金融化的一个重要表现是，能源期货价格正逐步取代现货价格，成为国际能源市场价格发现的预先指标，从而使得供需因素对能源价格的影响，尤其是短期影响减弱，而非供需面因素，甚至一些金融投机力量的影响得到加强，在这样的背景下，如果监管存在明显漏洞，就可能导致能源金融化在促进能源市场发展的同时，使得能源价格风险加大，企业管理和控制价格风险的难度增加。

近年来，国际能源价格暴涨暴跌，由价格波动引发的能源安全问题引起广泛关注，在对能源期货投机活动是否为本轮能源价格暴涨暴跌主要原因的探讨时产生了两种不同的观点。一种观点持肯定态度，如美国参议院常务调查委员会（U S Senate Permanent Subcommittee on Investigations）于 2006 年 6 月 27 日发布的一份调查报告认为，投机因素造成的原油溢价高达 20～25 美元/桶（Senate Permanent Subcommittee on Investigations，2006）。

持否定态度的一方认为，期货市场主要的功能是价格发现和套期保值，期货市场这两个功能的实现依赖于市场投机活动（Cox，1976）。投机活动能够把市场预期的变化转化为市场价格的变化，最终实现期货市场价格发现的功能。正是基于此，反对投机活动推高能源价格论者认为，投机行为增加了市场流动性，是能源期货市场效率的来源。原油期货市场投机活动不仅没有推高油价，反而降低了国际油价的波动。

为了证明自己观点的正确性，两方都进行了相应的调查与实证检验，调查和检验所依据的数据,主要来自美国商品期货委员会(CFTC)公布的持仓报告数据。CFTC 将期货市场上的投机者定义为:那些既不生产也不消费,仅以其自有资本买卖期货并通过期货价格变化牟利的主体。它包括大型金融机构、对冲基金、养老基金和其他投资基金,主要是对冲基金和投资银行。例如,以国际上最主要的原油期货市场 NYMEX 为例,2002 年以来 NYMEX 原油期货市场上的非商业持仓呈增长态势,并于 2004 年年初首次超过20%。商业持仓一直为原油期货市场的主要力量,基本上处于 60%以上,这股力量主要是套期保值。尽管非商业持仓的份额较小,但力量不容小觑。经过对历史数据的统计分析发现,非商业净多头寸基本上与 NYMEX 原油价格波动方向呈正相关关系,非商业净多头寸增加与价格上涨基本呈同步变化。但 Haigh 等人(2007)研究发现,对冲基金并不像其他交易者那样频繁改变仓位,对冲基金会造成能源期货价格波动的假设被拒绝,Milunovich 和 Ripple(2006)采用动态条件相关系数(DCC)和增广 EGARCH 模型评价不同交易者对于原油期货市场的波动影响,实证检验也发现以对冲基金为代表的投机交易对价格波动没有显著影响,宋玉华等人(2008)的实证研究表明,对冲基金的投机活动既不是国际原油价格长期上涨的原因,甚至也没有放大国际油价的短期波动。

之所以运用同样地数据,得出的结论不一致甚至相反,一个很重要的原因在于 CFTC 对于投机商和套期保值者的划分。在 CFTC 中将原油生产者、中间商、重要的消费者,如航空公司等,视为商业性持仓者,认为这些持仓的主要目的是利用期货进行套期保值交易,又称为套期保值者;实际上相当多的商业性持仓者,如拥有大量炼油厂和石油储存设施的大型投资银行、石油公司等,并不仅仅将期货市场作为套期保值的场所,还期望从石油资产的价格变动中获得资产收益而成了投机者,如上文提到的安然公司以及下文的维多能源集团(Vitol)。相反,非商业性持仓者中的养老基金、管理基金等虽然不是套期保值者,但其操作手法与一般的投机者有较大的差别,他们更像是长期投资者。

针对该问题的探讨,管清友(2010)在其《石油的逻辑——国际油价波动机制与中国能源安全》一书中的观点值得一提,他首先认为当前检验投机活动推高油价的方法,沿用了股票市场和商品现货市场的方法,没有考虑期货市场的特殊性,其次对检验计算中数据的可靠性进行了质疑,进而明确提出"投机不可能长期和显著地推高油价,但监管漏洞可能导致大投行和大石油公司在期货和现货两个市场一定程度上操纵油价"。不过由于操纵方式的不透明,他们暂时还没有办法给出推理和证明,只能有待于事后检验。类似地,孙泽生(2009)也认为,"以投行和大型石油公司为代表的部分商业交易者要么设法影响公众的一致性预期,要么通过不对称信息和串谋先行调整库存和持仓量,引导油价预期的自我实现,并借机牟取暴利"成为油价波动的本源。摩根士丹利在 2008 年场外市场的日均交易量大于 2 500 万桶,相当于沙特阿拉伯原油产量的 2.5 倍,2008 年 8 月 21 日,美国《华盛顿邮报》援引两位不肯透露身份的行业内"深喉"称,前不久美国期货交易委员会修改数据报告中透露,持仓量高达 4.6 亿桶原油的"超级庄家",其真实身份是一家注册在瑞士的综合性能源公司,名为维多能源集团(Vitol)。其原油持仓量相当于 2008 年中国一年原油产量(1.9 亿吨)的 1/3;也就是说,仅 Vitol 公司为整个原油期货市场增加了中国 1/3

的需求量。实际上，仅轻质石油一项产品，该交易商就持有 3.3 亿桶，占整个美国 NYMEX 期货市场总仓位的 11%。对其身份的不同界定将导致商业性与非商业性持仓数据的显著变化，进而可能影响量化研究结果。

8.2.2 能源期货市场的形成与发展

20 世纪 70 年代初发生的石油危机，给世界石油市场带来了巨大冲击，石油价格剧烈波动，直接导致了石油期货的产生。石油期货诞生以后，其交易量一直呈现快速增长之势，目前已经超过金属期货，是国际期货市场的重要组成部分。

随着全球市场化进程的加速，能源的价格波动越来越难以把握。能源期货作为一种有效的规避能源风险的工具开始引起人们的重视，众多的期货交易所相继成立，新的交易品种不断涌现，能源期货市场进入了一个高速发展的时期。

目前，推出能源衍生性金融商品的交易所，主要包括美国纽约商业交易所（New York Mercantile Exchange，NYMEX）、伦敦国际石油交易所（International Petroleum Exchange，IPE）、新加坡交易所（Singapore Exchange，SGX）、日本东京工业品交易所（Tokyo Commodity Exchange，TOCOM）四大交易所，其中以纽约商业交易所及伦敦国际石油交易所最为成熟，广泛得到各国现货商和投资者的认同，新加坡交易所和东京工业品交易所则相对为区域性避险市场。

NYMEX 推出的轻质低硫原油期货合约是目前流动性最大的原油交易平台，也是目前世界上成交量最大的商品期货品种之一。其流动性良好和价格透明，促使该合约价格成为全球原油定价的基准价格。此外 NYMEX 还推出了一系列其他风险控制和交易机会的产品：期权交易、期权差价交易、取暖油和原油间的炼油毛利期权交易、汽油和原油间的炼油毛利期权交易以及平均价格期权交易等。WTI 原油现货仅限于在美国本土交易，但其期货合约价格却成为中东供应美国出口原油，以及整个美洲地区原油交易的价格参照体系，其价格已经成为国际原油价格最重要的"晴雨表"。

伦敦国际石油交易所（IPE）成立于 1980 年，由一批能源公司和期货公司牵头，是非营利性机构，2000 年 4 月完成改制，成为一家营利性公司，伦敦洲际交易所（Intercontinental Exchange，ICE）2001 年收购伦敦国际石油交易所。1988 年 6 月，伦敦国际石油交易所推出了国际三种基准原油之一的布伦特原油期货合约。此合约旨在满足石油工业对国际原油期货合约的要求，是一个高度灵活的风险规避和交易的工具。此合约上市后取得巨大的成功，使伦敦国际石油交易所成为国际原油期货交易中心之一。如今北海布伦特原油价格已经成为世界原油价格的一个参照价，其中，西北欧、北海、地中海，非洲以及部分中东国家都以布伦特的价格做参考（渤海商品交易所，2009）。

欧美老牌的能源交易所在不断强化能源定价优势地位的同时，加快了向亚太能源期货市场扩张的步伐，并在客观上对亚太地区形成独立的能源交易机制产生了一定的牵制。例如，纽约商品交易所在欧洲分部上市了俄罗斯乌拉尔原油，与迪拜商品交易所合作上市了中东阿曼原油期货合约，与新加坡国际金融交易所合作上市了燃料油合约，通过这些举动进一步影响亚太和远东地区。

迪拜商品交易所是迪拜控股公司旗下的 Tatweer、纽约商品交易所以及阿曼投资基金三方于 2007 年 6 月建立的。该交易所成为中东首个国际能源期货及商品交易所,它推出了 3 个新期货品种,包括阿曼原油期货合约以及两个非实物交割的期货合约(WTI-阿曼价差合约、布伦特-阿曼价差合约)。阿曼原油期货合约是中东第一个也是唯一一个实物交割的能源期货合约。

2007 年 5 月,伦敦国际石油交易所上市中东高硫原油期货。该合约是在期货电子平台上进行交易的,以普氏迪拜合约现货股价为基础进行现金结算,与纽约商品交易所原油期货合约的实物交割形成竞争局势。总体上来看,尽管伦敦国际石油交易所的中东高硫合约的交易量还不是很活跃,但它标志着 IPE 在中东产油国市场上迈出的第一步,为其进一步争取在亚太石油定价系统中赢得一席之地奠定了基础(庄青,李国俊,2007)。

根据交易契约种类及交易量来看,NYMEX 目前仍为各项能源期货商品交易的主要市场,商品流动性较高,最适宜能源企业进行避险操作。然而 IPE 近年来交易商品契约大幅增加,其后续发展相当值得避险投资者注意。

亚太地区也相继成立了一些区域性能源期货交易所。比如,日本于 1999 年上市了成品油期货,2001 年上市了原油期货;新加坡上市的燃料油和中东原油期货合约;印度 2005 年在大宗商品交易所上市了原油期货;俄罗斯出产的乌拉尔原油的期货在纽约商品交易所进行交易。

2004 年中国为国际能源市场的价格剧烈波动付出了沉重的代价。从国际能源定价机制来看,中国必须建立自己成熟而完善的期货市场,才有可能谋求国际能源定价权,完全摆脱自己在能源进口上"高买低卖"的尴尬局面。在这种形式下,上海期货交易所(SHFE)应运而生。上海期货交易所于 2004 年 8 月 25 日成功推出燃料油期货合约,还致力于原油期货、成品油期货、液化石油气和沥青期货等交易品种的研发。虽然国内期货市场还不足以满足企业规避风险的需求,但上海期货交易所燃料油期货合约自上市以来,比较真实地反映了国内现货市场的供需情况,与国际燃料油价格的关系已从过去的"被动接受""亦步亦趋",逐步发展为"紧密联动""积极影响"。上海燃料油期货的成功运行,为我国企业规避风险搭建了平台,也为我国进一步推出更多的石油期货品种,完善国家石油战略安全体系积累了有益经验。

世界主要石油期货交易所如图 8-2 所示。

由于国际能源贸易以石油为主,因此,能源期货也主要集中在石油各品种,随着能源-经济-环境协调发展问题日益受到全球重视,能源期货市场也将向更深更广泛的范围发展,如表 8-2 所示,NYMEX 和 IPE 已于 20 世纪 90 年代先后推出了天然气期货合约,上一节介绍的国际碳金融市场将成为未来一个重要的与能源有关的期货市场。

表 8-2　世界主要石油期货交易所

交 易 所	上 市 合 约	交 易 量
纽约商业交易所（NYMEX）	1978 年 11 月上市取暖油期货合约；1982 年上市含铅汽油期货合约；1986 年被无铅汽油期货合约取代；1986 年上市西得克萨斯中质原油（WTI）期货合约；1990 年上市天然气期货合约	2001 年交易量为 7 254 万手，日均交易量 27 万手
伦敦国际石油交易所（IPE）	1981 年上市轻柴油期货合约；1988 年上市布伦特原油期货合约；1997 年上市天然气期货合约	2001 年交易量为 2 641 万手，日均交易量 17 万手
东京商品交易所（TOCOM）	1999 年 7 月上市汽油、煤油期货合约；2001 年 9 月上市原油期货合约	2001 年交易量为 2 560 万手
新加坡交易所（SGX）	1989 年 SIMEX 上市高硫燃料油期货合约；2002 年 4 月与 TOCOM 签署合作协议交易中东原油期货合约	
上海期货交易所（SHFE）	1993 年推出大庆原油、90♯汽油、0♯柴油和 250♯燃料油四个期货合约	总交易量 5 000 万吨

注：SGX 是新加坡国际金融交易所（SIMEX）与新加坡证券交易所（SES）于 1999 年合并后成立的。

资料来源：百度百科。

8.3　能源期货市场的有效性

期货市场功能的充分发挥依赖其市场有效性的高低。从市场有效性的角度考察能源期货市场发展现状，将有助于认识和深入理解包括能源价格风险等一系列能源经济中的关键问题，对探讨我国能源市场价格风险管理和争取能源定价话语权等问题也具有一定的理论和现实指导意义。广义的有效市场概念经常用于描述市场的运行特征，包括市场运行效率和市场定价效率。前者指市场本身交易营运的效率，即市场的内部效率；而后者则指市场价格在任何时候都充分反映了与资产定价相关的所有可获信息，即以资产价格能否根据所有有关信息做出及时、快速的反应为标准，这里的有效被看作是市场的外部效率。一般而言，狭义的市场有效性仅包括后者，也即市场的外部效率。

8.3.1　有效市场假设

1. 能源期货有效市场理论的内涵

早期的有效市场理论主要研究证券价格对有关信息反应的速度及敏感程度。Eugene F Fama 认为，在一个有效的证券市场中信息完全反映在价格之中，证券价格既充分地反映了该证券的基本因素和风险因素，也表现了该证券的预期收益，其即时市场价格是该证券真实价值的最优估计（Fama，1965；1970；1998）。有效市场理论同样适用于能源期货市场。在有效的能源期货市场当中，能源期货投资者无法通过利用某一信息集合来形成买卖决策赚取超过正常水平的利润。从经济学意义上讲，就是指没有人能持续获得超额收益。有效市场是能源期货市场成熟的标志，也是能源期货市场建设和发展的目标。

从理论上看,能源市场的定价机制是否有效有如下两个标准:(1)价格已经充分反映资产的所有信息;(2)对于新信息,价格能做出迅速的、准确的调整。由于上述标准无法直接观察,在实践中,通常通过以下标准检验能源市场是否有效:(1)价格能否根据有关信息而自由变动;(2)有关信息能否被充分披露和均匀分布,使每个投资者在同一时间内得到等量等质的信息。

有效市场理论的经济学含义是:期货市场能够对连续的、不可预期的信息流做出迅速、合理的反应,期货价格曲线上的任意一点的价格都最真实、最准确地反映了该期货在该时点的全部信息,每个期货的内在价值均通过其市场价格得到合理体现,市场各交易者的边际投资收益率趋于一致,投资者收益率与市场平均收益率之间只能存在较小的随机差,且其差异范围通常包含在交易费用之中。实际上,有效市场理论集中体现了竞争均衡这一经济学中的理想状态,反映了芝加哥学派为代表的许多经济学家对于"看不见的手"(Adam Smith)这一理念的坚定信念。

2. 能源期货有效市场理论的三种假设形式

在能源市场上,不同的信息对价格的影响程度不同,从而反映市场效率的层次因信息的不同而不同。具体说来,充分反映于价格中的信息(图 8-4)包括如下三个层次:第一层次包含能源资产的历史信息,如价格、成交量、持仓量等,这是最容易获得的信息;第二层次包含所有公开可用的信息,如相关能源企业的资产负债表、各种能源经济组织公告等;第三层次包含所有关于该资产的可用信息,包括企业内部的或市场参与人的私有信息。

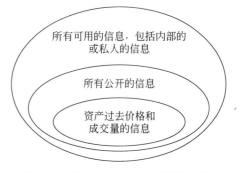

图 8-4　价格中充分反映的不同信息集合

1970 年,芝加哥大学教授 Fama 在其文章中在三个不同层次信息的基础上正式提出了市场有效性的三种假设形式(Fama,1970),即有效市场假设(Efficient Market Hypothesis,EMH)。具体针对能源期货市场而言,上述三个市场有效性层次为:

1) 弱式有效。这是资产市场效率的最低程度。如果有关能源资产的历史信息对资产的价格变动没有任何影响,则资产市场达到弱式有效。反之,则能源期货市场尚未达到弱式效率。因为如果有关能源资产的历史信息与现在的和未来的资产价格或收益无关,说明这些历史信息的价值已被投资者充分利用,也即历史信息已经被充分披露、均匀分布和被完全使用。任何投资者都不可能通过使用任何方法来分析这些历史信息以获取超额收益。由此,坚信历史会重演的技术分析方法在弱式有效市场中失效。需要注意的是,在一个弱式有效市场上,并不意味着投资者无法获取收益;而是说就平均而言,任何利用历史信息的投资策略所获取的收益都不可能超过简单购买-持有策略(buy and hold)所获的收益。购存策略是指投资者购买资产后长期持有该资产,着眼于长期的资本增值,而不是进行短期买低卖高的交易。

2）半强式有效。在半强式有效市场上，价格不仅充分反映了历史信息，而且充分反映了所有过去的和现在的公开信息（public information），如企业公布盈利报告或投资专业机构公开发表资料等。在该假设下，有关资产的公开信息对资产价格变动没有任何影响；除非投资者了解内幕信息并从事内部交易，否则不可能依靠分析任何公开可获信息而获取超额收益。在半强式有效的市场上，不仅技术分析失效，基本分析也失效。

3）强式有效。在强式有效市场上，资产价格已充分、及时地反映了所有有关公开的和内部信息；有关资产的任何相关信息（除了历史信息和公开信息之外，还包括私有信息和内幕信息等）均无法影响资产的价格变动。在强式有效市场下，无人可以依赖所谓的"小道消息"来赚钱，资产价格的变化是独立的随机变量，投资者即使拥有信息的垄断权，也不可能找到一种好的方法使用已获信息而获取超额收益。换句话说，如果存在内幕交易，市场就不是强式有效的。

3. 有效市场假设的检验

检验弱式有效市场的方法有两类：一是检验资产价格的变动模式；二是设计一个投资策略，将其所获收益和"简单的购买-持有"策略所获收益相比较。实际上，这两类方法可以说是一个问题的两个方面，它们之间具有互补性。常用的检验方法有随机游走模型、非参数游程检验、相对强度法、过滤检验、条件异方差检验等。以下简要介绍前两种方法。

1）随机游走模型（又称序列相关检验）

当所有投资者及时获得同一信息时，资产价格将超于其内在价值，投资者对信息分析方法和资产价格的评估可能各不相同，有高有低，但无论如何不可能系统地偏离其内在价值，换言之，当新的信息出现时，投资者开始测定资产的内在价格，并根据内在价格调整资产价格。因此，资产价格总是沿着内在价值线呈随机波动状态。所以说，若是资产价格的时间序列将呈随机行为，根据这一原理，资产价格的随机游走模型设定为 $P_t = P_{t-1} + \varepsilon_t$，其中，$E(\varepsilon_t) = 0$，$\mathrm{var}(\varepsilon_t) = 0$，$P_t$ 为资产在第 t 天的价格，P_{t-1} 为资产第 $t-1$ 天的价格，ε_t 为随机扰动项。

显然，若价格为随机游走过程，则 P_t 与 P_{t-1} 之间是相互独立的，也即其相关系数应等于 0；反之，P_t 与 P_{t-1} 之间的相关系数不等于 0。但是，由于资产后期价格是在前期价格的基础上递减或递增，从而对前期的价格存在依赖关系。为了克服这一问题，一般采用收益指标，而不采用价格指标，因此，实际问题变成要检验前期的收益率与后期的收益率之间是否相关，或者说，检验资产收益率是否具有随机游走特征，因此，模型改为 $R_t = R_{t-1} + \varepsilon_t$，其中，$R_t$ 为资产在 t 天的收益率，R_{t-1} 为资产在 $t-1$ 天的收益率，ε_t 为随机扰动项。如果 ε_t 是白噪声序列，即 $E(\varepsilon_t) = 0$，$\mathrm{var}(\varepsilon_t) = \sigma^2$，则所建模型具有稳定性，市场是弱式有效的。

第一步，建立假设检验。

H_0：ε_t 是白噪声序列；$H1$：ε_t 不是白噪声序列。也即 H_0：随机游走过程，市场是弱式有效；否则非弱式有效。

第二步，计算检验统计量。

$$Q = n \sum_{k=1}^{m} \rho^2 \varepsilon(k) \backsim X^2(m) \tag{8-1}$$

其中，$\rho_\varepsilon(k) = \dfrac{r_\varepsilon(k)}{r_0}$ 指 ε_t 的 k 阶自相关系数，$r_\varepsilon(k) = \dfrac{1}{n-k} \sum_{t=1}^{n-k} \varepsilon_t \varepsilon_{t+k}$ 是自协方差系数，描述 t 与 $t+k$ 之间自我线性相关的强弱和关系。$r_0 = \dfrac{1}{n} \sum_{t=1}^{n} \varepsilon_t^2$，$k = 0, 1, \cdots, m$ 且 $|r_\varepsilon(k)| \leqslant r_0$，$n$ 为样本数，m 为最大滞后长度，$m < n$。

第三步，若 $Q \leqslant X^2(m)$，接受 H_0，ε_t 是白噪声序列，模型呈随机游走状态，市场为弱式有效；$Q > X^2(m)$，拒绝 H_0，ε_t 不是白噪声序列，模型不呈随机游走状态，市场是非弱式有效。

对于序列相关检验，还有其他一些检验方法，如 Pearson 相关系数（Pearson correlation）、Spearman 秩相关系数（Spearman rank correlation）和 Q 值检验等。其中，当样本服从正态分布时，用 Pearson 相关系数进行检验比较合适。而当样本的分布完全未知时，则用 Spearman 秩相关系数更为有效。Spearman 秩相关系数是一种非参数检验方法（Lehmann 和 D'Abrera 1998），其计算公式如下：

$$r_k = 1 - \frac{6}{n(n^2-1)} \sum d_i^2 \tag{8-2}$$

其中，d_i 为 R_i 与 R_{i+k} 之间秩的差值。当样本量比较大时（例如，大于50），可用 t 检验来构造统计量：

$$t_s = r_k \sqrt{\frac{n-2}{1-r_k^2}} \tag{8-3}$$

查表得 $t_{d(\frac{a}{2})}$；当 $t_s \geqslant t_{d(\frac{a}{2})}$ 时，则否定原假设 $H_0 : r_k = 0$。取不同 k 值，分别计算出对应的 t_s 进行检验。

2）非参数游程检验方法

由于随机游走模型会受到一些异常值或极值的影响，因此在研究股票价格变化时，除了序列相关检验之外，还可以运用游程检验。股票价格连续性地上升或下降，被称为一个游程。一般存在两种方向的游程：上升或下降游程，价格停滞不变的情况在实践中出现的机会较少，故排除在外。以收益率为例，如果 $R_{j-1} < R_j > R_{j+1} > \cdots > R_{j+l} < R_{j+l-1}$ 那么称 $(R_j \cdots R_{j+l})$ 为一个游程，$l+1$ 为一个游程长度。总游程数 s，均值 $E(s)$，标准差 σ_s 定义为：

$$E(s) = \frac{N + 2N_A N_B}{N} \tag{8-4}$$

$$\sigma_s = \sqrt{\frac{2N_A N_B (2N_A N_B - N)}{N^2(N-1)}} \tag{8-5}$$

其中，N 为股价变动的总天数；N_A 股价上升的天数；N_B 股价下降的天数。当 N 足够大时，s 趋向正态分布：

$$Z = \frac{S - E(s)}{\sigma_s} \tag{8-6}$$

若 $|Z| < Z_a$，说明市场弱式有效，股票价格的变动无自相关性；$|Z| \geqslant Z_a$ 则市场非弱式有效，股票价格的变动有自相关性。

以上介绍了弱式有效市场的检验方法。而半强式有效市场假设检验则着重于检验公共信息是否被价格充分反映。公共信息种类很多，不可能一一检验，但只要检验一种公共信息的市场有效性即可。最著名的检验方法是 Fama、Fisher、Jensen、Roll(FFJR) 在 1969 年共同提出的事件研究方法(Fama et al.，1969)。

$$E(r_j / r_{m,t}) = \alpha_j + \beta_j r_{m,t} \tag{8-7}$$

$$\varepsilon_{j,t} = r_{j,t} - E(r_j / r_{m,t}) \tag{8-8}$$

其中，$\varepsilon_{j,t}$ 为时期 t 的超额收益率，定义为本期实际收益率 $r_{j,t}$ 与预期平均收益率 $E(r_j / r_{m,t})$ 之间的差额。而预期的平均收益率根据式(8-7)确定。为研究事件对资产价格影响过程，计算累计超额收益率：

$$\sum_{t=-T}^{+T} \varepsilon_{j,t} = E_{j,T} \tag{8-9}$$

由于资产价格受各种信息的影响，为了剔除其他信息的影响而反映出某特殊事件对资产价格的影响，可以通过计算平均累计超额收益率(E_T^-)来反映资产对事件反映的灵敏度。

$$E_T^- = \frac{\sum_{j=1}^{M} E_{j,T}}{M} \tag{8-10}$$

其中，M 为所选的资产种类。由于 M 种资产都受某一特殊事件的影响，而影响它们价格的其他信息在平均的过程中被剔除，所以 E_T^- 的变化可以用来反映资产价格对某一特殊事件的反应速度和准确性。

强式有效市场的假设检验需要明确：首先，超额收益是直接来自内部信息还是公共信息？其次，市场参与者是否通过内幕交易行为获得了超额收益？一般而言，如果能够利用内部信息获得超额利润，则说明市场还未达到强式有效。由于各国法律都严禁利用内幕信息进行交易，因此对强式有效的研究较少，目前研究主要集中于半强式有效和弱式有效市场的检验。

对于遍布全世界的各类能源市场是否有效市场，学术界存在较大争议，目前尚无定论。对于特定能源市场的有效性检验问题，应当具体问题具体分析。

4. 有效市场假设的进一步讨论

随机行走假设是 Osborne 在 1964 提出的(Osborne，1964)。他认为，市场价格是市场对随机到来的事件信息做出的反应，投资者的意志并不能主导市场，在此基础上建立了投资者"整体理性"这一经典假设，并进一步假设期货合约的持有期收益率服从正态分布，从而可以用数理统计学工具来分析资本市场。

作为传统金融学的理论基石，随机游走假设(Random Walk Hypothesis，RWH)，或称布朗运动假设(Brownian Motion Hypothesis，BMH)，有如下隐含假设和成立条件：

1) 当前价格收益率独立于历史收益率，即是对历史信息是无记忆性的；

2) 服从 $T^{\frac{1}{2}}$ 法则，即经过离散时间 T 资产价格预期随机游走的比例大小是波动率与时间长度平方根的乘积 $s\sqrt{T}$；

3) 资产价格是连续的；

4) 资产收益率服从均值等于漂移率、标准差等于波动率的正态分布。回报率在各个时期相同。

然而，在传统市场理论建立以来，对于 RWH 假设的检验与争议就没有停止过，许多研究者发现，实证的研究结果并不支持这个假设。

1) 资产的收益率不仅是具有尖峰、偏态和厚尾，而且存在显著的序列相关或自相关（Bouchaud 和 Potters，2001；Cajueiro 和 Tabak.，2005；Christodoulakis 和 Satchell，2002；Kim 和 Yoon，2004；Kim 和 White，2004；Oswiecimka, et al.，2005）。当前价格收益率并非完全独立于历史收益率，而是对历史信息具有长期记忆性的（Kim 和 Yoon，2004；He, et al.，2007；Lo，1991；Lo 和 Mackinlay，1996）。价格波动更多地呈现出所谓的"波动聚集"效应，即一个方向（如涨或落）价格的波动往往伴随着该方向上更大幅度的波动（Lo 和 Mackinlay，1996；Pagan，1996）。

2) 价格的变化率并不服从 $T^{\frac{1}{2}}$ 法则，实证结果表明：这一变化率通常都要高于时间的平方根（Peters，1994，1996；Sherrington, et al.，2002；何凌云，郑丰，2005）。

3) 诺亚效应（Noah effect）（Peters，1994），即真实市场中的价格变化倾向于突然的、不连续的变化，这完全不同与 RWH 假设的成立条件。鉴此，价格变化并不能认定为是连续的、趋于收敛的（李红权，马超群，2006）。

4) 资产收益率并不服从正态分布（Kim 和 White，2004；Peters，1994，1996）。

鉴于 RHW 假设严重偏离实际的现状（Mandelbrot，1963，1967，1971），Mandelbrot B B 提出了分形布朗运动（Fractal Brownian Motion，FBM）（Mandelbrot 和 W，1968）作为理论替代。Peters E E 在大量的实证工作基础上，在综合考察了 RHW 和 FBM 后，认为 FBM 才是更加符合实际的理论前提和出发点（Peters，1996），并在 FBM 的基础上，提出了著名的分形市场学说（Peters，1994）。在 Fama（1970）提出的有效市场假设中，噪声交易是不存在的。因为非理性交易者会由于"市场选择"（Market Selection）（Fama，1970）而消失，最终由理性交易者主导市场。参与市场的投资者有足够的理性，能够迅速对所有市场信息做出合理反应，从而否定了基本面分析和图表分析的理论基础。William Sharpe 在 1970 年给出了一个有效市场的定义（Sharpe，1970）：在一个市场当中，如果无法通过利用某一信息集合来形成买卖决策以赚取超出正常水平的利润，那么该市场对这组特定的信息集合是有效的。相应地，William Sharpe 定义的前提条件是有效市场是所谓的完美市场（Perfect Market）：(1)整个市场没有摩擦，即不存在交易成本和税收，所有资产可完全分割，可交易，没有限制性规定；(2)市场充分竞争；(3)信息成本为零；(4)市场参与者都是理性的，并且追求效用最大化。在 Fama 和 Sharpe 的理论框架里，非理性交易者在价格形成过程中的作用是无足轻重的，因为他们不能长时间影响价格；投资者只有根据金融资产的基本价值进行交易才能获得效益最大化。

如前所述，EMH 的前提假设是过于理想化和过于人为性简化的。鉴此，以
Markowitz 的资产组合理论（Markowitz，1952）、William Sharpe、Litner 和 Mossin 的资本
资产定价模型（Sharpe，1970；Sheffrin，1983）、Fama 的 EMH 假设（Fama，1970），以及
Black 和 Scholes 的期权定价模型（Black 和 Scholes，1973）为代表的传统市场理论显然并
不符合实证的结论，不能准确地描述市场行为。这样就需要构造一个全新的理论和方法
去重新解释、分析资本市场。在此情况下，Peters E E 在 1996 年提出了分形市场假设
（Fractal Market Hypothesis，FMH）（Peters，1996）。分形市场假说的主要内容和观点
（Peters，1996）有：

1）当市场上同时存在大量具有不同投资起点的投资者时确保了市场的充分流动性，
此时市场是稳定的。

2）短期信息比长期信息更关注市场敏感性和技术性。只要存在不同投资起点，长期
的基本面信息将占据主导地位。短期价格变化信息可能仅仅对于特定投资起点是重
要的。

3）如果对基本面信息的正确性产生怀疑，长期投资者可能停止交易，或成为短期投
资者。如果所有投资起点收缩到同一个水平，长期投资者不再对短期投资者提供流动性
以稳定市场，市场将失去稳定性。

4）价格反映了短期技术交易和长期基本面交易的结合。短期价格变化比长期价格
变化有更高的易变性和市场噪声，因而更像是群体（Crowd）行为的结果。基本面交易则
反映了宏观经济环境变化的长期趋势。

5）假如证券与经济循环无关，那么就不会有长期交易，短期信息将占主导地位。

FMH 大大地突破了 EMH 的理论界限，是对 EMH 的拓展，是更普遍意义上的市场
研究方法。实际上，EMH 不过是 FMH 的一个子集和特例而已。目前，越来越多的研究
者意识到分形市场学说的重要性，同时，大量的实证工作结果也在支持和强化这一学说
（Ausloos 和 Ivanova，2002；Brachet，et al.，2000；Gorski，et al.，2002；Jiang，et al.，2007；
Kim 和 Yoon，2004；Kwapien，et al.，2005；Oswiecimka et al.，2005；Richards，2000；
Turiel 和 Pérez-Vicente，2003，2005）。

8.3.2 能源期货市场的价格发现

价格是市场信息的沉淀，价格的变化反映了市场信息的变化。价格发现功能是期货
市场存在和发展的基础，也是期货市场套期保值功能发挥作用的前提，对于期货市场具有
特别重要的意义。

第一个对不同市场价格发现过程进行研究的是 Garbade 和 Silber（1979），他们对同
时在纽约证券交易所和地方性的股票交易所上市的股票价格之间是否存在共同的均衡价
格进行了检验。提出了主导市场（Dominant Market）和卫星市场（Satellite Market）的概
念，他们发现纽约证券交易所（主导市场）在股票价格的发现中起了主导性的作用。后来

Bigman et al. (1983)对期货市场简单有效性进行了研究,他们提出了一个检验模型,并对芝加哥期货交易所大豆、小麦、玉米三个品种的期货价格发现功能进行了实证检验。但Bigman的检验方法没有考虑时间序列的平稳性引起了广泛的争议。此后期货市场价格发现功能的研究逐渐抛弃传统的最小二乘法估计,而采用较新的统计分析方法如协整检验、误差修正模型和向量自回归模型等(Lai K S 和 Lai M,1991;Quan,1992)。

价格发现研究的一个重要方面是测算不同市场的新息对同一资产(商品)的共同有效信息贡献的比例。比较重要的测算方法有两个:一个是 Gonzalo 和 Granger(1995)提出的永久-短暂(PT)模型;另一个是 Hasbrouck(1995)提出的信息份额(IS)模型。

1. 永久-短暂模型(Permanent-Transient model,PT)

考虑两个一阶协整的价格序列 $P_t = (P_{1t}, P_{2t})'$,根据格兰杰表示定理(Engle 和 Granger,1987),它们之间的误差修正模型可以表示为如下形式:

$$\Delta P_t = \alpha\beta' P_{t-1} + \sum_{k=1}^{K} A_k \Delta P_{t-k} + e_t \tag{8-11}$$

其中,α 为误差修正向量;β 为协整向量;e_t 为残差(也称新息)项。满足均值为零,序列无关,以及协方差 $\Omega = \begin{bmatrix} \sigma_1^2 & \rho\sigma_1\sigma_2 \\ \rho\sigma_1\sigma_2 & \sigma_2^2 \end{bmatrix}$,其中,$\sigma_1^2, \sigma_2^2$ 分别为 e_{1t}, e_{2t} 的方差,ρ 为 e_{1t}, e_{2t} 的相关系数。

Stock 和 Watson's(1988)将时间序列之间的共同趋势表示为:

$$P_t = f_t + G_t \tag{8-12}$$

其中,f_t 为永久影响部分;G_t 为暂时影响部分,G_t 对 P_t 不产生永久性的影响。

Gonzalo 和 Granger(1995)定义永久影响部分为 $P_t = (P_{1t}, P_{2t})'$ 的一个线性组合,即 $f_t = \gamma_1 P_{1t} + \gamma_2 P_{2t}$,其中,$\Gamma = (\gamma_1, \gamma_2)$ 为共同要素系数向量,且 $\sum \gamma_i = 1$。他们证明了 Γ 与(1)中的误差修正向量 α 是正交的,并且用 γ_1, γ_2 来度量两个市场对价格发现的贡献。

2. 信息份额模型(Information share model,IS)

Hasbrouck(1995)将方程(1)转换为下述的向量移动平均(Vector Moving Average,VMA)过程:

$$\Delta P_t = \psi(L) e_t \tag{8-13}$$

式(8-13)可以进一步转换为

$$P_t = \psi(1) \sum_{s=1}^{t} e_s + \psi^*(L) e_t \tag{8-14}$$

其中,$\psi(L), \psi^*(L)$ 是滞后算子 L 的矩阵多项式;$\psi(1)$ 为移动平均系数之和;$\psi(1)e_t$ 表示信息对每一市场价格的长期影响。信息对所有市场价格的长期影响是相同的,即 $\psi(1)$ 拥有相同的行向量,令 $\psi = (\psi_1, \psi_2)$ 表示 $\psi(1)$ 的共同行向量,则有

$$P_t = l\psi\left(\sum_{s=1}^{t} e_t\right) + \psi^*(L) e_t \tag{8-15}$$

其中,$l = (1,1)'$。两部分中来自第一部分的 $\psi \cdot e_t$ 为永久影响部分,$\psi^*(L)e_t$ 为短暂

影响部分。

Baillie et al.（2002）对 PT 模型和 IS 模型之间的关系进行了研究,证明了关系 $\dfrac{\psi_1}{\psi_2} = \dfrac{\gamma_1}{\gamma_2}$,因此,当误差修正模型的误差项之间不相关（即 $\rho = 0$）时,信息份额可以利用式（8-16）计算得到

$$IS_i = \frac{\gamma_i^2 \sigma_i^2}{\gamma_1^2 \sigma_1^2 + \gamma_2^2 \sigma_2^2}, \quad i = 1, 2 \tag{8-16}$$

当市场之间的价格信息存在显著的相关性（即 $\rho \neq 0$）时,上述公式不成立。Hasbrouck（1995）建议对 Ω 进行 Cholesky 分解,利用正交化的信息度量 IS。设将协方差 Ω 进行 Cholesky 分解为: $\Omega = MM'$,其中 M 为下三角矩阵,且满足

$$M = \begin{bmatrix} m_{11} & 0 \\ m_{21} & m_{22} \end{bmatrix} = \begin{bmatrix} \sigma_1 & 0 \\ \rho\sigma_2 & \sigma_2(1-\rho^2)^{\frac{1}{2}} \end{bmatrix} \tag{8-17}$$

则第 i 个市场的信息份额为

$$IS_i = \frac{([\psi'M]_i)^2}{\psi'\Omega\psi} \tag{8-18}$$

其中,$[\psi'M]_i$ 表示列矩阵 $\psi'M$ 的第 i 个元素。

Baillie et al.（2002）证明了

$$\frac{IS_1}{IS_2} = \frac{(\gamma_1 m_{11} + \gamma_2 m_{21})^2}{(\gamma_2 m_{22})^2} \tag{8-19}$$

由于 $IS_1 + IS_2 = 1$,所以有

$$IS_1 = \frac{(\gamma_1 m_{11} + \gamma_2 m_{21})^2}{(\gamma_1 m_{11} + \gamma_2 m_{21})^2 + (\gamma_2 m_{22})^2} \tag{8-20}$$

和

$$IS_1 = \frac{(\gamma_2 m_{22})^2}{(\gamma_1 m_{11} + \gamma_2 m_{21})^2 + (\gamma_2 m_{22})^2} \tag{8-21}$$

从式（8-20）和式（8-21）可以看出,信息份额只与 α（或它的共厄 Γ）和 Ω 有关,此外当 $m_{21} \neq 0$（也即两个市场的价格信息不相关）时,上述分解给第一个市场价格分配了一个较大的份额。因此,根据上述模型计算出的信息份额 IS 与价格变量的次序有关,在二元的情况,IS_i 的上（下）界通过将第 i 个价格排在第一（最末）的位置获得,n 元的情况,需对变量的所有排列进行全面验证（Hasbrouck,2002）。PT 模型方法的一个优势是每个市场对价格发现的贡献是唯一确定的。IS 模型和 PT 模型的本质区别在于对价格扰动的分解不同,以及如何将扰动所产生的影响分配到各个市场。Gonzalo 和 Granger（1995）的 PT 模型将共同要素（永久影响）分解为两个价格的线性组合,而 Hasbrouck（1995）却对共同要素（永久影响）的方差进行分解。IS 模型比 PT 模型更具一般性。

由于价格变动反映了市场对新信息的作用,因此,如果一个市场所占的信息份额相对较大,则说明这个市场吸收了更多的市场信息,也即在价格发现功能中发挥了更为重要的作用。

3. 案例分析：WTI原油期货的价格发现功能

下面利用PT模型和IS模型对原油期货市场的价格发现进行简单分析。采用的数据为美国纽约商品期货交易所上市的WTI原油1个月期货合同以及WTI原油现货价格日数据，时间跨度从1986年1月2日至2006年4月28日。

协整检验结果显示WTI现货和期货价格之间存在长期协整关系，协整方程如下：

$$pf = 1.001 \cdot ps - 0.053$$

其中，pf，ps分别为原油期货和现货价格。

且这种协整关系经Wald系数检验，在统计意义上表现为差价关系。因此，计算期货与现货价格的发现功能时，可以假设WTI期货与现货价格之间长期关系为差价关系，并记$zt_t = pf_t - ps_t$。根据差价关系建立的短期误差修正模型如表8-3所示。

表8-3　向量误差修正模型

	系数	标准差	t统计量	概率
应变量 $D(PF)$				
$ZT(-1)$	-0.1305	0.0301	-4.3320	0.0000
$\Delta(PF(-5))$	-0.0334	0.0141	-2.3721	0.0177
$\Delta(PS(-3))$	-0.0328	0.0135	-2.4276	0.0152
$\Delta(PS(-6))$	-0.0385	0.0135	-2.8477	0.0044
应变量 $\triangle(PS)$				
$ZT(-1)$	0.4230	0.0365	11.5751	0.0000
$\Delta(PF(-1))$	-0.0875	0.0370	-2.3680	0.0179
$\Delta(PF(-5))$	-0.0467	0.0145	-3.2142	0.0013
$\Delta(PS(-1))$	0.0765	0.0357	2.1445	0.0320
$\Delta(PS(-6))$	-0.0372	0.0140	-2.6588	0.0079

方程：$\Delta(PF) = C(2) * ZT1(-1) + C(3) * \Delta(PF(-5)) + C(4) * \Delta(PS(-3)) + C(5) * \Delta(PS(-6))$
DW统计量　2.0080
方程：$\Delta(PS) = C(8) * ZT(-1) + C(9) * \Delta(PF(-1)) + C(10) * \Delta(PF(-5)) + C(11)$
　　$* \Delta(PS(-1)) + C(6) * \Delta(PS(-6))$
DW统计量　1.9931

从短期动态调整模型可以看出，滞后一期的期货价格和现货价格对现货价格的短期波动有显著影响，而期货价格的短期波动受到滞后3期和滞后6期的现货价格与滞后5期的期货价格的显著影响，因此，现货价格的波动受到自身和期货价格波动的影响较大且迅速。

WTI期货和现货价格对长期均衡偏离的调整速度分别为$\alpha_1 = -0.131$，$\alpha_2 = 0.423$。根据Gonzalo-Granger(1995)定义的共因子概念，可得国际原油期货市场与现货市场的共同有效价格（即共因子）$C_t = 0.765 \cdot pf_t + 0.235 \cdot ps_t$。

根据上述结果，利用Hasbrouck(1995)信息份额模型计算WTI期货和现货价格的信息份额得，$IS_1 = 0.548$，$IS_2 = 0.452$，这与王群勇、张晓峒(2005)利用信息份额模型对样本期间为1983年4月4日到2004年11月23日计算的结果$IS_1 = 0.543$，$IS_2 = 0.457$非常接近，表明国际原油期货市场在原油价格发现中占据主导地位，且作用比较稳定。

国际能源期货市场经过 20 多年的快速发展已接近成熟，具备了一定的价格发现功能。虽然一些实证研究结果显示，能源期货市场在价格发现中还不具有主导作用，但能源期货市场在价格发现中的作用是显著存在的(Tse 和 Xiang，2005；Foster，1996；Zhang 和 Wei，2010；王群勇，张晓峒，2005)。

8.4 能源期货市场的价格风险管理功能

8.4.1 能源价格风险概念

伴随着国际能源贸易的发展，尤其是能源金融化，以及能源期货价格取代现货，成为能源市场定价的依据等一系列变化大大促进了能源产业的发展，使国际能源市场的运行越来越规范有效。但与此同时，相关的各种风险，如金融风险、价格风险等也应运而生，如何有效管理和控制这些风险，成为市场参与者各方关注的问题。其中，在正常市场条件下，企业面临的最大、最频繁的风险就是价格波动风险，所以本节主要介绍能源价格风险的度量与管理。

所谓能源价格风险，是指因能源价格的波动给能源生产者或消费者等各方带来的收益上的不确定性。能源价格风险大小直接影响能源生产与消费的各种选择，因此，有效的度量能源价格风险，并在此基础上，进行有效控制和管理对能源市场参与各方均具有重要意义。

8.4.2 能源价格风险的度量

1. 在险值

度量价格风险最主要，也是最常用的工具是在险值(Value at Risk，VaR)。VaR 最先起源于 20 世纪 80 年代末交易商对金融资产风险测量的需要，作为一种金融风险测定和管理的工具，则是以 JP 摩根银行最早在 1994 年推出的风险度量模型为标志。与以往主要靠管理者的主观判断进行风险的定性评价不同，在险值法是一种利用概率论和数理统计理论进行风险量化和管理的方法，具有坚实的科学基础。目前，以在险值法为基础的金融风险管理技术已成为国际范围内普遍使用的风险管理技术。

在险值，意为处在风险中的价值。VaR 定义为：在一定的持有期，一定的置信水平下可能的最大损失。VaR 要回答这样的问题：在给定时期，有 $x\%$ 的可能性，最大的损失是多少？严格的定义如下：

设 R 是描述组合收益的随机变量，$f(R)$ 是其概率密度函数，置信水平是 c，那么收益小于 R^* 的概率为

$$\text{Probility}[R < R^*] = \int_{-\infty}^{R^*} f(R)\mathrm{d}R = c \tag{8-22}$$

VaR 有绝对风险值和相对风险值之分，绝对风险值是指相对于当前头寸的最大可能

损失。

$$\text{VaR}(\text{绝对}) = -R^* W \tag{8-23}$$

相对 VaR 是指相对于收益期望值的最大可能损失。

$$\text{VaR}(\text{相对}) = -R^* W + \mu W \tag{8-24}$$

其中,μ 是收益的期望值;W 是头寸大小。实践中通常使用相对 VaR。

一个特定的 VaR 值是相对于三个因素而言的:(1)持有期;(2)置信水平;(3)基础货币,持有期是风险所在的时间区间,如一天或一个月。置信水平表示承担风险的主体对风险的偏好程度,一般取 90%～99.9%。在险值(VaR)总是用某个国家的货币作为基准表示的,所以 VaR 的值依赖于基础货币的选取。因此,VaR 对风险的度量具有本质的进步,开创了全新的风险管理阶段,它在风险度量的基础上,其技术可用于全面风险管理,包括机构的设置、部门的管理、绩效评估、报酬的分配以及资本配置、金融监管等。

2. VaR 的计算

VaR 的计算有多种方法,适用于不同的市场条件、数据水平、精度要求等。大体上可归为以下三种方法。

1) 方差协方差方法

记 $\{P_t\}$ 为某金融工具的价格的时间序列,R_t 为收益,在金融市场价格的随机游动假说下,P_t 服从独立的正态分布。由以下收益(R_t)的定义:

$$R_t = (P_t - P_{t-1})/P_{t-1} \tag{8-25}$$

可知,当 P_{t-1} 已知时,收益序列 $\{R_t\}$ 服从独立的正态分布,设

$$R_t \sim N(\mu, \sigma_t^2) \tag{8-26}$$

令 $Z_t = (R_t - \mu)/\sigma_t$,则有 Z_t 服从标准正态分布,

$$Z_t \sim N(0,1) \tag{8-27}$$

$$\text{Probility}[R_t < R^*] = \text{Probility}[Z_t < (R^* - \mu)/\sigma_t] = c \tag{8-28}$$

由式(8-22)对风险值的定义,得到下式:

对给定的置信水平 c,对应的标准正态分布的分位点为 α(由标准正态分布表查表可得),所以有

$$(R^* - \mu)/\sigma_t = \alpha \tag{8-29}$$

简单推导可得

$$R^* = \mu + \alpha \sigma_t \tag{8-30}$$

代入式(8-23)和式(8-24)VaR 的定义,我们得到以下结果:

$$\text{VaR}(\text{绝对}) = -\mu W - \alpha \sigma_t W \tag{8-31}$$

$$\text{VaR}(\text{相对}) = -\alpha \sigma_t W \tag{8-32}$$

正如上面讲到的,实践中经常用到相对 VaR,亦即采用式(8-24)计算时刻 t 的风险值。以下我们谈到 VaR 时均指相对 VaR。

当资产组合包括两种以上资产时,我们用向量形式来表示。假定组合中有 n 种资产,每种资产的收益为 $R_i(t)(i=1,\cdots,n)$,令向量 $\boldsymbol{R}(t) = (R_1(t) R_2(t) \cdots R_n(t))^{\mathrm{T}}$,并假定 $\boldsymbol{R}(t)$

服从多元正态分布，记向量 $\mathbf{F}=(\rho_{i,j})_{n\times n}$ 为 n 种资产的相关系数矩阵，$\omega=(\omega_1\omega_2\cdots\omega_n)^{\mathrm{T}}$ 为每种资产投资占总投资的比重，显然有 $\omega_1+\omega_2+\cdots+\omega_n=1$。另记投资组合的收益为 $R_p(t)$，则有

$$R_p(t)=\omega_1 R_1(t)+\omega_2 R_2(t)+\cdots+\omega_n R_n(t) \tag{8-33}$$

因为正态分布的线性组合仍然是正态分布的，所以 $R_p(t)$ 服从正态分布，按照上面的推导，其风险值 VaR_p 为

$$\mathrm{VaR}_p=-\alpha\sigma_p W \tag{8-34}$$

剩下的问题就是计算投资组合的标准差 σ_p 了。由数理统计的结果，知道由式(8-33)得到的正态变量的标准差 σ_p 同每种资产的标准差 σ_i 之间的关系为

$$\sigma_p^2=\begin{bmatrix}\omega_1\omega_2\cdots\omega_n\end{bmatrix}\begin{bmatrix}\sigma_1 & 0 & \cdots & 0 \\ 0 & \sigma_2 & \cdots & 0 \\ \vdots & \vdots & & \vdots \\ 0 & 0 & \cdots & \sigma_n\end{bmatrix}\begin{bmatrix}1 & \rho_{1,2} & \cdots & \rho_{1,n} \\ \rho_{2,1} & 1 & \cdots & \rho_{2,n} \\ \vdots & \vdots & & \vdots \\ \rho_{n,1} & \rho_{n,2} & \cdots & \rho_{n,n}\end{bmatrix}\begin{bmatrix}\sigma_1 & 0 & \cdots & 0 \\ 0 & \sigma_2 & \cdots & 0 \\ \vdots & \vdots & & \vdots \\ 0 & 0 & \cdots & \sigma_n\end{bmatrix}\begin{bmatrix}\omega_1 \\ \omega_2 \\ \vdots \\ \omega_n\end{bmatrix}$$

$$\tag{8-35}$$

记为向量形式即为 $\sigma_p^2=\omega^{\mathrm{T}}\sigma\mathbf{F}\sigma\omega$，代入式(8-34)，得到组合的风险值($\mathrm{VaR}_p$)与每种资产的风险值($\mathrm{VaR}_i$)的关系式为

$$\mathrm{VaR}_p=-\alpha\sigma_p W=-\alpha[\omega^{\mathrm{T}}\sigma\mathbf{F}\sigma\omega]^{1/2}W$$

$$=\sqrt{[-\alpha\omega_1 W\sigma_1 \quad -\alpha\omega_2 W\sigma_2 \quad \cdots \quad -\alpha\omega_n W\sigma_n]\mathbf{F}[-\alpha\omega_1 W\sigma_1 \quad -\alpha\omega_2 W\sigma_2 \quad \cdots \quad -\alpha\omega_n W\sigma_n]^{\mathrm{T}}}$$

$$=\sqrt{[\mathrm{VaR}_1 \quad \mathrm{VaR}_2 \quad \cdots \quad \mathrm{VaR}_n]\mathbf{F}[\mathrm{VaR}_1 \quad \mathrm{VaR}_2 \quad \cdots \quad \mathrm{VaR}_n]^{\mathrm{T}}}$$

$$=\sqrt{\mathrm{VaR}\cdot\mathbf{F}\cdot\mathrm{VaR}^{\mathrm{T}}} \tag{8-36}$$

其中，$\mathrm{VaR}=[\mathrm{VaR}_1,\mathrm{VaR}_2\cdots,\mathrm{VaR}_n]$ 是每种资产风险值构成的向量，$\omega_i W$ 正好是投资在第 i 种资产上的头寸。

由以上定义和推导可见，在正态假设下，只需要估计每种资产的标准差和它们之间的相关系数就可以得到任意组合的 VaR。

2）历史模拟法

简单模拟法是根据每种资产的历史损益数据计算当前组合的"历史"损益数据，将这些数据从小到大排列，按照置信度的水平找到相对应的分位点 R^*，从而计算出 VaR。

当投资组合中的金融产品不存在历史数据或没有足够的历史数据时，需要用历史模拟法改进简单模拟法。首先找出影响组合的基础金融工具或其他风险因素，通过分析它们的历史数据，得到风险因素未来的可能变化值，从而对现有组合进行估价；最后在一个给定的置信水平下，用组合价值的可能损益估计其风险值。

3）Monte Carlo 方法

与历史模拟法不同的是，Monte Carlo 方法并不直接利用每种资产的历史数据来估计风险值，而是得到它的可能分布，并估计分布的参数，然后用相应的"随机数发生器"产生大量的符合历史分布的可能数据，从而构造出组合的可能损益。在这样得到的大量的

组合可能损益中,按照给定的置信水平得到风险值的估计。

J P Morgan 集团从 1994 年开始在互联网上公布的名为风险度量(Risk Metrics)的方法和数据,其计算 VaR 的方法是采用了方差协方差方法,它假定对数价格的变化服从独立异方差的正态分布:

$$r_t = \ln(P_t) - \ln(P_{t-1}) \sim N(0, \sigma_t^2) \tag{8-37}$$

其中,P_t 表示某种金融工具在时间 t 的价格,时间间隔为 1 天。

当已知 P_{t-1} 时,假定 r_t 的分布是均值为 0,方差为 σ_t 的正态分布。这里重要的是考虑了方差的时变性。J P Morgan 集团通过公布 480 种金融工具的 VaR 和相关系数,使得金融机构可以方便地计算任意组合的风险值。

3. 案例分析:基于 HSAF 的原油价格风险

1) 历史模拟法优缺点分析

历史模拟法的优点是显而易见的。首先,概念简单,操作方便,便于解释;其次,对收益的分布没有任何假定,也就是说,不依赖于收益分布的形式和参数,不必讨论是否独立是否同分布等,也不必考虑是否有厚尾瘦腰高峰等现象;最后,历史模拟法作为一种非参数方法,使得我们不必估计波动性、相关性等参数,那么也就避免了参数估计的风险,即所谓"模型风险"。这是历史模拟法明显优于方差协方差方法和 Monte Carlo 方法的地方。Mahoney(1996)发现,历史模拟法能够在所有置信水平下(可以高达 99%)得到 VaR 的无偏估计,而方差协方差方法在置信水平高于 95% 时就开始低估 VaR 了。

历史模拟法在应用中也有一些问题。一个是需要的数据量比较多,这一点在有些金融工具中是比较困难的,对一些经常调整的投资组合尤其困难。另一个缺点是估计的结果完全依赖于历史数据集合的选取,隐含的假设就是:过去的信息能够充分描绘未来的风险水平。再一个问题是历史数据区间长度(T)的选择问题。一方面,我们希望有足够多的历史数据来反映我们关心的历史分布的尾部。置信水平越高,需要的历史数据越多,例如,在 95% 的置信水平下,极端事件(如果我们把损失超出 VaR 的那些天称为极端事件)平均 20 天发生一次,而在 99% 的置信水平下,极端事件平均 100 天发生一次。在这个意义上,当然是历史数据越多,估计的精确度越高。但是,随着时间的推移,系统的本质特征在变化,例如,波动性、相关性等都随时间在改变。为了反映系统的最新信息,我们希望更多地使用最新的数据,因为离预测那天越近的数据包含的信息越接近于预测天,结果更可信。如果使用的历史数据太长,对最新数据的反映就越不敏感,不能及时反映系统的变化,Hendricks(1996)的研究表明,在长的估计区间(例如,1 250 天)下这种情况确实存在。所以,在选择历史数据的长度上,我们面对一个两难的选择。

2) 带有预测的历史模拟法(HSAF)

基于上述对历史模拟法的认识,一种改进的思路是:不直接采用收益分布的历史数据,而是采用预测误差的历史数据。这里采用 ARMA 模型预测未来收益,所以,把这种 ARMA 模型和历史模拟法相结合的方法叫做带有预测的历史模拟法(HSAF)。

HSAF 的计算过程包括以下 4 步:

（1）计算样本收益率的绝对值；

（2）建立 ARMA 模型；

（3）计算样本内的预测值和预测误差；

（4）计算 VaR（预测值＋误差对应的分位数）。

下面利用 HSAF 计算 Brent 原油的价格风险，设置信水平为 $c=99\%$，对应于不同的历史数据长度 T，我们分别应用 HSAF 方法对未来的 VaR 进行预测，对同样的时间区间（1999 年 1 月至 2001 年 12 月）预测的结果见表 8-4。

表 8-4 HAMF 不同时间长度的 VaR 预测效果

（样本区间：1999—2001，$c=99\%$）

T/天	最大值/%	最小值/%	平均值/%	实际收益率超过 VaR 的比例/%
100	13.74	4.51	7.34	1.96
300	11.45	5.92	7.85	1.70
500	10.48	6.78	7.74	1.31
1 000	9.92	6.24	7.32	1.44

在表 8-4 中观察实际收益率超过 VaR 的比例，我们可以看到，当历史数据长度取为 500 天时，实际收益率超出预测的 VaR 的比例与预设的 99% 的置信水平最为吻合。所以，我们在以后的预测中选择 $T=500$ 天。那么，对 2002 年 1 月至 2003 年 6 月的预测结果如图 8-5 所示，实际的收益率波动超出预测的正负 VaR 的比例为 0.54%，说明在 99.46% 的天数，实际的收益率波动不会超过预测的 VaR。

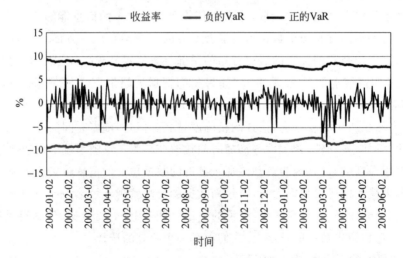

图 8-5 HSAF 方法对 Brent 原油风险值的预测结果

（预测区间：2002 年 1 月至 2003 年 6 月）

欲了解该案例更详细的内容，请参考文献（范英，焦建玲，2008）。

8.4.3 能源价格风险的管理

1. 套期保值

1）能源期货套期保值概念

套期保值是把期货市场作为转移价格风险的场所,利用期货合约作为将来现货市场买卖商品的临时替代物。

所谓能源期货套期保值就是指买入(卖出)与现货市场数量相当,但交易方向相反的期货合约,以期在未来某一时间通过卖出(买入)期货合约补偿现货市场价格变动带来的实际价格风险。套期保值分为买入套期保值(又称多头套期保值)和卖出套期保值(又称空头套期保值)两种。买入套期保值是在期货市场购入期货,用期货市场多头保证现货市场的空头,以规避能源价格上涨的风险。卖出套期保值是在期货市场中出售期货,用期货市场空头保证现货市场的多头,以规避能源价格下跌的风险。

2）能源期货市场的主要功能

能源期货市场的功能主要体现在以下3个方面。

(1)规避价格风险:套期保值者可以在期货市场上通过期货交易进行套期保值转移价格风险。无论价格怎么变化,都能在一个市场亏损的同时,在另一个市场盈利,两者相抵,就可以规避能源价格波动的风险。

(2)价格发现:套期保值者在交易所进行的交易,集中反映了全社会的供求关系,所以能够发现真实的价格水平,对未来市场价格具有真实、超前的反映。

(3)风险投资:对于期货投机者来说,期货交易还具有进行风险投资的功能。

3）期货套期保值应遵循的原则

期货套期保值所要遵循的原则包括以下4个方面。

(1)交易方向相反:交易方向相反原则是指在做套期保值交易时,套期保值者必须同时或先后在现货市场上和期货市场上进行反向操作。通过期货交易和现货交易互相之间的联动和盈亏互补性冲抵市场价格变动所带来的风险,以达到锁定成本和利润的目的。

(2)商品种类相同:只有商品种类相同,期货价格和现货价格之间才有可能形成密切的关系,才能在价格走势上保持大致相同的趋势,从而在两个市场上采取反向买卖的行动取得应有的效果。否则,套期保值交易不仅不能达到规避价格风险的目的,反而可能会增加价格波动的风险。在实践中,对于非期货商品,也可以选择价格走势互相影响且大致相同的相关商品的期货合约来做交叉套期保值。

(3)商品数量对等:商品数量相等原则是指在做套期保值交易时,所选择的期货合约商品必须和套期保值者将在现货市场中买进或卖出的现货数量对等。只有保持两个市场上买卖商品的数量对等,才能使一个市场上的盈利额与另一个市场上的亏损额相等或最接近,从而保证两个市场盈亏互补的有效性。在实践中,由于主观和客观的原因,经常出现商品数量不相等的情形。成功的套期保值策略,常依赖于合适的保值率。套期保值率用以解决相对应于 1 单位的现货,要用多少单位的期货才能实现较好的套期保值效果,即所谓的最优套保比的问题。

(4) 月份相同(或相近):这是指在做套期保值交易时,所选用的期货合约的交割月份最好与交易者将来在现货市场上交易商品的时间相同或相近。因为两个市场出现的盈亏金额受两个市场上价格变动的影响,只有使两者所选定的时间相同或相近,随着期货合约交割期的到来,期货价格和现货价格才会趋于一致。才能使期货价格和现货价格之间的联系更加紧密,达到增强套期保值的效果。

在国际能源贸易中,能源企业类型不同,应用套期保值理论规避价格风险时操作的方式也不同,主要有以下 3 种方式。

(1) 能源生产企业的买入套期保值:如果担心未来能源价格上涨会造成能源生产企业的成本增加,利润减少,就可以利用能源期货对进口货物进行买入套期套期保值。这样的买入套期保值使能源企业有效地锁定原料采购价格,从而规避了原油价格变化带来的冲击。

(2) 能源经营企业的卖出套期保值:对于能源经营企业来说,它所面临的市场风险是能源收购后尚未转售出去时,能源价格下跌,这将会使它的经营利润减少甚至发生亏损。为回避此类市场风险,能源经营企业可采用卖期保值方式来进行价格保险。

(3) 能源加工企业的综合套期保值:对于加工企业来说,市场风险来自买和卖两个方面。它既担心原材料价格上涨,又担心成品价格下跌,更怕原材料上升、成品价格下跌局面的出现。只要该能源加工企业所需的原油及加工后的石油成品都可进入期货市场进行交易,那么它就可以利用期货市场进行综合套期保值,即对购进的原材料进行买期保值,对其产品进行卖期保值,就可解除该能源加工企业的后顾之忧,锁牢其加工利润,从而专门进行加工生产。

例如,某炼油生产商想为自己炼油所需的原油进行套期保值。假定炼油商在某年8 月 1 日发现,当时的原油现货价格为 55 美元/桶,市场价格有继续上涨的迹象,预计到9 月 1 日企业的库存已经降至低点,需要补充库存 10 000 桶。由于前期原油收购价较高,炼油商利润越来越薄,使得多数炼油商减少了炼油,相应原油供给量也会减少。而同期各炼油商的库存较低,企业担心到 9 月份原油价格继续上涨。此时原油期货市场 9 月合约报价 55 美元/桶,该企业在 8 月 1 日以 55 美元/桶的价格买入 10 000 桶,9 月原油中远期合约。

9 月 1 日原油中远期、现货市场价格均出现上扬,并且中远期市场的涨幅大于现货市场,此时现货报价 58 美元/桶,中远期市场 9 月合约报价涨至 59 美元/桶。该企业在现货市场买入了 10 000 吨原油,采购价格为 58 美元/桶,同时在中远期市场以 59 美元/桶的价格卖出 10 000 桶,9 月合约平仓。

炼油商的套期保值效果为(不考虑手续费等交易成本):

盈亏变化状况 ＝期货盈亏变化 ＋现货盈亏变化

$$=[(59-55)+(55-58)]\times 10\ 000 = 10\ 000(美元)$$

从上述案例中我们发现,该炼油商采用套期保值,完全规避了由于原油价格上涨而导致的原油采购成本多增加$(58-55)\times 10\ 000 = 30\ 000$美元的风险。

上述案例中,期货市场价格上涨幅度大于现货价格上涨幅度,所以套期保值完全规避了现货价格上涨的风险,如果期货价格涨幅小于现货价格涨幅,比如9月1日现货报价58美元/桶,中远期市场9月合约报价为57美元/桶,此时炼油商套期保值后的盈亏变化状况为

$$[(57-55)+(55-58)]\times 10\ 000 =-10\ 000(美元)$$

即套期保值只规避了价格上涨的部分风险,炼油商仍然承担了部分价格上涨的风险。

上述是原油市场变化与炼油商预期一致的情况,如果预期错误,情况又如何? 例如,9月1日现货报价53美元/桶,中远期市场9月合约报价为54美元/桶,此时炼油商套期保值后的盈亏变化状况为

$$[(54-55)+(55-53)]\times 10\ 000 = 10\ 000(美元)$$

或者9月1日现货报价52美元/桶,中远期市场9月合约报价为53美元/桶,此时炼油商的套期保值后的盈亏变化状况为

$$[(52-55)+(55-53)]\times 10\ 000 =-10\ 000(美元)$$

根据上述分析可知,炼油商同样的套期保值策略,在不同的市场变化下,套期保值的效果不完全相同,关键取决于套期保值末期现货价格与期货价格之差(定义为基差),如果一个期货市场是有效的,那么在临近期货合约交割期时,期货价格与现货价格应趋同,即基差趋于0。所以套期保值的目的不是完全消除价格风险,而是通过对价格风险的控制和管理,锁定其利润(或成本),使企业经营稳定。

2. 多品种期货套期保值

1) 单一品种最优套保比的确定

传统套期保值理论要求在期货市场建立一个与现货市场方向相反、数量相等的交易部位,而现代套期保值则从投资组合理论出发,认为交易者进行套期保值实际上是对现货市场和期货市场的资产进行组合投资,套期保值者根据组合投资的预期收益和预期收益的方差,确定现货市场和期货市场的交易头寸,以使收益风险最小化或者效用函数最大化。组合投资理论认为,套期保值者在期货市场上保值的比例是可以选择的,最佳套期保值的比例取决于套期保值的交易目的以及现货市场和期货市场价格的相关性,而在传统套期保值交易中,套期保值的比例恒等于1,即套期保值商品数量对等的原则。

Johnson(1960)在收益方差最小化的条件下,最早提出了商品期货最优套期保值比率

的概念,并给出了最优套期保值比率的计算公式,即 MV 套期保值比率(Minimizing variance hedge ratios),可通过 OLS 估计。

$$R_{st} = \alpha + \beta R_{ft} + \varepsilon_t \tag{8-38}$$

其中,R_{st},R_{ft} 分别为现货与期货的价格变化率;β 的估计值即为最小方差套期保值比率。

令 $\text{Var}(R_{st}) = \sigma_{ss}$,$\text{Var}(R_{ft}) = \sigma_{ff}$,$\text{Cov}(R_{st}, R_{ft}) = \sigma_{sf}$,则

$$h = \beta = \frac{\text{Cov}(R_{st}, R_{ft})}{\text{Var}(R_{ft})} = \frac{\sigma_{sf}}{\sigma_{ff}} \tag{8-39}$$

随着时间序列建模技术的发展,人们逐渐发现利用 OLS 进行最小风险套期保值比率的计算会受到残差项序列相关的影响,为了消除残差项的序列相关及增加模型的信息量,有学者提出利用双变量向量自回归模型(VAR)估计套期保值比率。由于现货价格与期货价格有可能是协整的,基于此,学者们又进一步提出利用误差修正模型(ECM)以及分数协整模型(FIEC)计算最优套期比,以充分利用已有信息,提高套期保值的效果。OLS, VAR 和 ECM 方法确定的最优套保比为常数,基于期货价格波动呈现异方差的时变特征认识,人们再次将最优套保比的确定由静态推广到动态,常用的方法是利用 GARCH 模型(刘和剑,2010)。

2) 多品种套保的收益率

在期货市场运作中,投资风险可分为系统性风险和非系统风险。系统风险的规避可通过参与套期保值交易,在现货市场与期货市场的方向对冲交易实现。非系统风险可以通过分散化投资实现。单一品种套期保值会带来很大的非系统风险。基于此,产生了多品种期货套期保值策略。假设为一种现货资产进行 P 种期货资产的套期保值,第 i 种期货的套期保值比为 hi。在套期保值开始时,现货价格、第 i 种期货价格分别为 S_1 和 F_{i1},$i = 1, \cdots, p$。在套期保值结束时,现货价格、第 i 种期货价格分别为 S_2 和 F_{i2}。

对买入套期保值者来说,单位现货套期保值组合收益率如式(8-40)所示:

$$R_1 = -(S_2 - S_1) + \sum_{i=1}^{p} h_i (F_{i2} - F_{i1}) \tag{8-40}$$

对卖出套期保值者来说,单位现货套期保值组合收益率如式(8-41)所示:

$$R_2 = (S_2 - S_1) - \sum_{i=1}^{p} h_i (F_{i2} - F_{i1}) \tag{8-41}$$

在式(8-40)和式(8-41)中,右边第一项是现货市场的收益率,第二项是期货市场的收益率。

令 $H = (h_1, \cdots, h_p)_{p*1}^T$,$R_f = (R_{f1}, \cdots, R_{fp})_{p*1}^T$ 其中,$R_{fi} = F_{i2} - F_{i1}$,$i = 1, \cdots, p$。引入 $\zeta = (R_s, R_{f1}, \cdots, R_{fp})_{(p+1)*1}^T$,$\omega = (1, -h_1, \cdots, -h_p)_{(p+1)*1}^T$,其中,$R_s = S_2 - S_1$。则式(8-40)可写为

$$R_1 = -R_s + H^T R_f = -\omega^T \xi \tag{8-42}$$

同理式(8-41)可写为

$$R_2 = R_s - H^T R_f = \omega^T \xi \tag{8-43}$$

3. 多品种能源期货最优套期保值比模型

1）分析思路

这里以在险值 VaR 最小为套期保值目的,且考虑套期保值者手头资金量约束下,如何定量分析最优套期保值比。

分析思路为:首先,假设套期保值组合收益率服从某种分布,确定单位现货资产与第 i 种期货资产套期保值比为 h_i 时对应的套期保值资产组合的 VaR 风险值;然后,以 VaR 风险值最小为优化目标,得到最优套期保值比。

2）目标函数

以卖出套期保值者为例,假设 $\xi = (R_s, R_{f1}, \cdots, R_{fp})^T$ 服从自由度为 n 的 $p+1$ 元 t 分布,即 $\xi \sim T_p(n, \mu, AA^T)$。$R_2 = \omega^T \xi$ 为一元函数,因为多元 t 分布的任意线性变化仍为多元 t 分布(张光远,1996),所以 R_2 服从一元 t 分布。下面首先根据多元 t 分布的性质将组合收益率化成一元 t 分布的形式,接着结合 VaR 的定义将 t 分布标准化,最后得到在置信水平 $1-\alpha$ 下 VaR 的表达式如式(8-44)所示。

$$E\xi = \mu, \operatorname{Cov}(\xi, \xi) = \frac{n}{n-2} AA^T = V, \quad AA^T = \frac{n-2}{n} V$$

$$\therefore ER_2 = \omega^T \mu, \quad \operatorname{Cov}(R_2, R_2) = \frac{n}{n-2} \omega^T AA^T \omega = \omega^T V \omega$$

$$\therefore R_2 \sim T_1(n, \omega^T \mu, \omega^T V \omega)$$

$$\therefore t = \frac{R_2 - \omega^T \mu}{\sqrt{\omega^T AA^T \omega}} \sim T_1(n)$$

$$P[R_2 \leqslant -\operatorname{VaR}(H)] = P\left(\frac{R_2 - \omega^T \mu}{\sqrt{\omega^T AA^T \omega}} \leqslant \frac{-\operatorname{VaR}(H) - \omega^T \mu}{\sqrt{\omega^T AA^T \omega}} \right)$$

$$= t\left(\frac{-\operatorname{VaR}(H) - \omega^T \mu}{\sqrt{\omega^T AA^T \omega}} \right)$$

$$= 1 - \alpha$$

$$\therefore \frac{-\operatorname{VaR}(H) - \omega^T \mu}{\sqrt{\omega^T AA^T \omega}} = t_{1-\alpha}(n)$$

$$\therefore \operatorname{VaR}(H) = -\omega^T \mu - t_{1-\alpha}(n) \sqrt{\omega^T AA^T \omega} = -\omega^T \mu + t_\alpha(n) \sqrt{\frac{n-2}{n} \omega^T V \omega} \tag{8-44}$$

以套期保值组合的 VaR 值最小为优化目标,最优套期保值比模型为

$$\min \operatorname{VaR}(H) = -\omega^T \mu + t_\alpha(n) \sqrt{\frac{n-2}{n} \omega^T V \omega} \tag{8-45}$$

当自由度 $n \to \infty$ 时,式(8-45)为

$$\min \mathrm{VaR}(H) = -\omega^T \mu + t_a(n) \sqrt{\omega^T V \omega} \tag{8-46}$$

在不考虑套期保值者手头资金的情况下，基于 VaR 的多品种能源期货最优套期保值比模型是一个无约束的模型，如式(8-46)所示。

3）约束条件

套期保值需要一定数量的资金，如保证金和付给经纪人、经济公司的交易费用等。在实际从事套期保值交易时，由于资金的流动性问题，有时会遇到短期内筹集一定数量的资金比较困难。如果这一问题发生，则会使套期保值者因保证金不足而不得不临时改变投资策略。目前，对套期保值所需资金量的研究不多见。Blank(1992)首先给出了套期保值短期资金需求量模型。袁象、李纬(2002)等人通过介绍 Blank 的短期资金需求量模型，给出了套期保值资金需求量模型，并简要分析了套期保值资金的需求量对套期保值策略的影响。杨万武等人(2007)以套期保值资金需求量为约束条件，建立了基于资金限制的单品种期货最优套期保值比模型。

在忽略套期保值所需的交易费用，该费用包括交付经济公司的佣金、交易手续费用的情况下，单位现货套期保值资金需求的最小量可以理解为抵消一连串亏损交易日所需的资金。这里的亏损是指在期货市场上，期货价格相对于前一天的价格下降。多品种期货套保中，第 i 种期货单位合约最小资金需求量表示为

$$H_{sp} = (P_1 + M_1, \cdots, P_p + M_p) \tag{8-47}$$

其中，

$$p_i = \max \sum_{i=1}^{L} N_{ij} \tag{8-48}$$

式(8-48)中，假设出现连续 L 天的价格下降，N_{ij} 表示第 i 个期货第 j 天价格下跌的值，$\sum_{j=1}^{L} N_{ij}$ 表示连续 L 天价格下跌值之和。在套期保值中，可能会出现若干个价格连续下跌的情况，P_i 取它们中的最大值。$M_i = F_i k$ 表示第 i 个期货的维持保证金。F_i 为第 i 种期货合约平均价格，k 为常数，称为维持保证金比率。

根据多品种期货套期保值比的定义，单位现货套期保值最小资金需求量 A 为

$$A = H H_{sp}^T \tag{8-49}$$

设 B 为套期保值者可以为单位现货提供的套保资金，如果资金不足将遭遇逼仓而导致套期保值完全失败或部分失败，故套保者的资金需满足下面的约束条件：

$$B \geqslant A \tag{8-50}$$

4）基于 VaR 的多品种能源期货最优套期保值比模型

在套期保值者手头资金不足的约束下基于 VaR[①] 的多品种能源期货最优套保比模型，目标函数如式(8-46)所示，约束条件如式(8-50)所示，因此，建立式(8-51)（鲍君洁，

———————————

① VaR 和 Var 都是固定表示。Var 为方差，VaR 为在险值。

2010)。

$$\mathrm{minVaR}(H) = -\omega^T\mu + t_a(n)\sqrt{\frac{n-2}{n}\omega^TV\omega}$$

$$\mathrm{St}B \geqslant A$$

$$A = HH_{sp}^T \tag{8-51}$$

4. 套期保值效果评估

对套期保值效果的评估,根据套保目的,可以从套保组合资产(例如,期现货组合)的收益率均值,收益率方差,或收益率均值与方差比和现货对应指标进行比较判断,应用比较多的是采用套保有效性 HE 这个指标。

套保有效性 HE 定义为采用套期保值可以降低风险的百分比,计算公式如下:

$$\mathrm{HE} = \frac{\mathrm{Var}(R_s) - \mathrm{Var}(R_h)}{\mathrm{Var}(R_s)} \times 100\% \tag{8-52}$$

其中,$\mathrm{Var}(R_s)$ 为无套期保值时的收益率方差;$\mathrm{Var}(R_h)$ 为套期保值组合收益率方差。

5. 动态套期保值

由于能源投资生产周期长,在一个较长的套保时间内,采用固定的套保比显然不能很好地应对能源价格的波动风险,需要根据价格变化,对套保所需头寸进行一定的调整,即需要确定动态最优套保比。动态最优套保比决策模型较多,概括而言有两大类:一类以构建规划决策模型为主;另一类主要采用时间序列 GARCH 类模型。下面介绍比较简单的 BGARCH 类动态套保比决策模型。

考虑一包含 C_s 单位的现货多头头寸和 C_f 单位的期货空头头寸的组合,记 S_t 和 F_t 分别为 t 时刻现货和期货的价格,则对于多头来说,该套保组合在 $(t-1,t)$ 内的收益率 R_h 为

$$R_h = R_{st} - h_{t-1}R_{ft} \tag{8-53}$$

其中,h_{t-1} 为套期保值比率;$R_{st} = \frac{\Delta S_t}{S_t}$;$R_{ft} = \frac{\Delta F_t}{F_t}$ 分别为现货和期货在 t 期的价格收益率。则收益率的方差 $\mathrm{Var}(R_{ht}|\Omega_{t-1})$ 为

$$\mathrm{Var}(R_{ht}\mid\Omega_{t-1}) = \mathrm{Var}(R_{st}\mid\Omega_{t-1}) + h_{t-1}^2\mathrm{Var}(R_{ft}\mid\Omega_{t-1}) - 2h_{t-1}\mathrm{Cov}(R_{st},R_{ft}\mid\Omega_{t-1}) \tag{8-54}$$

其中,Ω_{t-1} 为 $t-1$ 时的信息集,对式(8-54)中 h_{t-1} 求一阶导数并令其等于零,可得到最优套期比 h_{t-1}^* 为

$$h_{t-1}^* \mid \Omega_{t-1} = \frac{\mathrm{Cov}(R_{st},R_{ft}\mid\Omega_{t-1})}{\mathrm{Var}(R_{ft}\mid\Omega_{t-1})} \tag{8-55}$$

从式(8-55)可以看出,t 时刻的信息是随着 $t-1$ 时刻变化着的,所以 h_{t-1}^* 是变化的。

为了得到式(8-55)中 h_{t-1}^*,Bollerslev 等人(1988),Silvennoinen 和 Terasvirta(2008)等人运用二维 GARCH(BGARCH)模型进行估计,模型如下:

$$\Delta Q_t = \mu + \varepsilon_t \tag{8-56}$$

$$\varepsilon_t \mid \Omega_{t-1} \sim BN(0, H_t) \tag{8-57}$$

其中，$\Delta Q_t = (\Delta S_t, \Delta F_t)^T$，$\mu = (\mu_s, \mu_f)^T$，$\varepsilon_t = (\varepsilon_{st}, \varepsilon_{ft})^T$，BN 表示服从二元正态分布。$H_t$ 是随着时间 t 变化而变化的 (2×2) 的正定的条件协方差矩阵，其中，$vech(H_t) = (h_{ss,t}, h_{sf,t}, h_{ff,t})^T$。

H_t 的一般形式为

$$vech(H_t) = C + Avech(\varepsilon_{t-1}\varepsilon'_{t-1}) + Bvech(H_{t-1}) \tag{8-58}$$

由于式(8-85)中包含参数过多，Bollerslev 对上式进行了改进，他建议使用对角化来减少参数的个数。则 H_t 为

$$H_t = \begin{bmatrix} h_{ss,t} & h_{sf,t} \\ h_{sf,t} & h_{ff,t} \end{bmatrix} \tag{8-59}$$

$$h_{ss,t} = c_{11} + a_{11}\varepsilon_{s,t-1}^2 + b_{11}h_{ss,t-1} \tag{8-60}$$

$$h_{sf,t} = c_{12} + a_{12}\varepsilon_{s,t-1}\varepsilon_{f,t-1} + b_{12}h_{sf,t-1} \tag{8-61}$$

$$h_{ff,t} = c_{22} + a_{22}\varepsilon_{f,t-1}^2 + b_{22}h_{ff,t-1} \tag{8-62}$$

Bollerslev(1986)提出，BGARCH 模型中的所有参数均采用最大似然估计法来估计的，BGARCH 的对数似然函数为

$$l(\theta) = -T \cdot \log(2\pi) - \frac{1}{2}\sum_{t=1}^{T}(\ln \mid H_t \mid + \varepsilon'_t H_t^{-1}\varepsilon_t) \tag{8-63}$$

其中，T 为样本总量；θ 为待估参数向量，由于 GARCH 模型的对数似然函数为非线性的，因此在估计过程中，我们将采用 BHHH(Berndt-Hall-Hall-Haus)算法。

根据(周颖等，2008)可计算得本文最优套保比 h_{t-1}^* 为

$$h_{t-1}^* \mid \Omega_{t-1} = \frac{Cov(R_{st}, R_{ft} \mid \Omega_{t-1})}{Var(R_{ft} \mid \Omega_{t-1})} = \frac{h_{sf,t}}{h_{ff,t}} \tag{8-64}$$

套期保值有效性是根据套期保值组合的方差相对于未进行套期保值组合的方差降低的百分比来测度。未进行套期保值方差即现货方差 $Var(R_s)$ 为

$$Var(R_s) = h_{ss,t} \tag{8-65}$$

套期保值组合的方差 $Var(R_h)$ 为

$$Var(R_h) = h_{ss,t} + h_{t-1}^{*2}h_{ff,t} - 2h_{t-1}^* h_{sf,t} \tag{8-66}$$

其中，式(15)和式(16)中 h_{t-1}^* 为最优套保比，$h_{ss,t}$，$h_{ff,t}$ 分别为现货和期货的条件方差，$h_{sf,t}$ 为现货与期货的条件协方差。

则套期保值有效性的测度公式(Kroner 和 Sultan，1993)为

$$HE = \frac{Var(R_s) - Var(R_h)}{Var(R_s)} \times 100\% = \frac{2h_{t-1}^* h_{sf,t} - h_{t-1}^{*2}h_{ff,t}}{h_{ss,t}} \times 100\% \tag{8-67}$$

期货市场是一把"双刃剑"，通过短期和稍长期的能源期货进行套期保值是转移短期能源价格波动风险最好的办法。企业利用衍生品市场进行套期保值，既要积极稳妥，也要

保持一份清醒,切不可因一时利益而舍弃套期保值初衷,由套期保值盲目转为投机,进而酿成不可挽回的损失,这样的例子很多,希望这些前车之鉴警钟长鸣。

本 章 小 结

由于能源资源分布的高度地缘性,能源供需在空间上产生分离,使得国际能源贸易在各国的发展中具有重要的战略意义。能源贸易最主要的方式是长期供货合同,但随着贸易量的增加,能源价格波动加大,基于长期供货合同的能源贸易商承受巨大的价格风险,能源期货贸易得到长足发展。

能源期货市场的发展,促进了能源与金融的融合,能源金融化发展使得金融支持在能源工业发展上发挥了重要的作用,大型金融机构正日益成为能源领域举足轻重的投资者,同时能源金融化发展对能源市场效率的提高,资源优化配置也都起着积极的作用。

20世纪80年代后,能源价格波动日趋剧烈频繁,为有效控制与管理能源价格波动风险,能源期货市场得到迅速发展。价格发现和套期保值是期货市场的两大功能,期货市场这两大功能的发挥依赖其市场有效性的高低。关于期货市场有效性的研究,传统研究是基于资本市场价格遵循随机游走假设上进行的,大量实证研究发现,很多情况下资本市场价格不满足随机游走假设,在此基础上,后人提出了具有更加广泛意义的分形市场假设。国际能源期货市场经过几十年的发展已渐趋成熟,初步具备了价格发现的功能,并可以利用能源期货市场进行相应的价格风险管理与控制。

能源价格风险常用的度量工具为VaR(Value at Risk),VaR的计算有很多种方法,大体可以归结为方差协方差方法、历史模拟法和蒙特卡洛模拟法三种。为提高预测精度,当前有一些对VaR的改进,如HSAF方法。能源价格风险最主要的管理手段是套期保值,传统的套期保值按期现货头寸1:1进行套保,根据套保目的的不同,可以对期现货头寸比(即套保比)进行选择,套保比的选择直接关系到套保的效率。本章最后介绍了利用多品种能源期货进行最优静态套保比决策和构建BGARCH模型进行动态套保比决策的问题。

思 考 题

1. 世界能源贸易的主要格局如何?具有什么特征?

2. 能源与金融的融合具体体现在哪些方面?你认为能源金融今后的发展趋势如何?

3. 能源金融化对各国能源项目融资、能源市场风险的规避与管理等具有重要意义,但这种创新也可能产生新的风险,你认为可能会产生哪些新风险?

4. 世界上有哪些主要的能源期货市场，如何验证这些市场的有效性及其价格发现功能？

5. 什么是能源价格风险？如何度量能源价格风险？并且如何控制与管理？

 **拓展阅读**

"安然事件"简介

安然公司成立于1985年，由美国休斯敦天然气公司和北方内陆天然气（InterNorth）公司合并而成，公司总部设在美国得克萨斯州的休斯敦，首任董事长兼首席执行官为肯尼斯·雷，他既是安然公司的主要创立者，也是安然公司创造神话并在后来导致危机的关键人物。安然公司在肯尼斯·雷的领导下，经历了四大步跨越，从名不见经传的一家普通天然气经销商，逐步发展成为世界上最大的天然气采购商和出售商、世界最大的电力交易商、世界领先的能源批发做市商、世界最大的电子商务交易平台，一步一个高潮，步步走向辉煌。

安然公司在短短的16年内一路飞腾，从1990年到2000年的10年间，安然公司的销售收入从59亿美元上升到了1008亿美元，净利润从2.02亿美元上升到9.79亿美元，其股票成为众多证券评级机构的推荐对象和众多投资者的追捧对象。2000年，安然公司总收入高达1000亿美元，名列《财富》杂志"美国500强"中的第7位，在世界500强中位列第16位，并在《财富》杂志的调查中连续6年荣获"最具创新精神的公司"称号。2000年8月，安然公司的股票攀升至历史最高水平，每股高达90.56美元，与此同时，评级媒体对安然公司也宠爱有加。作为当时叱咤风云的"能源帝国"，安然公司在其最辉煌的年代，掌控着美国20%的电能、天然气交易。安然公司不仅是天然气、电力行业的巨擘，而且还是涉足电信、投资、纸业、木材和保险业的大户。2001年10月16日，安然公司公布该年度第三季度的财务报告，宣布公司亏损总计达6.18亿美元，引起投资者、媒体和管理层的广泛关注，从此，拉开了"安然事件"的序幕。

2001年年初，短期投资机构老板吉姆·切欧斯对安然公司产生了怀疑：一是安然公司与背后的合伙公司有着说不清的幕后交易；二是时任安然首席执行官的斯基林一方面抛出手中的安然股票，一方面又宣称安然股票将会从当时的70美元左右升至126美元。而按美国法律，公司董事会成员如果没有离开董事会，就不能抛出手中所持有的公司股票。而其中到底有什么奥秘呢？只有斯基林知道。

吉姆·切欧斯的这些怀疑引发了人们对安然公司更多的怀疑，人们开始追究安然公司的盈利情况和现金流向。2001年8月9日，安然股价从年初的80美元左右跌到了42美元。2001年10月16日，安然公司公布2001年第二季度财务报告，宣布公司亏损总计达到6.18亿美元，即每股亏损1.11美元，并首次透露因首席财务官安德鲁·法斯托与合伙公司经营不当,使得公司股东资产缩水了 12 亿美元。

2001 年 10 月 22 日美国证券交易委员会、2001 年 11 月 1 日美林和标普公司先后开始关注安然公司。2001 年 11 月 8 日,安然公司不得不承认自 1997 年以来,安然虚报盈利共计近 6 亿美元。2002 年 12 月 2 日,安然公司正式向破产法院申请破产保护,在申请破产时,安然公司的股票价格由最高时的 90.75 美元跌至约 50 美分。安然公司破产清单所列资产达 498 亿美元,成为当时美国历史上最大的破产企业。

资料来源:安然事件及启示. http://www.cicpa.org.cn/news/newsaffix/2234 200313.htm.

刘刚. 安然事件五周年回顾. 中国会计视野,2006-09-13.

雷家骕,杨建昆. 股票期权制度缺陷与市场监管失效下的安然事件及次贷危机. 国有企业管理,2009 (1): 1-6.

参 考 文 献

[1] Ackermann T,Andersson G,Soder L. 2001. Overview of government and market driven programs for the promotion of renewable power generation. Renewable Energy,(22):197-204.

[2] Aqeel A,Butt M S. 2001. The relationship between energy consumption and economic growth in Pakistan. Asia-Pacific Development Journal,8:101-110.

[3] Armington P A. 1969. A theory of demand for products distinguished by place of production. IMF Staff Papers,(16):159-178.

[4] Arrow K J,Debru G. 1954. Existence of an equilibrium for a competitive economy. Econometrica, (22):265-290.

[5] Ausloos M. 2000. Statistical physics in foreign exchange currency and stock markets. Physica A. 285:48-65.

[6] Ausloos M,Ivanova K. 2002. Multifractal nature of stock exchange prices. Computer Physics Communications,147(1-2):582-585.

[7] Babiker M H. 2005. Climate change policy,market structure,and carbon leakage. Journal of International Economics,(2):421-445.

[8] Barnett H J,Morse C. 1963. Scarcity and Growth:The Economics of Natural Resource Availability. Baltimore:Johns Hopkins Press for Resources for the Future.

[9] Berument H,Tasc H. 2002. Inflationary effect of crude oil prices in Turkey. Physic A. 316:568-580.

[10] Bigman D,Goldfarb D,Schechtman E. 1983. Futures markets efficiency and the time content of the information sets. The Journal of Futures Markets,(3):321-334.

[11] Binswanger H P. 1974. Cost function approach to measurement of elasticities of factor demand and elasticities of substitution. American Journal of Agricultural Economics,56(2):377-387.

[12] Bjrnland H C. 2000. The dynamic of aggregate demand,supply and oil price shocks—a comparative study. The Manchester School,(5):578-607.

[13] Blank S C. 1992. The significance of hedging capital requirements. Journal of Futures Markets,12(1):11-18.

[14] Black F,Scholes M. 1973. The pricing of options and corporate liabilities. Journal of Political Economy,81,637-654.

[15] Bouchaud J P,Potters M. 2001. More stylized facts of financial markets:leverage effect and downside correlations. Physica A:Statistical Mechanics and its Applications,299(1-2),60-70.

[16] BP. 2005. BP Statistical Review of World Energy 2005. British Petroleum (BP),London.

[17] BP. 2006. BP Statistical Review of World Energy 2006. British Petroleum (BP),London.

[18] BP. 2007. BP Statistical Review of World Energy 2007. British Petroleum (BP),London.

[19] BP. 2008. BP Statistical Review of World Energy 2008. British Petroleum (BP),London.

[20] BP. 2011. BP Statistical Review of World Energy 2011. British Petroleum (BP),London.

[21] Brachet M E,Taflin E,Tcheou J M. 2000. Scaling transformation and probability distributions for financial time series. Chaos,Solitons & Fractals,11(14): 2343-2348.

[22] Cajueiro D O,Tabak B M. 2005. Possible causes of long-range dependence in the Brazilian stock market. Physica A: Statistical Mechanics and Its Applications,345(3-4): 635-645.

[23] Cansier D,Krumm R. 1997. Air pollutant taxation: an empirical survey. Ecological Economics, (23): 59-70.

[24] Cerveny M, Resch G. 1998. Feed-in Tariffs and Regulations Concerning Renewable Energy Electricity Generation in European Countries. Viena: Energie Verwertungsagentur (E. V. A.).

[25] Chang Y,Wong J F. 2003. Oil price fluctuations and Singapore economy. Energy Policy,(31): 1151-1165.

[26] Cheng S B, Lai T W. 1997. An investigation of cointegration and causality between energy consumption and economic activity in Taiwan Province of China. Energy Economics, (19): 435-444.

[27] Cherfas J. 1991. Skeptics and Visionaries Examine Energy Saving. Science,251(4990): 154-156.

[28] Christodoulakis G A,Satchell S E. 2002. Correlated ARCH (CorrARCH): Modelling the time-varying conditional correlation between financial asset returns. European Journal of Operational Research,139(2): 351-370.

[29] Cho D. 2008. A few speculators dominate vast market for oil trading. Washington Post,2008-08-20.

[30] Cobb C W,Douglas P H. 1928. A theory of production. American Economic Review,(18): 139-165.

[31] Cooper J C B. 2003. Price elasticity of demand for crude oil: estimates for 23 countries. OPEC Review,vol. 27(1): 1-8.

[32] Cox C C. 1976. Futures trading and market information. Journal of Political Economy,84(6): 1215-1237.

[33] Cruz L M G. 2002. Energy-Environment-Economy Interactions: An Input-Output Approach Applied to the Portuguese Case. In: the 7th Biennial Conference of the International Society for Ecological Economics "Environment and Development: Globalisation & the Challenges for Local & International Governance". Sousse (Tunisia).

[34] Cunado J,Gracia F P. 2003. Do oil price shocks matter? Evidence for some European countries. Energy Economics,25: 137-154.

[35] Czirok A,Mantegna R N,et al. 1995. Correlations in binary sequences and a generalized Zipf analysis. Physical Review E,52: 446-452.

[36] Dahl C, Sterner T. 1990. The Pricing and Demand for Gasoline: A survey of models. Memorandum 132,Department of Economics,Göteborg University,1990(5).

[37] Davis G A, Owens B. 2003. Optimizing the level of renewable electric R&D expenditures using real options analysis. Energy Policy,(31): 1589-1608.

[38] Davis M,Piontkivsky et al. 2007. The Impact of Higher Natural Gas and Oil Prices on Ukraine.

[39] http://siteresources. worldbank. org/INTECAREGTOPENERGY/34004325-1112025344408/ 20772964/UkraineEnergyPricePolicyNote. pdf. 2007-08-12.

[40] Das G G, Alavalapati J R R, Carter D R, et al. 2005. Regional impacts of environmental regulations and technical change in the US forestry sector: a multiregional CGE analysis. Forest Policy and Economics,(1): 25-38.

[41] Diewert W E. 1976. Exact and Superlative Index Numbers. Journal of Econometrics, 4 (2): 115-45.

[42] Engle R F,Granger C W J. 1987. Co-integration and error correction: representation,estimation and testing. Econometrica,55: 251-276.

[43] Fabio C B,Claudio M. 2003. Measuring US core inflation: a common trends approach. Journal of Macroeconomics,25: 197-212.

[44] Fama E F. 1965. The bahavior of stock market prices. Journal of Business,38: 34-105.

[45] Fama E F. 1970. Efficient capital markets: a review of theory and empirical work. Journal of Finance,25(4): 383-417.

[46] Fama E F. 1998. Market efficiency, long-term returns, and behavioral finance. Journal of Financial Economics,49(3): 283-306.

[47] Fama E F, Jensen M C, Fisher L, Roll R. 1969. The adjustment of stock prices to new information. International Economic Review,10(1): 1-21.

[48] Foster A J. 1996. Price discovery in oil markets: a time varying analysis of the 1990-1991 Gulf conflict. Energy Economics,(18): 231-246.

[49] Garbade K D, Silber W L. 1979. Dominant and satellite markets: a study of dually-traded securities. Review of Economics and Statistics ,61: 455-460.

[50] Gately D. 1983. OPEC: retrospective and prospects 1972-1990. European Economic Review,21: 313-331.

[51] Gately D. 1984. A ten-year retrospective: OPEC and the world oil market. Journal of Economics Literature,3: 1110-1114.

[52] Gately D,Kyle J F. 1977. Strategies for OPEC's pricing decisions. European Economic Review, 10: 209-230.

[53] Glomsrd S,Wei T Y. 2005. Coal cleaning: a viable strategy for reduced carbon emissions and improved environment in China? Energy Policy,33: 525-542.

[54] Gonzalo J,Granger C. 1995. Estimation of common long-memory components in cointegrated systems. Journal of Business and Economics Statistics,13: 27-35.

[55] Gorski A Z,Drozdz S,Speth J. 2002. Financial multifractality and its subtleties: an example of DAX. Physica A: Statistical Mechanics and its Applications,316(1-4): 496-510.

[56] Haigh S,Hranaiova J,Overdahl A. 2007. Hedge funds,volatility,and liquidity provision in energy futures markets. The Journal of Alternative Investments, 9(4): 10-38.

[57] Harberger A. 1962. The incidence of the corporate income tax. Journal of Political economy, 70: 215-240.

[58] Hasbrouck J. 1995. One security, many markets: determining the contributions to price discovery. Journal of Finance, 50: 1175-1199.

[59] Hasbrouck, Joel. 2002. Stalking the "efficient price" in market microstructure specifications: an overview. Journal of Financial Markets, 5: 329-339.

[60] He L Y, Fan Y, Wei Y M. 2007. The empirical analysis for fractal features and long-run memory mechanism in petroleum pricing systems Int. J Global Energy Issues, 27(4), 492-502.

[61] He L Y, Chen S P. 2010. Are crude oil markets multifractal? Evidence from MF-DFA and MF-SSA perspectives. Physica A: Statistical Mechanics and Its Applications, 389(16), 3218-3229.

[62] He L Y, Fan Y, Wei Y M. 2009. Impact of speculator's expectations of returns and time scales of investment on crude oil price behaviors. Energy Economics, 31(1): 77-84.

[63] Hendricks K. 1996. Analysis and opinion on retail gas inquiry, an independent study prepared for the Director of Investigation and Research. Competition Bureau, Canada.

[64] Hotelling H. 1931. The economics of exhaustible resources. Journal of Political Economy, 39(2): 137-175.

[65] Hubacek K, Sun L X. 2001. A scenario analysis of China's land use and land cover change: incorporating biophysical information into input-output modeling. Structural Change and Economic Dynamics, (12): 367-397.

[66] Hudson E A, Jorgenson D W. 1974. U S energy policy and economic growth, 1975-2000. Bell Journal of Economics and Management Science, 5(2): 461-514.

[67] Hulten C R. 1973. Divisia Index Numbers. Econometrica, 41(6): 1017-1025.

[68] Humphrey D B, Moroney J R. 1975. Substitution among capital, labor, and natural resource products in American manufacturing. Journal of Political Economy, 83(1): 57-81.

[69] IEA. 2003. Creating Markets for Energy Technologies, Paris: OECD/IEA.

[70] IEA. 2004. Analysis of the Impact of High Oil Prices on the Global Economy. http://www.iea.org/textbase/papers/2004/high_oil_prices.pdf.

[71] IEA. 2007. Key World Energy Statistics 2007. IEA, Paris.

[72] IEA. 2009. Key World Energy Statistics 2009. Paris: International Energy Agency (IEA).

[73] IEA. 2010. World Energy Outlook 2010. Paris: International Energy Agency.

[74] Jevons W S. 1865. The Coal Question: An Inquiry Concerning the Progress of the Nation, and the Probable Exhaustion of Our Coal-Mines. London: Macmillan and Co.

[75] Jiang J, Ma K, Cai X. 2007. Non-linear characteristics and long-range correlations in Asian stock markets. Physica A: Statistical Mechanics and its Applications, 378(2): 399-407.

[76] Johansen L. 1960. A Multi-sectoral Study of Economic Growth. North-Holland Press, Amsterdam.

[77] Johnson L L. 1960. The theory of hedging and speculation in commodity futures. Review of

Economic Studies,27: 139-151.

[78] Jorgenson D W,Gollop F M,Fraumeni B M. 1987. Productivity and U S Economic Growth. Cambridge: Harvard University Press.

[79] Jorgenson D W , Stiroh K J. 2000. U S economic growth at the industry level. American Economic Review,90(2): 161-167.

[80] Jose A R,Cisneros1 M,etc. 2002. Multifractal Hurst analysis of crude oil prices. Physica A. 313: 651-670.

[81] Joskow P L,Rose N L , Wolfram C D. 1996. Political constraints on executive compensation: evidence from the electric utility industry. The RAND Journal of Economics,27(1): 165-182.

[82] Larrick R P ,Soll J B. 2008. The Mpg Illusion. Science,320(5883): 1593-1594.

[83] Lauber V. 2004. REFIT and RPS: options for a harmonised community framework. Energy Policy,32: 1405-1414.

[84] Lehmann E L,D'Abrera H J M. 1998. Nonparametrics: Statistical Methods Based on Ranks,rev. ed. Englewood Cliffs,NJ: Prentice-Hall.

[85] Liao H,Wei Y-M. 2010. China's energy consumption: a perspective from divisia aggregation approach. Energy,35(1): 28-34.

[86] Liu W Q ,Gan L,Zhang X L. 2002. Cost-competitive incentives for wind energy development in China: institutional dynamics and policy changes. Energy Policy,30: 753-765.

[87] Lo A W. 1991. Long term memory in stock market prices. Econometrica,59: 1279-1313.

[88] Lo A W,Mackinlay A C. 1996. A Non-Random Walk Down Wall Street. Princeton,New Jersey: Princeton University Press.

[89] Madlener R,Alcott B. 2009. Energy rebound and economic growth: a review of the main issues and research needs. Energy,34(3): 370-376.

[90] Kim K,Yoon S M. 2004. Multifractal features of financial markets. Physica A: Statistical Mechanics and its Applications,344(1-2): 272-278.

[91] Kim T H , White H. 2004. On more robust estimation of skewness and kurtosis. Finance Research Letters,1(1): 56-73.

[92] Kwapien J,Oswiecimka P ,Drozdz S. 2005. Components of multifractality in high-frequency stock returns. Physica A: Statistical and Theoretical Physics,350(2-4): 466-474.

[93] Lai K S, Lai M. l991. A cointegration test for market efficiency. The Journal of Futures Markets, (11): 567-575.

[94] Lo A W. 1991. Long term memory in stock market prices. Econometrica,59: 1279-1313.

[95] Lo A W. Mackinlay A C. 1996. A Non-Random Walk Down Wall Street. Princeton,New Jersey: Princeton University Press.

[96] Mahoney J M. 1996, Empirical-based Versus Model-based Approaches to Value-at-Risk: An Examination of Foreign Exchange and Global Equity Portfolios. Federal Reserve Bank of New York Working Paper,February.

[97] Mandelbrot B B. 1963. The variation of certain speculative prices. Journal of Business, 36: 394-419.

[98] Mandelbrot B B. 1967. The variation of the prices of cotton, wheat, and railroad stocks, and of some financial rates. Journal of Business, 40: 393-413.

[99] Mandelbrot B B. 1971. When can price be arbitraged efficiently? A limit to the validity of random walk and martingale models. Review of Economic Statistics, 53: 225-236.

[100] Mandelbrot B B. 1968. Fractional brownian motions, fractional noises and applications. SIAM Rev, (10): 422.

[101] Mansfield E, Switzer L. 1984. Effects of federal support on company-financed R and D: the case of energy. Management Science, 30(5): 562-571.

[102] Markowitz H M. 1952. Portfolio selection. Journal of Finance, 1(7): 77-91.

[103] McFarland J R, Reilly J M, Herzog H J. 2004. Representing energy technologies in top-down economic models using bottom-up information. Energy Economics, (4): 685-707.

[104] Meier P, Wiesenthal T, Milborrow D. 2002. Statistical Analysis of Wind Farm Costs and Policy Regimes [R]. World Bank: Asia Alternative Energy Programme (ASTAE).

[105] Menanteau P, Finon D, Lamy M L. 2003. Prices versus quantities: choosing policies for promoting the development of renewable energy. Energy Policy, (31): 799-812.

[106] Meyer N I. 2003. European schemes for promoting renewables in liberalised markets. Energy Policy, (31): 665-676.

[107] Miller R E, Blair P D. 1985. Input-output Analysis: Foundations and Extensions. New Jersey: Prentice Hall, Englewood Cliffs.

[108] Milunovich G, Ripple D. 2006. Futures return volatility and the role of hedgers and investors for NYMEX crude oil. Macqatie Economics Research Papers.

[109] Nordhaus W. 2007. Alternative measures of output in global economic-environmental models: purchasing power parity or market exchange rates? Energy Economics, 29(3): 349-372.

[110] OPEC. 2003. OPEC production agreements: a detailed listing. OPEC Review, (27): 65-77.

[111] Osborne M F M. 1964. The Random Character of Stock Market Prices (P. Cootner ed.). Cambridge MA.: MIT Press.

[112] Oswiecimka P, Kwapien J, Drozdz S. 2005. Multifractality in the stock market: price increments versus waiting times. Physica A: Statistical and Theoretical Physics, 347: 626-638.

[113] Pagan A. 1996. The econometrics of financial markets. Journal of Empirical Finance, 3(1): 15-102.

[114] Paltsev S, Reilly J M, Jacoby H D, et al. The MIT Emissions Prediction and Policy Analysis (EPPA) Model: Version 4 [EB]. http://mit.edu/globalchange/www/MITJPSPGC_Rpt125.pdf.

[115] Peters E E. 1994. Fractal Market Analysis: Applying Chaos Theory to Investment and Economics: John Wiley & Sons, Inc.

[116] Peters E E. 1996. Chaos and Order in Capital Markets: A New View of Cycles, Prices and Market Volatility (2rd ed.). New York: John Wiley & Sons, Inc.

[117] Pindyck R S. 1978. Gains to producers from Cartelization of exhaustible resource. Review of Economics Statistics, (2): 238-251.

[118] Quah D, Vahey S P. 1995. Measuring core inflation. Economic Journal, (105): 1130-1144.

[119] Quan J. 1992. Two-step testing procedure for price discovery role of futures prices. The Journal of Futures Markets, (12): 139-149.

[120] Ragwitz M, Miola A. 2005. Evidence from RD&D spending for renewable energy sources in the EU. Renewable Energy, 30(11): 1635-1647.

[121] Richards G R. 2000. The fractal structure of exchange rates: measurement and forecasting. Journal of International Financial Markets, Institutions and Money, 10(2): 163-180.

[122] Richard T. Baillie G, Geoffrey Booth, Yiuman Tse, Tatyana Zabotina. 2002. Price discovery and common factor models. Journal of Financial Markets, (5): 309-321.

[123] Robison, Yunez-Naude, Hinojosa-Ojeda, Lewis, Shantayanan. 1999. From stylized to applied models: building multisector CGE models for policy analysis. North American Journal of Economics and Finance. (10): 5-38.

[124] Rostow W W. 1959. The stages of economic growth. Economic History Review, 12(1): 1-6.

[125] Rowlands I H. 2005. Envisaging feed-in tariffs for solar photovoltaic electricity: European lessons for Canada [J]. Renewable and Sustainable Energy Reviews, (9): 51-68.

[126] Sato K. 1976. The ideal log-change index number. Review of Economics and Statistics, 58(2): 223-228.

[127] Senate Permanent Subcommittee on Investigations. 2006-06-27. The role of market speculation in rising oil and gas prices: a need to put the cop back on the beat. The 109th Congress 2nd Session, Washington.

[128] Sharpe W F. 1970. Portfolio Theory and Capital Markets. New York: McGraw-Hill.

[129] Scarf H E. 1967. The approximation of fixed points of a continuous mapping. SIAM Journal of Applied Mathematics, (15): 1328-1343.

[130] Sheffrin S M. 1983. Rational Expectations. Cambridge, London, New York: Cambridge University Press.

[131] Sherrington D, Moro E, Garrahan J P. 2002. Statistical physics of induced correlation in a simple market. Physica A: Statistical Mechanics and its Applications, 311(3-4): 527-535.

[132] Shoven J B, Whalley J. 1973. General equilibrium with taxes: a computable procedure and an existence proof. Review of Economic Studies, 40: 475-489.

[133] Shoven J B, Whalley J. 1974. On the computation of competitive equlibrium on international market with tariffs. Journal of International Economics, 4: 341-354.

[134] Shoven J B, Whalley J. 1992. Applying general equilibrium. Cambridge Surveys of Economic Literature, Cambridge.

[135] Silberglitt R，Hove A，Shulman P，2003. Analysis of US energy scenarios：meta-scenarios，pathways，and policy implications. Technological Forecasting & Social Change，Vol. 70：297-315.

[136] Sorrell S,O'Malley E,Schleich J et al. 2004. The Economics of Energy Efficiency：Barriers to Cost-Effective Investment. Northampton,MA：Edward Elgar.

[137] Stock J H,Watson M W. 1988. Variable trends in economic time series. Journal of Economic.

[138] Perspectives,2：147-174.

[139] Törnqvist L. 1936. The Bank of Finland's Consumption Price Index. Bank of Finland Monthly Bulletin,(10)：1-8.

[140] Troll G,beim Graben P. 1998. Zipf's law is not a consequence of the central limit theorem. Physics Review E,2：1347-1355.

[141] Tse Y,Xiang J. 2005. Market quality and price discovery：introduction of the e-mini energy futures. Global Finance Journal,(16)：164-179.

[142] Turiel A,Pérez-Vicente C J. 2003. Multifractal geometry in stock market time series. Physica A：Statistical Mechanics and its Applications,322：629-649.

[143] Turiel A,Pérez-Vicente C J. 2005. Role of multifractal sources in the analysis of stock market time series. Physica A：Statistical Mechanics and its Applications,355(2-4)：475-496.

[144] Vandewalle N，Ausloos M. 1999. The n-Zipf analysis of finacial data series and biased data series. Physica A,268：240-249.

[145] Varian H R. 1992. Microeconomic Analysis. W W Norton & Company,Inc. New York,Third Edition.

[146] Vartia Y O. 1976. Ideal log-change index numbers. Scandinavian Journal of Statistics Theory and Applications,3(3)：121-126.

[147] Walras L. 1954. Elements of pure economics；or，the theory of social wealth. New York：A M Kelley.

[148] WEC. 2006. Wec Statement 2006：Energy Efficiencies：Pipe-Dream or Reality? London：World Energy Council（WEC）.

[149] Wei Y M，Liang Q M，Fan Y，Norio Okada，Tsai H T. 2006. A scenario analysis of energy requirements and energy intensity for China's rapidly developing society in the year 2020. Technological Forecasting and Social Change,73(4)：405-421.

[150] Willenbockel D. 2004. Specification choice and robustness in CGE trade policy analysis with imperfect competition. Economic Modeling,6：1065-1099.

[151] WorldBank. 2009. World Development Indicators 2009. Washington DC：World Bank.

[152] Yang H,Wang H,Yu H,Xi J,Cui R,Chen G. 2003. Status of photovoltaic industry in China，Energy Policy,31：703-707.

[153] Yang H Y. 2000. A note on the causal relationship between energy and GDP in Taiwan. Energy Economics,22：309-317.

[154] Zhang Y J , Wei Y M. 2010. The crude oil market and the gold market：evidence for cointegration，causality and price discovery. Resources Policy，(35)：168-177.

[155] Zhang Y J , Wei Y M. 2011. The dynamic influence of advanced stock market risk on international crude oil return：an empirical analysis. Quantitative Finance，11(7)：967-978.

[156] Zhang Z X. 1998. Macroeconomic effects of CO2 emissions limits：a computable general equlibrium analysis for China. Journal of Policy Modeling，20：213-250.

[157] Zhang Z X. 2000a. Decoupling China's carbon emissions increase from economic growth：an economic analysis and policy implications. World Development，4：739-752.

[158] Zhang Z X. 2000b. Can China afford to commit itself an emissions cap? An economic and political analysis. Energy Economics，6：587-614.

[159] Zhou F. 1996. Development of China renewable energy. Renewable Energy，9(1-4)：1132-1137.

[160] Zipf G K. 1949. Human Behavior and the Principle of Least Effort. Cambridge：Addison-Wesley Press.

[161] Zipf G K. 1968. The Psycho-Biology of Language：An Introduction to Dynamic Psychology. Cambridge：Addison-Wesley Press.

[162] Bollerslev T. 1986. Generalized autoregressive conditional heteroscedasticity. Journal of Econometrics，31：307-327.

[163] Durlauf S N，Blume L E，2008. The New Palgrave Dictionary of Economics（Second Edition）. New York：Palgrave Macmillan.

[164] Zumerchik J. 2001. Macmillan encyclopedia of energy. MacMillan Reference USA，New York.

[165] 鲍君洁. 2010. 基于套期保值的石油价格风险决策模型研究. 合肥工业大学硕士学位论文.

[166] 渤海商品交易所. 2009. 渤海商品交易所原油产品手册.

[167] 财政部财政科学研究所"可持续能源财税政策研究"课题组. 2006. 可持续能源战略的财税政策研究——我国能源发展战略及其与财税政策的关系. 经济研究参考，(14)：2-13.

[168] 程军，赵娟. 2006. 油价上涨对我国汽车行业的影响分析. 上海汽车，(12)：12-14.

[169] 陈权宝，戴西超，张庆春. 2005. 我国初级能源消费的特征. 统计与决策，(7)：76-78.

[170] 陈云富，刘雪. 2012. 燃料油期货交易持续清淡,多举措提高流动性. 新华08网,2012-08-09.

[171] 迟春洁. 2006. 能源安全预警研究. 统计与决策，(22)：29-31.

[172] 丹尼尔·F.史普博. 1999. 管制与市场. 上海：上海人民出版社.

[173] 丁仲礼，段晓男，葛全胜，张志强. 2009. 国际温室气体减排方案评估及中国长期排放权讨论. 中国科学D辑：地球科学，39(12)：1659-1671.

[174] 段冶. 2010. 后金融危机时代下的金融创新——碳金融. 中国外资·下半月，(2)：46-46.

[175] 范英，焦建玲. 石油价格：理论与实证. 北京：科学出版社,2008.

[176] 冯连勇，赵林，赵庆飞，王志明. 2006. 石油峰值理论及世界石油峰值预测. 石油学报，(5)：139-142.

[177] 葛世龙，周德群. 2007. 可耗竭资源市场中的不确定性研究综述. 中国人口资源与环境，(5)：18-21.

[178]　管清友. 2007. 流动性过剩与石油市场风险. 国际石油经济,15(10)：1-11.

[179]　管清友. 2010. 石油的逻辑——国际油价波动机制与中国能源. 北京：清华大学出版社.

[180]　国际能源署. 朱起煌,译. 2006. 2004 世界能源展望. 北京：中国石化出版社,22-33.

[181]　国家统计局. 中国统计年鉴 2004. 北京：中国统计出版社,2004.

[182]　国家统计局. 中国统计年鉴 2005. 北京：中国统计出版社,2005.

[183]　国家统计局. 中国统计年鉴 2009. 北京：中国统计出版社,2009.

[184]　国务院新闻办公室. 2007. 中国的能源状况与政策.

[185]　海关总署. 2011-03-09. 2010 年我国煤炭净进口量达 1.46 亿吨.

[186]　http://www.customs.gov.cn/publish/portal0/tab7841/info292896.htm.

[187]　韩君. 2008. 能源需求分析方法述析. 经济研究导刊,(18)：280-281.

[188]　何虹,王凯,明君,2005. 高油价可能成常态,第四次石油危机阴影临近. http://finance.sina.com.cn/stock/t/20050418/12231526793.shtml,2005-12.

[189]　何凌云,郑丰. 2005. 基于 R/S 分析的原油价格系统的分形特征研究. 复杂系统与复杂性科学,2(4)：46-52.

[190]　贺永强,马超群,佘升翔. 2007. 能源金融的发展趋势. 金融经济,(24)：15-16.

[191]　侯永志,宣晓伟. 2003. 国际油价和进口产品价格总水平变动对我国经济的影响. 调查研究报告,40：1-14.

[192]　胡宗义,蔡文彬,陈浩. 2008. 能源价格对能源强度和经济增长影响的 CGE 研究. 财经理论与实践,(2)：91-95.

[193]　黄美龙. 2006. 石化行业：上游喜,下游忧. 上海证券报,2006-08-31.

[194]　http://www.p5w.net/stock/hydx/bkfx/200608/t496255.htm.

[195]　黄盛初. 2005. 2004 世界煤炭发展报告. 北京：煤炭工业出版社.

[196]　黄钟苏. 1997. 中国房产市场的非均衡分析. 经济与管理研究,(2)：52-55.

[197]　卡罗 A 达哈尔,著. 丁晖,王震,译. 2008. 国际能源市场：价格、政策与利润. 北京：石油工业出版社.

[198]　金碚.1999. 产业组织经济学.北京：经济管理出版社.

[199]　李红权,马超群. 2006. 金融市场的复杂性与风险管理. 北京：经济科学出版社.

[200]　李连德,王青,刘浩,宋阳. 2008. 中国国内一次能源供应多样性计算与分析. 东北大学学报（自然科学版）,(4)：577-580.

[201]　李善同,王直,翟凡,徐林. 2000. WTO：中国与世界. 北京：中国发展出版社.

[202]　李晓华. 2008. 我国能源投资与能源投资规模的确定. 中国能源,(8)：30-37.

[203]　李艳梅,张雷. 2008. 中国居民间接生活能源消费的结构分解分析. 资源科学,(6)：890-895.

[204]　李忠民,邹明东. 2009. 能源金融问题研究评述. 经济学动态,(10)：101-104.

[205]　梁巧梅. 2007. 能源复杂系统建模及能源政策分析系统. 北京：中国科学院博士论文.

[206]　廖华. 2008. 能源效率的计量经济模型及其应用研究. 北京：中国科学院研究生院博士学位论文.

[207]　刘和剑. 2010. 最优套保比率研究综述. http://www.ghlsqh.com.cn/pic/attach/201008/最优

套保比率研究综述. pdf.

[208] 刘强,冈本信广. 2002. 中国地区间投入产出模型的编制及其问题. 统计研究,(9)：58-64.

[209] 麦肯锡全球研究院,著. 国研网,译. 2007. 新兴力量主体：石油美元、亚洲中央银行、对冲基金以及私募股权投资基金如何塑造全球资本市场. 社会科学研究,2010(3).

[210] 美国能源信息署,著. 张军,译. 2006. 国际能源展望. 北京：科学出版社.

[211] 梅孝峰. 2001. 国际市场油价波动分析. 北京大学经济学院硕士学位论文.

[212] 彭红圃,朱惠英. 2007. 国外加强能源使用管理、提高能源效率的相关政策介绍. 广西城镇建设,(1)：28-31.

[213] 齐志新,陈文颖,吴宗鑫. 2007. 工业轻重结构变化对能源消费的影响. 工业经济,(5)：8-14.

[214] 乔治·施蒂格勒. 1989. 管制者能管制什么——电力部门实例. 上海：上海三联书店.

[215] 单卫国. 2000. 欧佩克对油价的影响力及其政策取向. 国际石油经济,(1)：25-29.

[216] 世界银行. 2010. 加快推进中国省级节能工作. 华盛顿：世界银行.

[217] 宋玉华,林治乾,孙泽生. 2008. 期货市场、对冲基金与国际原油价格波动. 国际石油经济,16(4)：9-17.

[218] 孙泽生. 2009. 应理性看待投机对油价的影响. 能源杂志,2009-09-14.

[219] 能源经济网. http：//com/Magazine_1.asp? id＝17.

[220] 唐炼. 2005. 世界能源供需现状与发展趋势. 国际石油经济,(1)：30-33.

[221] 王其藩. 1988. 系统动力学. 北京：清华大学出版社.

[222] 王漫雪. 2009. 能源金融化预示着什么. 瞭望新闻周刊,2009-07-21.

[223] 王庆一. 2006. 国外促进节能的财税政策. 中国能源,(1)：18-20,46.

[224] 王群勇,张晓峒. 2005. 原油期货市场的价格发现功能基于信息份额模型的分析. 工业技术经济,(3)：72-74.

[225] 王书伟. 2010. 世界煤炭贸易形势及对中国煤炭市场的影响. 中国商贸,(24)：88-89.

[226] 汪同三,沈利生. 2001. 中国社会科学院数量经济与技术经济研究所经济模型集. 北京：社会科学文献出版社.

[227] 王文平,姬长生,班林杰. 2007. 能源需求弹性分析. 能源技术与管理,(4)：102-104.

[228] 王晓薇. 2009. 安然漏洞9年搅局国际油价. 华夏时报,2009-06-12.

[229] 佘升翔,马超群. 2007. 能源金融的发展及其对我国的启示. 国际石油经济,15(8)：2-8.

[230] 魏涛远. 2002. 世界石油价格上涨对中国经济的影响. 数量经济技术经济研究,(5)：17-20.

[231] 魏一鸣,范英,等. 2006. 中国能源报告2006：战略与政策研究.北京：科学出版社.

[232] 魏一鸣,等. 2010. 中国能源报告2010：能源效率研究. 北京：科学出版社.

[233] 吴丽壹. 2009. 2009年全球煤炭贸易格局及其对中国的影响. 中国煤炭,(3)：106-108,111.

[234] 武亚军,宣晓伟. 2002. 环境税经济理论及对中国的应用分析. 北京：经济科学出版社.

[235] 夏明高. 2007. 石油定价机制经济学分析. 合作经济与科技,(05X)：26-27.

[236] 徐梅林. 2006. 基于电力行业改革下的我国电价管制模式研究.南京：河海大学硕士论文.

[237] 许峻. 2004. 走向石油"中国价格"记燃料油期货的上市历程. 上海证券报网络版,2004-08-25.

[238] 许月潮. 2006. 中国天然气产业政府规制改革研究. 中国地质大学硕士论文.

[239] 严琦.2009.第一次石油危机与第三次石油危机的比较分析——基于市场结构的视角.中国科技论文在线.

[240] 杨瑞广,范英,魏一鸣.2005.煤炭投资——供应的系统动力学分析模型.数理统计与管理,(5):6-12.

[241] 杨万武,迟国泰,余方平.2007.基于资金限制的单品种期货最优套期比模型.系统管理学报,16(4):345-350.

[242] 杨晓钰.财税政策如何促进节能——中外政策对比.大众商务·下半月,2009(2):69.

[243] 杨泽伟.2006.国际能源机构法律制度初探——兼论国际能源机构对维护我国能源安全的作用.法学评论,(6):77-83.

[244] 袁象,李纬,王方华.2002.套期保值资金需求量研究.技术经济与管理研究,(1):55-56.

[245] 袁瑛.2007.欧佩克:重寻"卡特尔"盔甲.商务周刊,2007-03-28.

[246] 翟凡,李善同.1999.一个中国经济的可计算一般均衡模型.数量经济技术经济研究,(3):38-44.

[247] 詹姆斯,著.高峰,等,译.2008.能源价格风险.北京:经济管理出版社.

[248] 张阿玲,李继峰.2004.地区间投入产出模型分析.系统工程学报,(19):615-619.

[249] 张九天.2006.能源技术变迁的复杂性研究.中国科学技术大学.

[250] 张抗.2010.从石油峰值法剖析石油枯竭说.2010-06-07.

[251] http://www.china5e.com/blog/?uid-927-action-viewspace-itemid-181.

[252] 张雷,蔡国田.2005.中国人口发展与能源供应保障探讨.中国软科学,(11):11-17.

[253] 张丽峰.2006.中国能源供求预测模型及发展对策研究.首都经济贸易大学.

[254] 张跃军,魏一鸣.2010.我国未来能源投资的效益与风险研究.中国能源,(5):29-32.

[255] 张光远.1996.关于多元 t 分布的一些讨论.新疆大学学报,13(3):33-38.

[256] 张生玲.2007.能源贸易影响经济增长的机理分析.生产力研究,(24):13-18.

[257] 张艺,郁义鸿.2009.市场结构、意外利润税与可耗竭资源的最优开采.产业经济研究,(1):47-53.

[258] 赵农,危结根.2001.石油价格波动的分析.世界经济,12:20-24.

[259] 郑玉歆,樊明太,等.1999.中国 CGE 模型及政策分析.北京:社会科学文献出版社出版.

[260] 中国电力企业联合会.2007.预计 2007 年我国主要石化产品价格将有所回落.2007-01-19.

[261] http://www.chinaenergy.gov.cn/news.php?id=15082.

[262] 中国经济网.2010.石油依旧是王道,石油峰值论再惹争议.2010-01-28.

[263] 中国能源研究会.2010.关于我国能源战略及"十二五"能源规划的建议.

[264] 朱孟珏,陈忠暖,蔡国田.2008.基于系统论的世界能源空间格局分析.地理科学进展,(5):112-120.

[265] 庄青,李国俊,2007.国际石油期货市场发展态势及其对我国的启示.国际石油经济,(8):28-30.

[266] 百度百科.2010.终端能源消费.http://baike.baidu.com/view/1486796.htm.2010-05.

[267] 国家统计局.2001.能源生产和消费.http://www.stats.gov.cn/tjzd/tjzbjs/t20020327_

14298. htm. 2001-03-15.

[268] 丹尼尔 F 史普博. 2008. 管制与市场,上海：上海人民出版社.

[269] 刘志斌,贾闽慧,康小军. 2006. 石油生产函数及在产量最大化中的应用. 西南石油学院学报, 28(6)：98-100.

[270] 温迪. 2001. 美国加州电力危机大爆发. 北京晨报,2001-01-19.

[271] 刘明慧. 2009. 推进节能减排的财税政策体系探讨. 山东经济,4：78-83.

教师服务

  感谢您选用清华大学出版社的教材！为了更好地服务教学，我们为授课教师提供本书的教学辅助资源，以及本学科重点教材信息。请您扫码获取。

≫ 教辅获取

本书教辅资源，授课教师扫码获取

≫ 样书赠送

经济学类重点教材，教师扫码获取样书

 清华大学出版社

E-mail: tupfuwu@163.com

电话：010-83470332 / 83470142

地址：北京市海淀区双清路学研大厦 B 座 509

网址：http://www.tup.com.cn/

传真：8610-83470107

邮编：100084

经济学原理 微观部分（第6版）（英文）

本书特色

曼昆经典畅销教材，美国 600 所大学的标准教科书；被翻译成 20 多种语言，风靡世界；原汁原味英文版＋电子书阅读平台。

教辅材料

课件、习题库

书号：9787302468967
作者：N. 格雷戈里 · 曼昆
定价：68.00 元
出版日期：2017.3

任课教师免费申请

经济学原理 宏观部分（第6版）（英文）

本书特色

曼昆经典畅销教材，美国 600 所大学的标准教科书；被翻译成 20 多种语言，风靡世界；原汁原味英文版＋电子书阅读平台。

教辅材料

课件、习题库

书号：9787302468943
作者：N. 格雷戈里 · 曼昆
定价：53.00 元
出版日期：2017.3

任课教师免费申请

经济学基础（第二版）

本书特色

应用型本科教材，篇幅适中，课件齐全，销量良好。

教辅材料

教学大纲

书号：9787302530404
作者：曲宏飞
定价：45.00 元
出版日期：2019.6

任课教师免费申请

计量经济学（第4版）

本书特色

名师经典，改版多次，教辅资源丰富，习题案例讲解详细。

教辅材料

课件

书号：9787302504795
作者：孙敬水 马淑琴
定价：59.00 元
出版日期：2018.8

任课教师免费申请

计量经济学导论：现代观点（第6版）（英文）

本书特色

基础计量经济学经典教材，原汁原味英文版，课件齐备。

教辅材料

课件

书号：9787302468523
作者：[美]杰弗里 · M. 伍德里奇
定价：76.00 元
出版日期：2017.4

任课教师免费申请

计量经济分析方法与建模——EViews 应用及实例（第4版）· 初级

本书特色

经典教材改版，作者权威，内容翔实，侧重应用，配套齐全，方便教学。

教辅材料

课件

书号：9787302551560
作者：高铁梅 等
定价：45.00 元
出版日期：2020.9

任课教师免费申请

计量经济分析方法与建模——EViews 应用及实例（第 4 版）·中高级

本书特色

经典教材改版，作者权威，内容翔实，侧重应用，配套齐全，方便教学。

教辅材料

课件

书号：9787302557241
作者：高铁梅 等
定价：69.00 元
出版日期：2020.10

任课教师免费申请

应用空间计量经济学：软件操作和建模实例

本书特色

"互联网＋"教材，内容全面，简明扼要，突出应用，教辅丰富。

教辅材料

教学大纲、课件

书号：9787302553144
作者：叶阿忠 等
定价：49.00 元
出版日期：2020.8

任课教师免费申请

计量经济学

本书特色

作者权威，内容翔实，案例丰富，教辅完备。

教辅材料

课件

书号：9787302465836
作者：张晓峒
定价：49.00 元
出版日期：2017.5

任课教师免费申请

计量经济学原理与应用（第二版）

本书特色

应用型本科教材，篇幅适中，课件齐全，销量良好。

教辅材料

教学大纲、课件

书号：9787302527510
作者：许振宇 国琳等
定价：39.00 元
出版日期：2019.5

任课教师免费申请

金融计量学（第 2 版）

本书特色

经典改版，内容专业，结构合理，配套教辅。

教辅材料

课件

书号：9787302527770
作者：唐勇 朱鹏飞
定价：59.80 元
出版日期：2019.7

任课教师免费申请

计量经济分析及其 Python 应用

本书特色

涵盖计量经济分析基本内容及较前沿的量化投资分析、机器学习等内容，Python 新版本应用，实用性强，提供教学课件及相关数据。

教辅材料

课件、数据包

书号：9787302568025
作者：朱顺泉
定价：55.00 元
出版日期：2020.1

任课教师免费申请

面板数据计量经济学

本书特色
名师佳作，内容专业，结构合理，配套教辅。

教辅材料
课件

书号：9787302526933
作者：白仲林
定价：59.00 元
出版日期：2019.7

任课教师免费申请

中级计量经济学

本书特色
权威作者新作，适用研究生，教辅资源丰富，习题讲解详细。

教辅材料
课件

书号：9787302528333
作者：孙敬水
定价：59.00 元
出版日期：2019.6

任课教师免费申请

当代经济学流派（第 2 版）

本书特色
江苏省"十三五"重点教材，内容翔实，结构合理，配套课件。

教辅材料
教学大纲、课件

书号：9787302535263
作者：胡学勤 胡泊
定价：59.00 元
出版日期：2019.8

任课教师免费申请

国际经济学（第 12 版）（英文版）

本书特色
畅销全球的国际经济学权威教材，配有中文翻译版，课件完备。

教辅材料
教师手册、课件、习题库

书号：9787302534648
作者：[美] 多米尼克·萨尔瓦多
定价：85.00 元
出版日期：2019.9

任课教师免费申请

国际经济学基础（第 3 版）（英文版）

本书特色
畅销全球的国际经济学教材的精简版，配有中文翻译版，课件齐全。

教辅材料
教师手册、课件、习题库

书号：9787302534631
作者：[美] 多米尼克·萨尔瓦多
定价：65.00 元
出版日期：2019.9

任课教师免费申请

国际经济学（第 12 版）

本书特色
畅销全球的国际经济学权威教材，配有英文影印版，课件完备。

教辅材料
教师手册、中英文课件、习题库

书号：9787302534679
作者：[美] 多米尼克·萨尔瓦多 著，刘炳圻 译
定价：80.00 元
出版日期：2019.9

任课教师免费申请

国际经济学：理论与政策（国际贸易）（全球版·第10版）（英文版）

本书特色

诺贝尔经济学奖得主的经典国际经济学教材，原汁原味，课件完备。

教辅材料

课件、习题库

书号：9787302573401
作者：
[美] 保罗·R. 克鲁格曼
定价：59.00 元
出版日期：2021.3

任课教师免费申请

国际经济学：理论与政策（国际金融）（全球版·第10版）（英文版）

本书特色

诺贝尔经济学奖得主的经典国际经济学教材，原汁原味，课件完备。

教辅材料

课件、习题库

书号：9787302572558
作者：（美）保罗·R. 克鲁格曼
定价：69.00 元
出版日期：2021.3

任课教师免费申请

管理经济学（第四版）

本书特色

清华大学精品教材，国家级教学名师陈章武教授全新力作，"互联网＋"教材，MBA 层面适用，内容丰富，案例新颖，篇幅适中，结构合理，课件完备，便于教学。

教辅材料

教学大纲、课件、习题答案

书号：9787302510116
作者：陈章武
定价：56.00 元
出版日期：2019.1

任课教师免费申请

管理经济学（第四版）简明版

本书特色

清华大学精品教材，国家级教学名师陈章武教授全新力作，"互联网＋"教材，本科层面适用，内容丰富，案例新颖，篇幅适中，结构合理，课件完备，便于教学。

教辅材料

教学大纲、课件、习题答案

书号：9787302517849
作者：陈章武
定价：46.00 元
出版日期：2019.1

任课教师免费申请

新时代中国特色社会主义公共经济学

本书特色

以中国特色社会主义建设和发展的伟大实践为基础，紧跟时代，符合中国实际。

教辅材料

课件

书号：9787302503347
作者：石建勋 等
定价：49.00 元
出版日期：2018.6

任课教师免费申请

中国经济概论（第三版）

本书特色

系统介绍中国经济发展概况，内容翔实，结构精练，配备课件。

教辅材料

课件

书号：9787302528562
作者：韩琪 陈福中
定价：49.00 元
出版日期：2019.6

任课教师免费申请

投入产出分析：理论、应用和操作

本书特色

配套课件，突出应用，前沿理论，图文结合。

教辅材料

课件

书号：9787302512226
作者：胡秋阳
定价：39.00元
出版日期：2019.1

任课教师免费申请

公债经济学

本书特色

内容实用，通俗易懂，配套课件。

书号：9787302523512
作者：李士梅
定价：55.00元
出版日期：2019.3

任课教师免费申请

经济优化方法与模型

本书特色

案例丰富，配套资源完备，增设在线测试题。

教辅材料

课件

书号：9787302568384
作者：费威
定价：49.00元
出版日期：2020.12

任课教师免费申请

西方经济学：宏观经济学（第7版）（英文版）

本书特色

畅销全球的权威中级宏观经济学教材，英文原著，原汁原味，课件齐全，"互联网＋"教材。

教辅材料

教师手册、课件、试题库

书号：9787302585336
作者：[法]奥利维尔·布兰查德
定价：89.00元
出版日期：2021.7

任课教师免费申请

中级宏观经济学

本书特色

罗伯特·J.巴罗宏观经济学教材最新修订版，配套中英文教学PPT。

教辅材料

课件、习题答案、试题库

书号：9787302565772
作者：罗伯特·J.巴罗 朱智豪 吉多·科齐
定价：86.00元
出版日期：2021.5

任课教师免费申请

微观经济理论（第12版）（英文版）

本书特色

微观经济学领域经典的教科书，通过对大量的经济学问题进行严密的数学分析，直观地阐明了微观经济学的基本原理。

教辅材料

课件

书号：9787302571650
作者：[美]沃尔特·尼科尔森 克里斯托弗·斯奈德
定价：99.00元
出版日期：2021.4

任课教师免费申请

新时代中国特色社会主义政治经济学

本书特色

以中国特色社会主义建设和发展的伟大实践为基础，紧跟时代，符合中国实际。

教辅材料

课件

书号：9787302500971
作者：石建勋　张鑫　李永　等
定价：45.00 元
出版日期：2018.6

任课教师免费申请

博弈论入门

本书特色

内容实用，通俗易懂，配套课件。

教辅材料

教学大纲、课件

书号：9787302504900
作者：葛泽慧　于艾琳　赵瑞　冯世豪　等
定价：55.00 元
出版日期：2018.8

任课教师免费申请